本书是国家社会科学基金项目"广西西江流域生态文化研究"最终成果

本书获"广西民族文化保护与传承研究中心"建设经费资助出版

社 会 学 丛 书

广西西江流域生态文化研究

申扶民　滕志朋　刘长荣　著

中国社会科学出版社

图书在版编目(CIP)数据

广西西江流域生态文化研究 / 申扶民等著. —北京：中国社会科学出版社，
2015.12

ISBN 978-7-5161-7193-6

Ⅰ.①广… Ⅱ.①申… Ⅲ.①民族文化—文化生态学—研究—广西
Ⅳ.①K280.67

中国版本图书馆 CIP 数据核字(2015)第 291012 号

出 版 人	赵剑英
责任编辑	冯春凤
责任校对	张爱华
责任印制	张雪娇

出 版	中国社会科学出版社
社 址	北京鼓楼西大街甲 158 号
邮 编	100720
网 址	http://www.csspw.cn
发 行 部	010-84083685
门 市 部	010-84029450
经 销	新华书店及其他书店

印刷装订	北京君升印刷有限公司
版 次	2015 年 12 月第 1 版
印 次	2015 年 12 月第 1 次印刷

开 本	710×1000 1/16
印 张	17.25
插 页	2
字 数	281 千字
定 价	65.00 元

撰稿人：

申扶民（绪论、第一、二、三、四章、结束语）
滕志朋（第六章）
刘长荣（第五章）

目　录

绪　论

一　生态文化研究的时代背景

在生态问题日益凸显的当今人类社会，人类文明和人类文化的转型日益迫切。人们普遍意识到，生态文明与生态文化是人类社会发展的必然趋向。因此，在此大背景之下，生态文化已成为文化研究的热点和重点。国内外宏观层面的基础理论研究已汗牛充栋、不胜枚举。而当下最迫切需要的则是具体层面的生态文化研究，从各种鲜活的生态文化中萃取无尽的生态智慧宝藏，不仅有利于进一步夯实生态文化研究，更重要的是为生态文明建设提供可资借鉴的资源。在中国这样一个幅员辽阔、民族众多的国家，丰富的自然资源、复杂的自然地貌以及多样的气候所构成的自然生态环境，56 个民族所构成的多元一体的社会生态格局，在这样的自然生态环境和社会生态格局当中，形成和发展了多姿多彩的生态文化。从地域范围和民族构成来看，约占中国人口总数一成的少数民族，却占据了约六成的疆域面积。因此，具有鲜明民族性和地域性特征的民族地区，因其错杂而居的民族多样性以及无限丰富的自然生态多样性而成为极具多元生态文化的标本。就此而言，对于民族地区的生态文化研究应该成为一个值得持续深入探索的重大课题。目前，民族性与区域性的生态文化研究已取得一系列成果，如《中国少数民族生态文化研究》《民族文化遗存形态的产业社会化与生态文化创建》《蒙古民族的生态文化》《藏族生态文化》《伊斯兰生态文化与西北回族社会可持续发展》《诗意的生存：侗族生态文化审美论纲》《区域生态文化创新论》《鄂伦春原生态文化研究》等。这些著述涉及生态文化的一般理论以及一些民族地区的生态文化研究，取得了

较为显著的成绩。但是，对于我国这样一个多民族聚居的国家，不少民族
和区域的生态文化研究还较为薄弱或鲜有触及。

　　广西作为一个具有 12 个民族聚居的多民族地区，由各民族共同创建
的源远流长的百越文化，发祥传承于丰饶广袤的西江流域。对于西江流域
文化这一文化富矿，不乏各种各样的研究，但从生态文化视角进行的系统
研究目前尚付之阙如。就目前总的研究状况而言，只有单一民族或单一地
域的个案研究，处于一种游兵散勇的分散状态，缺少从广西西江流域的区
域整体性和民族共同体的整体性高度来审视这一民族地区的生态文化；缺
少对异质多样的不同地域、不同民族生态文化之间的“差异性”的关注；
缺少对深层的民族共同意识和文化意义等问题的深度研究；缺少在时代大
背景下以辩证的方式透视不同民族的生存和信仰在文化中的症候，以此来
界定广西西江流域生态文化在中国乃至全球生态文化版图中的地位。因
此，对于广西西江流域生态文化研究的种种欠缺，在很大程度上影响了广
西西江流域文化在中华文化大家庭中应有的地位和作用，影响了广西民族
地区文化的弘扬和发展。本课题对广西西江流域生态文化的整体研究，就
是力图弥补上述种种缺憾的。

二　广西西江流域生态文化研究纲要

　　从发生学的角度来说，任何人类文明和文化都根源于一定的生态环
境。作为生态环境的产物，一切文明和文化都是某种类型的生态文明和生
态文化。古希腊历史学家希罗多德曾经说过，“埃及是尼罗河给予的赠
礼”。这句言简意赅的话生动形象地说明了尼罗河之于古埃及文明的重要
意义。作为埃及的生命之水，尼罗河赠予了埃及丰沛的水源和肥沃的土
壤，在这块水土丰美的土地上，适宜万物生长的生态环境形成了埃及璀璨
文明得以诞生和发展的母床。无独有偶，纵观人类文明的发源地，无一不
是滥觞于水土资源极为优越的江河流域，除埃及尼罗河流域之外，古巴比
伦的两河流域、印度的恒河流域以及中国的黄河流域，都以其得天独厚的
水土生态环境孕育了人类历史上最为久远的文明。在此意义上，可以说这
些古文明之花的绽放决非偶然，而是由江河的生命之水浇灌而成的。

　　中华文明之所以如同绵亘悠长的江河一般源远流长，正是得益于横贯

九州大地的大江大河，多元一体的中华文明发轫于不同地域空间的江河流域。就此而言，中华文明的摇篮不只是黄河流域，尽管它是中原文明的发祥地，早在一体格局尚未形成的远古时期，岭南地区的百越文明就独立萌生于西江流域。已有的考古发掘表明，远在旧石器时代，柳江人就已经繁衍生息于西江流域，成为人类早期文明的开创者之一。文明火种的薪火相传，不仅有赖于世代相续、不断壮大的族群，而且根植于人们生存须臾不可脱离的自然环境。一方水土不仅养一方人，而且为人们创造和传承文明提供了不可或缺的物质基础。

西江干流横贯广西全境，从各个不同方位注入西江的大小支流与干流呈叶脉状纵横交错于广西境内。西江水系流经的地域，占据广西总面积的八成以上，因此，在某种意义和程度上，广西西江流域具有广西的典型性和代表性。西江水系与流域生态环境的形成，从根本上决定了广西西江流域悠久历史文明的发展面貌。西江水系的形成，是一个地质不断发展变迁的过程。一亿年之前的白垩纪，西江水系开始发育，干流和主要支流的雏形出现，此后历经数千万年漫长岁月的地质运动，奠定了西江水系的基本格局。与此同时，在西江水系形成的过程中，年深月久的水流侵蚀和冲刷以及其他地质运动的共同作用，形塑了西江流域的自然地貌。山地、丘陵、盆地和平原构成了西江流域的基本地貌特征，这些形态各异的地貌空间成为人们世代安身立命的家园。

丰富的水源、肥沃的土地以及适宜的气候所构成的生态环境，为西江流域文明的形成和发展创造了良好的条件。西江干流及各大小支流形成了如织的水网，丰沛的水源为万物的生长提供了源源不断的乳汁。肥沃的土壤不仅滋生和养育了地面上种类繁多的动植物，而且为人们拓殖自然奠定了可靠的基础。考古发掘表明，广西西江流域是中国乃至世界上最早出现的稻作文化中心之一。西江流域大部处于低纬度范围，属于典型的亚热带气候区，常年高温多雨，日照强烈，雨水充足，这些优越的气候条件非常适宜于万物的生长。雨水、土壤、气候以及在此基础上生长的动植物，相互关联、彼此依存，编织成一张环环相扣的生态网络，构成了人类繁衍生息的生境。自人类活动的踪迹出现伊始，百越先民就分布于西江流域的各个地方，拉开了文明创造的序幕。远古时期，人们仰赖丰裕的自然资源，过着采集渔猎的生活，直接从自然当中获取生活资源。人们洞居穴处，聚群而居，集体劳作，形成了"小型社会"的社会生态结构雏形。随着改造自然能力的提高和技巧的改进，以及人口规模的不断扩大，人们开始有意识地开垦土地、栽培植物和驯养动物。桂林甑皮岩出土的文化遗存，南宁地区河畔台地发掘的文化遗存，以及其他地区的出土文物，均以大量物证反映了当时西江流域原始先民的生存状况和文化形态。

从发展的角度来说，任何人类文明和文化都不能脱离一定的生态环境。在此意义上，人类文明和文化的发展史就是一部生态文明和生态文化的发展史。自西江流域最早的居民迈出开发自然的第一步，世世代代生于斯、长于斯的人们沿着祖先的足迹前行，永不停息地调整人与自然之间的关系，不断地适应自然环境，遵循自然规律，充分把握和利用天时地利，开掘自然蕴藏的丰富资源和潜在的生产能力，从而使族群的生命能在这块土地上传承下去。在与自然相互作用过程中所形成的地域文化，实际上就是一种反映人与自然相互关系的地域生态文化。

人们安身立命的物质生活，最能体现生态文化的本质。民以食为天，食物是满足人们生存的首要条件。劳作活动的产生源于人们对食物的需求，从采集渔猎到农业耕作的变化，劳作方式和对象的改变，不仅反映了人们生存和生活方式的改变，而且在更深层次上反映了人与自然生态关系的彼此消长。在漫长的原始社会阶段，西江流域的先民以采集渔猎的方式直接从自然界索取生活资源，基本上处于完全依存于自然的状态。随着劳作模式向植物种植的转变，意味着在人与自然的生态关系中，人开始从完全依赖自然迈向改造自然，而且宣告了一种新的文明模式——农业文明的诞生。西江流域的农业文明催生了以"那文化"为核心的稻作文化。那文化的出现，是人们改造和利用自然的一次历史性飞跃。人们综合利用气候、水源和土地等自然因素，在不同的地形地貌空间种植水稻，使整个西江流域呈现出稻作文化的景观生态。当然，由于西江流域地域辽阔，不同地方的自然条件差异显著，由此形成了因地制宜的不同的劳作活动模式，生存于不同地域的人们相应选择了适合于本土的劳作方式。虽然各自的劳作方式互不相同，但在取法自然这一点上却是共通的。总而言之，西江流域的人们在耕作土地的过程中，所采取的"耕法自然"的劳作方式体现了典型的农业社会的生态文化特征。

人立身于天地之间，需要一定的庇护和栖身之所。从最初的风餐露宿、洞居穴处，到后来的构木为巢、营造村舍城池，人类栖居环境的发展变迁，折射了人类从被动适应自然环境到主动改造自然环境的生态关系的变化。广西西江流域山川秀丽、气候温润、地貌多样，这些自然生态条件造就了适合人类居住的栖居环境。在采集狩猎的原始社会，天然的岩溶洞穴为原始先民提供了最初的栖居场所。随着农耕文明的出现，人们的栖居空间从逼仄封闭的洞穴转向平旷开放的空间。构木为巢、以居其上，是人们第一次利用林木资源为自身营造居所，虽然简陋，却为西江流域传承至今的干栏建筑创制了原型。在漫长的农耕社会，人们的栖居环境与耕作空间紧密相连。水土丰美、林木茂密的地方成为人们栖居环境的首选之地，西江流域但凡依山傍水之地，既是农耕发达地区，也是人群密集的栖居空间。村落栖居环境作为农耕文化的产物，基本上受自然地貌的影响。在复杂多样的自然地貌影响之下，西江流域的村落栖居环境呈现出不同的类型。尽管这些栖居环境的自然地貌相差较大，但都遵循居法自然的生态原则。这些村落的选址和布局充分考虑到农耕生产的方便和水土资源的充裕，同时合理利用自然资源以营造宜居的村落，使村落与生态环境形成一个有机整体。西江流域的城市基本上都筑城于江河之畔，濒水而居成为西江流域城市的总体栖居环境状貌。优越的江河水环境奠定了营建这些城市的自然生态基础，城市与自然山水的浑然一体，是城市居法自然的完美体现。作为人自身营造的栖居环境，自然环境直接决定了建筑物的营造。自然地貌、气候和资源在很大程度上左右了建筑物的形制和风格。因此，不管是村舍还是城市建筑，都普遍遵循筑法自然的原则。在西江流域，由巢居演变而来的干栏建筑，既能因地制宜，适应不同地貌的自然环境，又能就地取材，充分利用当地自然资源，易于建造，便于生活，从而成为西江流域村落建筑筑法自然的典范。西江流域山水相连的地形地貌，决定了城市营建必须因地制宜，根据山形、水势来规划城市布局，筑造各种建筑。利用山形水势的地利之宜，是西江流域城市建造筑法自然的突出特征，体现了人们巧妙利用自然的高超生态智慧。栖居生境既有赖于自然天赐，还需依靠人自身的保护与营构。西江流域的村落大多山环水抱，因此对山林和水源的保护和营构成为村落栖居生境的重要内容。人们在神灵崇拜的影响与村规民约的约束之下，形成了保护自然环境的文化习俗。在传统风水文化观念的影响下，人们大力营构栖居生境的林木和水系，使之成为富于诗情画意的田园画卷。西江流域的许多城市都拥有青山绿水的先天优越环境，加上历代的保护和营构，形成了天生丽质的自然山水与匠心独运的人文景观的有机结合，使山水田园城市成为更适合人们居住的栖居空间。

　　在广西西江流域的地域空间里，栖居着多元一体的民族共同体。一方面，稳定可靠的农业耕作导致了安土重迁的定居生活，人们聚集于一定的地域空间形成规模不等的聚落，共同劳作和生活，由此产生了社会生态结构的重大变革，以共同的地域空间和生活方式为基础的族群社会随之出现，西江流域的本土族群——百越民族，就是建立在"那文化"基础之上的共同体；另一方面，百越民族内部的分化组合如同西江水系一样枝干交错，沿着江河的流向不断迁徙流动，在分布西江流域的过程中，各族群之间形成了错杂而居、相互融合的地域和社会空间的不断重组，从而形成了一个动态变化的百越民族共同体。这样一个动态平衡的社会生态结构，一直维系着西江流域在地理空间上与外部空间发生联系。秦朝疆域向岭南地区的拓展，最关键的环节就在于沟通长江水系与西江水系。灵渠的修建，使得岭南岭北两大水系贯通起来。水流的融汇，不仅是地理空间阻隔的突破，为政治版图的统一创造了条件，更是民族和文化之间藩篱的破除。随着军事征服，郡县制在西江流域建立起来，在制度上与中原地区接轨。秦汉两代，大批军队的南征以及随军家属的南迁，外部族群开始进入西江流域，自此以降，历代都有大量外来人口迁入，这些外来族群沿着西江水系扩散，逐渐遍布于流域的不同地域空间，与本土族群错杂而居。不同族群之间的日益融合，促进了思想、文化、经济以及生产工具和技术的传播和相互借鉴。尤其是中原汉族的陆续迁入，所带来的精神层面的思想文化与器物层面的技术工具，极大地推进了西江流域社会的发展和变革。西江流域和中原地区长期的全方位交相往来，使西江流域不仅在地理上成为历代大一统王朝版图的一部分，而且使这一流域的各个民族成为多元一体的中华民族共同体的重要组成部分。现代社会的民族区域自治制度的实施，使西江流域多民族的和谐共生进入一个前所未有的高度。西江流域数千年的社会生态结构的发展变迁，从一个侧面反映了中国作为一个多民族国家历史悠久的社会生态结构演化图景。

　　广西西江流域的自然生态环境不仅提供了百越民族安身立命的物质基础，而且成为滋生地域文化的精神沃土。这一流域所萌发、传承和积淀下来的礼仪风俗，既是特有的自然生态和社会生态共同作用下的产物，也是其自然和社会生态的文化表征形式。在原始社会，万物有灵的思维方式主导了人们对自然万物的认知，孕育了膜拜自然图腾、与自然血脉相连的原始生态文化。西江流域特有的自然生态环境，化育了百越民族源远流长的图腾祭祀礼仪，在对始祖神灵的顶礼膜拜中寄寓了对自然的敬畏。一方面，广西西江流域各地不同的自然生态环境，是各种不同图腾神话和图腾崇拜活动产生和形成的沃土；另一方面，整个流域大致相似的生态环境又催生了不同民族的共同图腾崇拜，如蛙图腾不独为壮族所信奉，稻作农业的生态环境使得百越民族普遍敬仰蛙图腾；山居环境是瑶族、苗族等山地民族共同崇拜盘瓠的自然生态根源。因此，图腾礼仪是生态环境催生的精神果实，是对自然之母的生命礼赞。生产活动是人们赖以生存的对象化活动，必须以自然环境中的水土资源和农作物作为劳作对象。土地是万物生长的根基，农耕社会伊始就成为人们顶礼膜拜的对象。西江流域适于稻作生产的土壤，创造了与自然生态环境高度适应的稻作文化。在稻作文化的发展过程当中，源自先民的土地祭仪活动源远流长，深刻地揭示了人地之间的生态关系。人们对田公地母的祭祀礼仪，表明了人们对土地的虔诚感恩和敬畏心理，体现了人们对自然生态规律潜移默化式的自觉遵循。雨水是滋养润泽万物的乳汁，广西西江流域是传统的稻作农业区，雨水直接左右着水稻的播种、长势和收成。在人们的眼里，雷和蛙是主宰雨水的神灵，与稻作农业构成了一条"雷→蛙→雨水→水稻"的因果链条。因此，对雷和蛙的祭祀礼仪反映了雨水与稻作农业之间的生态因果关系，是稻作文化生境的文化表现形式。世代相袭的族风民俗折射了人们社会生活中的生态文化，广西西江流域民族众多，栖居于不同地域生态环境中的不同民族，形成和发展了各自独具民族特色的风俗，折射出本民族社会生态的各个面相。西江流域各民族的社会组织，通过族群民主协商的方式，制定人们共同遵守的乡规民约，在长期的生活实践中逐渐深入民心，潜移默化为人们日常生活中的行为举止习俗，形塑了族群社会生态的风貌。这些社会组织虽然分属不同民族，名称分殊，结构和功能方面也存在差别，但在凝聚族群共识、维护族群社会秩序和利益等诸多领域所形成的族风民俗，却在精神层面共同建构起区域民族共同体的社会生态文化。西江流域各少数民族盛行踏歌为媒、依歌择偶的婚恋习俗，反映了独具民族特色的婚恋生态文化，通过男女婚恋关系，充分展现了一种自由、平等、互尊、互爱的社会生态精神。

西江流域独特的自然生态环境，孕育了多姿多彩的民族文学艺术。根植于这片生命沃土的文艺作品，以充满神奇色彩和丰富想象力的故事、洋溢着生活气息的山野民歌等作为载体，折射了人与自然以及人与人之间的复杂多变的多维生态关系。西江流域各民族如同世界各地的其他民族一样，有着各自的创世神话，反映了人们对生存于其中的自然世界的认知以及人与自然之间的复杂生态关系。这些神话存在着一个共同的主题，即人如何在依存于自然的同时，又不屈服于自然、改造自然。其所彰显的人与自然的相互化生，表明了二者之间存在一种充满张力的对立统一的生态关系。一方面，神话故事充盈着对自然的神化和崇敬，以一种血亲式的情感维持着与自然的和谐共处；另一方面，人与自然之间又存在着相竞相生的竞争生态关系，最鲜明的表现是射太阳神话和洪水神话，这说明了西江流域的水旱灾害是比较严重且频繁的，所以才会有那么多的射太阳神话和大洪水神话。但西江流域各民族与自然之间的这种竞争关系，并不是那种表现人的绝对主宰的现代主体意识，而是表现了对恶劣自然环境的克服。在社会生态方面，西江流域的文学艺术也同样反映了人与人之间既和谐共生又相互竞争的对立统一关系。一方面，人们为了争取生存的权利和追求自由的理想，各自的利益冲突和价值取向不可避免会激发矛盾冲突，从而形成一种竞生态的社会生态关系，各种民间故事对此有非常突出的表现；另一方面，对自由、和谐生活的追求以及对理想爱情的向往，更是各民族生命共同体的主旋律，在各种形式的民族音乐、舞蹈当中展现得淋漓尽致。西江流域各民族所创造的文学艺术，如同这一地域自然生态的丰富多样性，生动形象地揭示了动态变化的多元生态关系。

广西西江流域自古以来就是多民族聚居地区，多元自然生态环境与多元民族社会生态结构的结合，赋予了西江流域生态文化显著的民族性特征。在漫长的历史发展进程中，融会贯通的多元生态文化不断与时推移而具有鲜明的时代性特征。西江流域生态文化的民族性首先表现为世居民族的本土民族性。百越先民及其后裔世代繁衍生息于西江流域，与这一方水土形成了根深蒂固的生态纽带关系。其一，是各少数民族对生态环境的顺应。依循季节气候从事生产劳作活动，因地制宜进行种植蓄养、安排衣食

住行，根据自然属性以实现物尽其用。其二，是各少数民族对自然利用的
实用性。利用自然环境促进生产，利用自然改善生活，维护人与自然的和
谐共生。其三，是各少数民族促进自然生态的可持续性。注重水土和林木
资源的保护，通过各种风俗和款约禁止对自然环境的破坏；注重资源的充
分有效利用，保持自然资源的可再生性；注意防范自然灾害，通过各种措
施应对自然界的潜在危害。西江流域生态文化的民族性还表现为，在更大
范围内作为中华民族传统生态文化的重要组成部分而存在。西江流域生态
文化的民族性，是在"多元一体"的多民族社会生态文化环境中孕育而
成的，既是本流域各原住民族的共同凝聚性，又深受中原汉文化的影响而
相互融汇，从而具有中华民族的共通性。其一，西江流域生态文化是各民
族相互交流、共同创造的产物。大杂居、小聚居的民族分布特征，使各民
族之间相互学习、取长补短。这样一种多民族社会生态格局，自然而然也
促进了各民族方方面面的实践经验以及风俗习惯的交流融合，因而在生态
观念和行为方式上呈现出某些共性，最终构成了作为整体的西江流域民族
生态文化。其二，西江流域生态文化对中原民族生态文化的接受和融汇。
秦汉以降，历代统治者通过实行"和揖百越""羁縻州制""改土归流"
等多民族地区管理制度，同时对百越民族倡行文教，推广儒家学说，输出
技术和器物，极大地促进了岭南地区的发展。由此，西江流域的民族生态
文化逐渐走出其原生状态，汇入中华民族生态文化的一体化洪流之中。其
三，西江流域生态文化体现了中国传统文化的核心精神。中国传统文化的
核心精神是"天人合一"，追求与自然和谐一致。它要求克制人欲，不贪
婪地向自然索取，而是"乐天知命"，崇尚简朴，把回归自然当作最高的
人生理想及生命本真状态。西江流域各民族所创造的文化，作为中华传统
文化的组成部分，深深浸染着传统文化的核心思想，彰显了"天人合一"
思想的精髓。西江流域生态文化是在一定的历史时代产生的，并且随着时
代的变迁而不断丰富和完善；它在当今时代也需要进一步发展。从总体上
来看，西江流域生态文化是农业文明时代的重要成果。而在中国现代化的
工业文明进程中，具有"天人合一"历史传统的生态文化随着农业文明
的日渐式微而边缘化。然而，工业文明对生态环境所造成的破坏性后果日
益严重，人们越来越清醒地意识到它的弊病，呼唤着一种拯救人类社会的
新文明——生态文明时代的到来。这意味着生态文化焕发了新的历史生

机。因此，广西西江流域生态文化的时代性问题，实质是如何做好西江流域生态文化与当代生态文明建设相结合的问题，是如何使西江流域生态文化"当代化"的问题。必须使西江流域生态文化之类的传统文化走出边缘状态，做好传统生态文化的传承和保护，促成生态文明时代的到来。

三　广西西江水系图及说明

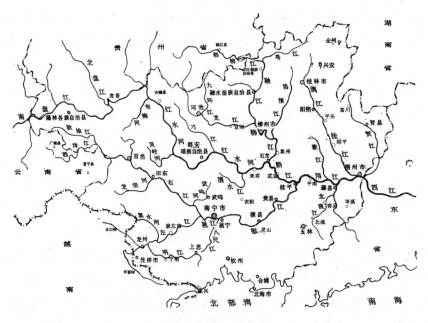

图 1　广西西江水系图

图片说明：此图系笔者根据《广西壮族自治区概况》改绘而成。

广西整个水系由西江、长江、北部湾三大流域的水系构成（百南河经越南流入北部湾）。其中，发源于广西北部的湘江、资江等江河向北流经湖南，注入长江，属于长江流域；广西南部向南流入北部湾的江河，属于北部湾流域；除此之外的广西境内所有江河湖泊，汇聚成西江水系，属于西江流域。西江水系状如叶脉，其干流汇纳众多大小支流，自西北向东南经由广东流入大海。西江源头南盘江发源于云南境内的马雄山，南盘江→红水河→黔江→浔江→西江等不同河段构成了西江干流。在西江干流中，南盘江与发源于贵州境内的北盘江汇合之后，称之为红水河，是为西江上游；红水河与柳江汇合之后，称之为黔江；黔江与郁江汇合之后，称之为浔江，是为西江中游；浔江与桂江汇合之后，称之为西江，是为西江下游。在西江支流当中，主要有西江以北的柳江和桂江，西江以南的郁江。其中，柳江由都柳江与融江等河段组成；桂江上游为漓江，通过灵渠与湘江连通，成为古代沟通岭南与中原的大动脉；郁江是西江最大的支流，由左江和右江汇聚而成。西江干流及其支流所构成的西江水系，流域面积占广西陆地面积的80%以上，覆盖了广西大部分地区。

第一章 劳作活动中的生态文化

在西方文化语境中，"文化"这一概念源自拉丁文的动词 colo，colere, colui, cultum 等词。在拉丁文中，这些词的意思是"to till the ground, to tend and care for"。在拉丁文中，已包含现代英语"culture"一词的许多意思，其中包括栽培，培养，驯养，耕种，照管，等等。这些涵义概括起来就是，通过人工劳作，将自然界的野生动植物加以驯化和培养，使之成为符合人类需要的品种。西塞罗认为"culture"意指"第二自然"。由此也可以看出，在西方人的语境中，"culture"源自自然，又区别于自然，人化自然或自然的人化均可被视作为"culture"。后来，在西方人对"culture"一词的实际使用中，它的涵义不断扩展，以至于"culture"后来的涵义不仅包括土地的"耕作"（cultivation）即农业，也包括各种各样的家室中植物的栽培，宠物的驯化，个人技能、人格、品德和心灵的"修炼"功夫，以及人际间关系和友谊的培养（在西方人的心目中这些活动被人们理解为"low culture"），以及艺术、科学以及"cult"即对诸神祇的关注、照料、供奉和膜拜（这些活动在西方人的眼中被视为"high culture"）。这样，在西方人的使用中，"culture"就从原来的人对自然本身的照管、驯化，逐渐引申为对人自身本能状态的教化、培养和"修身"的工夫与活动，以及对人与人之间的关系的培养和照料活动。尽管如此，"culture"一词本来所含蕴的人对自然的照料和驯化的意思，仍然还存留在这个词的西方现代语义之中。① 因此，文化根源于自然，人类通过对自然的劳作以获取生存的基础。

人类文明的曙光萌发于人类最早的劳作活动之中。纵观世界各地的人

---

① http：//wenwen. soso. com/z/q1029537. htm。

类文明起源，大都发轫于江河流域。尼罗河三角洲之于古埃及文明，幼发拉底河、底格里斯河两河流域之于古巴比伦文明，恒河流域之于古印度文明，黄河流域之于古华夏文明，莫不如此。究其原因，就在于这些流域为人们的劳作提供了不可或缺的自然生态资源，正是在劳作活动为人类提供了生存所必需的物质生活基础上，人类才能创造自己悠久璀璨的历史和文化。"首先应当确定一切人类生存的第一个前提也就是一切历史的第一个前提，这个前提就是：人们为了能够'创造历史'，必须能够生活。但是为了生活，首先就需要衣、食、住以及其他东西。因此第一个历史活动就是生产满足这些需要的资料，即生产物质生活本身。"① 人类文化首先是一种安身立命的物质生活文化，人们的吃、喝、住、穿等物质生活必需品，必须依靠自己的辛勤劳作。中华民族"多元一体"的华夏文化，滥觞于中华大地不同流域的劳作活动。

　　发轫于广西西江流域的百越文化，是源远流长的中华文化的一个重要组成部分。历史悠久的百越文化同样根源于人们的劳作活动。广西西江流域幅员辽阔，流域面积达 20.2 万多平方公里，占广西总面积的 85.5%，这意味着广西绝大部分地域都属于西江流域。一方水土养一方人，西江流域的水土养育了世代繁衍生息于此的人们。民以食为天，因此，依靠劳作活动获取食物就成为人们生活当中的头等大事。

　　适宜的自然生态环境是人们从事劳作活动的先决条件。尽管搜诸史乘，地处岭南的西江流域多被称为瘴疠之地，似乎不适合人的生存，然而事实上，这里却有着非常适合万物生长的优越生态环境。就作为天时的气候因素而言，由于广西西江流域处于低纬度范围，气候属于亚热带季风类型，高温多雨，太阳辐射能量大，产生了十分丰富的光热能量和水资源，而这正是各种生物生长的有利因素。从地利的地理条件来看，广西西江流域的地势西北高而东南低，西江干流循此地势横贯广西，各支流从不同方向汇集注入西江，形成广西最大的水系——西江水系。西江水系江河密布、盘根错节，水资源极为丰沛，位居全国前列。得天独厚的水土条件，大跨度的地理分布差异，使西江流域成为生物资源多样化的生态宝库。兼具天时、地利的生态环境，自然为生存于此的人们提供了生生不息的先天

————————

① 《马克思恩格斯选集》第一卷，人民出版社 1972 年版，第 32 页。

条件。根据考古发掘资料，远在旧石器时代，广西西江流域就有人类繁衍生息，原始先民通过采集、狩猎等活动，不仅维系了自身的生存和繁衍，而且创造了文明火种的原始文化。在此后漫长的文化演进过程中，稻作活动所创造的稻作文化成为这一流域最有代表性和最为卓越的文化。此外，由于流域地貌和气候的多样性，其他劳作活动所创造的文化也各具特色。总而言之，广西西江流域地域辽阔，不同地方地理气候条件差异显著，由此形成了因地制宜的不同的劳作活动模式，生存于不同地域的人们相应选择了适合于本土的劳作方式。虽然各自的劳作方式互不相同，但在取法自然这一点上却是共通的。因此，该流域人们在维系自身生存发展过程中所采取的"人法自然"的劳作方式体现了典型的农业社会的生态文化特点。

第一节　史前劳作活动与原始生态文化

早在有历史记载之前，广西西江流域就存在着大量的人类活动。这些活动，我们只能通过现有的考古发掘资料，进行某种程度和某种意义上的历史还原和重构。而且，这种重建在很大程度上是建立在对当时人类劳作活动的文化遗存的考察基础之上的。根据已有的考古发掘，史前广西西江流域的人类活动，主要集中在桂北的桂林地区、桂中的柳州地区、桂南的南宁地区以及桂西的百色地区。这些地区的史前遗址包含有较为完整的文化遗存，通过对这些遗址当中所存留下来的文化堆积物的考察，可以约略窥见史前人类劳作活动中的生态文化特征。

一　桂林甑皮岩文化遗址所反映的生态文化

桂林甑皮岩遗址地处西江支流漓江流经的桂林地区。桂林以其"山青、水秀、洞奇、石美"的岩溶地貌而闻名遐迩，自古以来广受赞誉。桂林不仅自然风光神奇瑰丽，"江作青罗带，山如碧玉簪"[①]，而且具有优越的生态环境，"五岭皆炎热，宜人独桂林"[②]。从自然条件来看，桂林属于亚热带地区，气候温暖湿润，各种自然资源丰富，尽管属于典型的岩溶

---

① 韩愈：《送桂州严大夫》。
② 杜甫：《杨五桂州谭》。

地貌，山多地少，但漓江流域的峰丛地带通常都分布有块状的依山傍水的肥沃土壤，适合人类的劳作活动。因此，桂林漓江流域是非常适宜人类生存繁衍的。桂林甑皮岩遗址所出土的文化遗存就是一个历史明证。

桂林甑皮岩所在区域的地貌，具有具体而微的代表该地区的典型地理特征。甑皮岩所在的独山，"坐落于漓江二级阶地西缘，周围是典型的石灰岩孤峰——溶蚀平原，石灰岩孤峰稀疏罗列，平原海拔约 149 米……西边为一片窄长的荒坡洼地平原……中间是一片视野开阔的平原盆地"①。山、水、平原所组合的自然环境，为原始先民提供了赖以生存的空间。其中，天然的山洞岩穴冬暖夏凉，是人们最好的栖身之所；河流和平原则成为人们进行劳作活动的最为重要的水土资源。考古发掘表明，"甑皮岩洞穴背风向阳，左侧水洞内的地下河一年四季提供清冽质纯的水源。独山周围分布的湖沼、水塘和洼地，蕴藏有丰富的水生螺蚌，还有不少的峰丛山地，是原始先民从事捕捞、采集、狩猎的良好地区，为甑皮岩原始先民提供了极好的生活环境"②。由此可见，优越的生态环境是孕育人类文明胚芽的沃土，甑皮岩原始先民通过劳作活动所留存的文化遗迹，在人类文明史上留下了光辉的一页。

甑皮岩虽然只是史前文化的一个遗址，但在桂林漓江流域具有代表性，从其文化遗存应该可以窥见整个地区的文化特征。我们拟从甑皮岩遗存所反映的采集、捕捞、狩猎以及种植、驯养等劳作活动模式，来探讨劳作活动中的生态文化。

（一）采集活动中的生态文化。根据考古发掘对文化遗存的分析，甑皮岩第一期文化所处的生态环境表明，"地层孢粉所反映的植物虽少，但都是可供利用的资源。其中凤尾蕨类的根茎及嫩叶均可食用，而且含丰富的胡萝卜素和维生素 C，至今仍是重要的山野菜之一"③。"此期本地区可供人类利用的植物资源包括可作燃料的松科和可作食物的根茎类、蕨类、禾本科和豆科。"④ 出土的孢粉反映了这一时期的劳作活动特点，即是以采集根茎类植物作为主要食物来源。这种原始采集活动完全依赖于自然界

---

① 中国社会科学院考古研究所等编：《桂林甑皮岩》，文物出版社 2003 年版，第 14 页。
② 同上书，第 18 页。
③ 同上书，第 261 页。
④ 同上。

图2　桂林甑皮岩

现有的生物资源，远未涉及对某些特定生物品种的培植和利用。就此而言，此时人类的劳作活动尚未在本质上有别于动物的取食活动，只是采集而非生产生活资料。人类区别于动物的历史起点"并不是在于他们有思想，而是在于他们开始生产自己所必需的生活资料"①。但另一方面，在采食活动过程中对工具的逐渐利用，使得人类与动物的分野慢慢显露出来。采集活动对工具的使用，诱发于采食对象的性状和方位。如果是采食叶类和无壳类果实，人们可以依靠自身的肢体而无需借助体外工具；如果是采食坚果与根茎类食物，则往往需要仰仗自身之外的工具帮助。利用工具来从事劳作活动，标志着人类文明和文化的诞生。人类最早使用的工具直接取自自然界，如木质和石质器具。从考古学意义上来说，由于木质的易朽性而难以保存，因此人类文化的开端是以石器时代命名的。甑皮岩遗址出土的石器如石棒、砍砸器以及棒形石凿等工具，应该是用来采集植物根茎、敲打坚果的。然而，即便人们已经开始有意识、有目的地利用工具来获取生活所需的物品，但无论是从人们所取食的对象，还是所使用的工具，都是由自然直接产生的，而不是人们生产或创造出来的。因此，这一

① 《马克思恩格斯选集》第一卷，人民出版社1972年版，第24页。

时期人们的劳作活动的一个基本特征就是攫取自然资源以满足物质生活需要，完全依附于自然，几乎未对生态环境产生任何实质性的影响。从文化生态的角度来说，这是一种自然绝对主宰、人类完全依附的生态文化类型。

对甑皮岩第二期至第五期文化的植物孢粉分析，揭示了气候逐渐变暖和植物种类更为多样化的生态环境演变趋势，这为人类的生存提供了更为有利的生境。能够为此提供可靠证据的是第三期文化，在这一时期，甑皮岩所在地区"气温逐渐升高，降雨量增加，植物的种类，特别是喜暖湿的种属应当比较繁盛"[①]。从文化的角度来看，十字花科蔬菜的出现具有非常重要的意义。这些至今还被桂林当地人食用的蔬菜，不仅是人们的食物来源，而且具有治疗多种疾病的药用价值，譬如"青蓝菜消肿解毒，治感冒发热、咽喉肿痛甚至肺炎、水肿。薄菜治感冒发热，咽喉肿痛及疔疮。琴叶碎米荠清热除湿。弯曲碎米荠清热利湿、健胃止泻。碎米荠可治风湿和痢疾、腹胀。琴叶独行菜治咳嗽、水肿。荠菜则治内脏出血、水肿甚至高血压及感冒发热"[②]。根据甑皮岩洞口发现的大量花粉，可以推知当时人们对这些兼具食用和药用价值蔬菜的高度依赖。人们不仅大量采集这些野生蔬菜，甚至可能开始有目的、有意识地培植它们。此外，甑皮岩遗址各个时期的文化遗存都有块茎类植物的存在，也表明了人们种植这类植物的可能性极大。这种从单纯采集到初步生产的劳作方式的变化，标志着原始农业的萌芽，也意味着生态文化的悄然变化，人类对自然生态的改造已迈出了艰难的第一步。

（二）捕捞、狩猎活动中的生态文化。甑皮岩遗址靠近漓江，所处山间盆地分布有大小不等的湖沼水域，这为水生动物的生长提供了极为有利的环境。大量水生动物的存在，是原始先民从事捕捞活动以获取肉食的一个重要来源。根据甑皮岩出土的水生动物遗骸，可以获知当时人们的捕捞对象和种类。其中，鱼类2种，龟类3种，螺科16种，蚌科27种。[③] 由此可见，人们取食的水生动物丰富多样，为人体提供了不可或缺的各种营

---

① 中国社会科学院考古研究所等编：《桂林甑皮岩》，文物出版社2003年版，第263页。

② 同上。

③ 同上书，第272—274页。

养元素。由于当时还不可能存在水生动物养殖业，这些人们食用的水产品只可能属于野生品种。人们通过捕捞活动来获取这些水生动物，而收获的多寡则取决于对象本身的数量以及捕捞的方式。从出土的品种来看，螺科和蚌科数量最多，说明它们不仅繁殖快，而且行动极其缓慢，非常容易被人们徒手捕获；相对而言，鱼类水生动物在水中的游动较为灵敏快捷，即使借助工具也不易捕获。与陆地的采集活动相比较，水中的捕捞活动更需要人的智慧和技能。人们需要熟悉江河湖沼的水域生态环境，了解水生动物的生活习性，才能采取适宜的方式捕获它们。因此，尽管捕捞活动也只是纯粹从自然界攫取物质生活资源，但在劳作过程中，逐渐积累了水域环境及水生动物的相关生态知识，从而为从单纯索取到人工养殖的水产业过渡铺垫了道路。

狩猎活动是甑皮岩居民获取肉食资源的又一个重要途径。相对于捕捞活动，狩猎活动是一种比较危险的劳作活动，因而需要人们具有更高的胆识、更强健的体魄、更敏捷的身手以及更具杀伤力的工具。根据甑皮岩遗址出土的动物遗骸，人们狩猎的对象多为陆地哺乳动物，既有相对弱小、温顺的鼠、兔、鹿类动物，这是狩猎的主要对象，但也不排除大型凶猛的动物，诸如虎、豹、野猪、犀牛等。在狩猎活动中，生态规律的作用和影响十分显著。一方面，人们内部之间的协作非常重要，尤其是猎取体大凶猛动物的时候，猎人通常由年轻力壮的男性担当；另一方面，即便人类也是动物食物链中的一环，同样被弱肉强食的自然规律所支配。人既猎取动物为食，也同样可能被动物所捕食。在自然生态系统之中，生态规律对于所有物种都是一视同仁的。若想处在食物生态链的最高端，人类最需要的不是体力，而是智慧。人们所面对的狩猎对象，大都奔跑速度快，远非人的腿脚速度所能及，加之不少动物凶猛巨大，因此，单纯赤手空拳的匹夫之勇是不可能胜任狩猎活动的。人们首先要对这些动物的生存环境、行为习性、出没规律等了如指掌，再配以合适的捕猎工具，狩猎活动才有较大的胜算。从甑皮岩出土的石器来判断，石斧、石矛和石刀应该是最常用的狩猎工具。其中，石矛应当用于一定距离的投掷，而石斧和石刀则多用于短兵相接的时候。人们因材施用，针对不同的动物使用相应的猎取工具，从而极大地提高了狩猎活动的成功几率，为人们的肉食资源提供了可靠的保障，甑皮岩出土的品种多样的大量动物骸骨充分证明了这一点。而且更为重要的是，在捕猎的过程中，人们逐渐积累了一些驯养动物（通常是性情较为温顺的动物）的经验和知识，从纯粹猎取野生动物过渡到人工饲养家畜，标志着自然的野性生态在逐步地被人类改造。

　　（三）种植、驯养活动中的生态文化。根据甑皮岩植物遗存的植物孢粉、植物硅酸体及浮选所作的分析，对这一地区是否存在植物种植的原始农业，人们意见分歧、各执一端。持肯定意见的是20世纪70—90年代进行发掘的考古工作人员，他们普遍认为，甑皮岩遗址地区的居民已经开始从事诸如原始稻作农业和块茎类植物的园圃式种植。[①] 而刚进入21世纪初，对甑皮岩遗址的新发掘则基本上推翻了此前的肯定观点。依照新的看法，"只要稻属植物曾经出现在古代人类的生活中，遗址的文化堆积中就应该或多或少地保存有可鉴定的稻属植硅石类型"，然而甑皮岩遗址的植硅石"却未发现属于稻属植物的特定类型，这应该说明甑皮岩人与稻属植物可能没有发生过关系"[②]。尽管甑皮岩遗址可能与稻作农业无关，但"原始农业的出现并不是以开始种植谷物为唯一标准的，在某些地区根茎繁殖类植物的栽培和种植有可能早于种子繁殖类植物"[③]。鉴于甑皮岩居民在长达数千年的时间内一直食用块茎类植物，在如此漫长的岁月里人们是完全可能栽培和种植这些植物的。这也与最佳觅食模式相吻合，如果某种食物在众多食物资源中是最容易获取的，人们就会倾向于培植该食物品种，而非相反。这种生态选择不仅符合人们自身的利益，也因循了自然生态规律。

　　在甑皮岩所出土的动物遗骸中，猪的骨骸具有非同寻常的意义。猪的重要意义在于，长期以来它一直是中国人的主要肉食来源之一，尤其是华南地区人们最主要的肉食资源。因此，猪的驯养就成为一个非常有历史意义和价值的问题。对于甑皮岩猪骨遗存的判断，也有两种不同的看法：一种认为当时已可能存在驯养家猪的活动；另一种则持相反的观点，"从牙齿的尺寸和年龄结构等形态特征和生理现象看，甑皮岩遗址的猪属于野猪

　　①　广西壮族自治区文物工作队，1976年；李有恒等，1978年；何英德，1990年；李泳集，1990年；何乃汉，1990年；袁家荣，1990年；韦军等，1999年；丘立诚等，1999年；李富强，1990年。
　　②　中国社会科学院考古研究所等编：《桂林甑皮岩》，文物出版社2003年版，第297页。
　　③　游修龄主编：《中国农业通史·原始社会卷》，中国农业出版社2008年版，第130页。

的可能性很大"①。考虑到这两种观点都不是很确凿的定论，比较令人信服的结论应该是，甑皮岩居民一方面继续猎取野猪；另一方面也开始将活捉的野猪进行驯养，处于狩猎和驯养活动并存、活动重心由前者向后者逐渐倾斜的过渡阶段。家畜驯养劳作模式的出现，在某种意义上象征着人类对桀骜不驯的自然野性的驯服，从完全服膺自然法则到一定程度地改变"弱肉强食"的原生态的丛林法则，表明了人类在置身于其中的自然生态系统中，逐步主导生态格局、占据生态上位的潜力和可能性。

综合考量甑皮岩原始文化中的采集活动，捕捞、狩猎活动以及种植、驯养活动，可以看出，当时人们劳作活动的性质大体上属于广谱经济。从劳作的对象及时间长度来看，采集的野生蔬果、块茎类植物，捕捞的贝、蚌类动物，猎取的野生陆地哺乳动物成为人们最主要的物质生活资料，获取这些食物劳作时间也是历时最长久的。相对而言，植物的种植和动物的驯养不仅品种很少，而且出现时间较晚，尚处于过渡阶段。因此，从甑皮岩整个文化时期的劳作活动来判断，其整体文化特征呈现为人寄生、依附于自然的弱势生态文化现象。然而，不容忽视的未来生态文化迹象也已初露端倪：其一，劳作模式的变化带来生态关系的微妙变化。从野生植物的采集到培植，从野生动物的捕猎到驯养，虽然历时漫长、成效甚微，但自然原生态的"野"性毕竟在点滴驯化，生态天平的重心难以察觉地向人偏移。其二，伴随劳作活动出现的各种劳作工具和生活器具，彰显了人类利用和改造自然的生态智慧。甑皮岩居民所使用的劳作工具包括石器和骨器，都直接源于自然，不管加工与否，形状改变与否，其自然属性都不曾发生丝毫改变，人们只是因循物性、因材施用，充分发挥它们的自然优势，用于不同劳作活动当中。相比之下，陶器的制造和使用则无疑是人类改造自然生态的一大创举。甑皮岩各个文化时期都出土了各种不同类型的陶器，根据对文化遗存的综合分析，这些陶器应该属于生活器具而非劳作工具，主要用于烹煮食物。在"金、木、水、火、土"相生相克的五行文化中，后四种自然元素的奇妙组合，在陶器的制造和使用中表现得淋漓尽致。水和土的溶合，于干柴烈火中熔合为自然界从未有过的物品，它的成分源于自然，却脱胎为陶，这是人类史前文化中具有里程碑意义的划时

---

① 中国社会科学院考古研究所等编：《桂林甑皮岩》，文物出版社 2003 年版，第 341 页。

代生态革命，表明人类在遵循自然规律的基础上，掌握着改造自然生态的巨大潜能。同样重要的是，陶器煮食使得熟食取代了生食，人类从此揖别了茹毛饮血的野蛮时代，从而在最为基本的生存模式上与动物有了本质区别。因此，甑皮岩遗址文化所代表的原始文明在人类文明进化史上具有标本性的意义和价值。

二 南宁地区顶蛳山文化遗址和大龙潭文化遗址所反映的生态文化

顶蛳山文化遗址地处邕江流域的南宁地区，临江靠山，是一处典型的河旁台地贝丘遗址。根据对遗址文化遗存的判断，距今一万年前已有人类在此生活。从文化分期来看，距今约八千年至七千年的第二、三期文化，最能反映这一地区人们的主要劳作和生活模式。这两个时期的文化堆积以螺壳为主，出土有磨制石器、蚌器、陶器等。① 据此分析，当时人们应当主要从事捕捞活动以获取物质生活资料，肉食是人们的主要食物来源。而到了第四期文化，人们的生业模式发生了巨大的变化，"堆积中不含螺壳，表明食物来源及结构发生较大变化，可能已出现农业经济"②。这个推断是合乎逻辑和事实的，一方面，尽管我们现在无法知道人们放弃长期依赖的取食路径的确切原因，但劳作方式和对象的变化是肯定存在的，否则人们无法生存下去；另一方面，顶蛳山遗址所在的邕江及其上游左、右江流域历史上一直是重要的稻作文化区。因此，顶蛳山文化遗址晚期极有可能出现了以稻作活动为主的生业模式，稻属植物取代螺、贝类动物而成为人们的主要食物资源。觅食方式的改变，不仅意味着食谱的变化，更重要的是文化的转型，从纯粹攫取自然资源的捕捞活动到开始培植自然资源的种植活动，意味着人类对自然生态已具有一定的改造能力。

大龙潭文化遗址位于邕江上游的右江江岸阶地上，其最为突出的文化遗存是大石铲。对于大石铲在当时人们生活中所发挥的作用，考古人员的看法并不一致，"有人认为大部分是实用的农业生产工具。但也有人指出，这些石铲在形制、大小、轻重、硬度等方面存在较大的差异，有的长仅数厘米、重不及 20 克，有的则长达 70 余厘米、重数公斤；形体扁薄，

---

① 蒋廷瑜：《广西考古四十年概述》，《考古》，1998 年第 11 期。

② 游修龄主编：《中国农业通史·原始社会卷》，中国农业出版社 2008 年版，第 131 页。

一碰即破，有的刃缘厚钝，甚至为平刃，表明它们大多无实用价值，因而认为，除很少一部分石铲可能用于农业生产外，绝大多数应是礼器"①。尽管意见分歧，但可以肯定的是，当时的石斧兼具农业生产工具和农业祭祀礼器两种用途。与顶蛳山文化遗址相比，大龙潭文化遗址所反映的生产模式已处在一个更高的阶段，前者以捕捞为主并逐渐向农业生产过渡，而后者已处于农业生产的文化阶段。大龙潭遗址居民已经初步掌握了培植某些植物的劳作技术，使其成为人们稳定可靠的物质生活资源。伴随着物质文化的发展，人们的精神观念生产也破茧而出。将石斧作为与农业生产相关的祭祀礼器，说明原始先民虽然在某种程度上具有改造自然生态的能力，但总体上还比较孱弱，因而希望通过祭祀活动，以达到获取掌控自然的精神力量的目的。这种"精神胜利法"当然不可能产生实质性的效果，却具有不容忽视的精神生态的补偿作用。

顶蛳山和大龙潭这两个文化遗址，在广西西江流域南部地区具有典型的意义。考古人员认为，"可将以顶蛳山遗址第二、三期为代表的，集中分布在南宁及其附近地区的，以贝丘遗址为特征的一类遗存，如南宁豹子头、横县西津、扶绥江西岸、扶绥敢造、邕宁长塘等，命名为'顶蛳山文化'"②。"顶蛳山文化"的共同特征在于，这些文化遗存都含有大量的贝类文化堆积，表明这些地区都处于以捕捞活动为主的物质文化阶段。以石铲为代表的文化遗存，除了大龙潭遗址最具代表性，类似的文化遗存不仅在邕江流域的扶绥、邕宁等地广为分布，而且在广西西江流域的其他地域也有分布，桂东北的贺州、桂中的柳州、桂西北的河池及桂西的百色等地区都有发掘。我们不妨将这些出土石铲的文化遗存统称为"石铲文化"。"石铲文化"在西江流域各个方位的广为分布，说明在这一文化时期，该流域居民的劳作活动大体上已进入到农耕文化阶段，流域的自然生态面貌已打上了较为明显的人化烙印。

事实上，从纯粹考古发掘的角度来说，广西西江流域存在较桂北甑皮岩遗址、桂南顶蛳山遗址以及大龙潭遗址更古老的人类文化遗址。这些在

---

① 蒋廷瑜：《广西考古四十年概述》，《考古》，1998 年第 11 期。

② 中国社会科学院考古研究所广西工作队等：《广西邕宁县顶蛳山遗址的发掘》，《考古》，1998 年第 11 期。

时间上属于旧石器时代的文化遗址，大都分布于西江流域的桂中和桂西地区。其中，桂中柳江流域出土的柳江人古人类化石"具有原始黄种人的特征，是正在形成中的蒙古人种的一种早期类型，是中国乃至整个东亚发现的最早的现代人的代表"①。尽管柳江人遗址没有发现人类制造和使用工具的文化遗存，但最为基本的人类劳作活动肯定存在，否则就不可能生存繁衍下去。相比之下，桂西百色盆地的右江河谷地带发现了多达 100 多处的旧石器文化遗址，出土石器则高达 4000 余件。这些以大型砍砸器为主的石器无疑是当时人们劳作活动所使用的工具。旧石器时代百色人所生活的年代，"至迟不会晚于北京人时代的早期（距今约 60 万—40 万年），更可能是比距今 73 万年还早的早更新世"②。广西西江流域的旧石器文化遗存不仅说明了广西西江流域在整个人类史上都是最早存在人类活动的地方之一，也有力地证明了中华文明并非一元起源的辐射式文明，而是如费孝通先生所说的"多元一体"格局式的多元共生文明。由于年代极为久远以及其他各种原因，广西西江流域旧石器时代没有留下较明显的人类劳作文化遗存，但原始先民毕竟通过自身的劳作活动，筚路蓝缕，以启山林，迈开了改造自然生态的第一步，创造了人类文明史上最早的文化形态——原始生态文化。

三 史前时期的原始生态文化特征

广西西江流域遍布了不同时期和各种类型的史前文化遗址，根据当时的生态环境及发掘的文化遗存所反映的人类劳作活动，可以大致分析、归纳出原始生态文化的一些基本特征。

首先，优越的自然生态环境既是人类生存繁衍的先决条件，也是孕育人类文化的土壤。广西西江流域史前时期气候温暖湿润，江河水域密布，自然资源丰富，为人类的生存提供了不可或缺的物质基础，是人类生活栖息的理想场所。如果缺乏适宜的生态环境，就既不可能有人类存在，也不可能有人类对生态环境的利用和改造，更不可能由此产生生态文化。由于天时地利的生态环境，以柳江人为代表的西江流域先民，曾经率先创造了

---

① 吴汝康：《广西柳江发现的人类化石》，《古脊椎动物与古人类》，1959 年第 3 期。
② 黄慰文等：《对百色石器层位和时代的新认识》，《人类学学报》，1992 年第 2 期。

人类的原始生态文化。

其次，史前的人类劳作活动创造了原始生态文化。一方面，原始先民的劳作活动在漫长的岁月中，经历了一个循序渐进的嬗变过程，即从本能地攫取自然物品，到有目的、有意识地制造和使用工具以获取自然资源，再到培植、驯服野性的自然物种以生产物质生活资源等三个阶段。严格说来，只有当人类利用工具从事劳作活动时，人类才在真正意义上开始了对自然生态的改造，才创造了生态文化，也因此而与动物区别开来。广西西江流域的原始先民，在数千年的劳作活动过程中，通过采集、捕捞、狩猎及种植、驯养等劳作活动，逐渐深化了生态文化的人化自然内涵；另一方面，劳作活动不仅改造了自然生态面貌，而且塑造了人自身及其社会生态。对于尚处于进化阶段的原始先民来说，人不仅是劳作的主体，同时也是劳作的对象。马克思认为，人为了在对自身生活有用的形式上占有自然物质，就会使他身上的自然力——臂和腿、头和手运动起来。当人通过这种运动作用于他身外的自然并改变自然时，也就同时改变了他自身的自然。正是通过长期的劳作活动，人的生理和身体结构特征才逐渐脱离动物的面貌，从爬行到直立行走，手和脚的分离，语言和思维的出现，等等，无不是劳作活动的结果。正是在这个意义上，恩格斯认为"劳动创造了人本身"。并且，在长期的劳动协作过程中，孤立的个体通过共同劳作的纽带作用，形成了最早的人类社会模型——原始部落，这种微型社会以社会生态的形式，同自然生态构成了一种生态张力。

最后，广西西江流域史前劳作活动长时期处于采集、捕捞和狩猎的广谱经济阶段，并开始向原始农业生产阶段过渡。尤其是普遍存在的大量贝丘文化遗存，充分揭示了广西西江流域丰富的水域环境对生态文化形成的重要作用和影响。纵横交织的江河、星罗棋布的湖沼生产了无以数计、取之不竭的水产品，特别是贝类动物非常容易获取，因而成为原始先民的重要食物资源。考虑到最佳觅食原则及人口稀少等因素，人们会倾向于花最少的时间和精力去获取食物，结果导致获取现成自然资源的生存依赖路径，致使原始农业生产活动才迟迟开始。因此，基本上依附于自然生态资源，尚未形成规模意义上对自然生态的改造，成为史前生态文化的显著特征。

第二节 稻作活动与农耕生态文化

稻作活动是人类进入农业社会之后最为重要的生产活动之一，迄今人类仍有超过半数以上的人口以稻米作为其主要食物，由此可见稻作活动在人类生活当中的重要意义。稻作活动的对象是稻谷生产，水稻又是其最主要的生产对象。对于稻作活动而言，稻种及适宜的生态环境是其赖以存在的先决条件。根据考古发掘、史料记载及现实情况，可以发现稻作活动的一般规律，即气候温暖湿润、水土资源丰富的地域是稻作活动的中心。无论是在自然生态环境方面，还是在考古发掘、文献记录和实际情况方面，广西西江流域既适合稻作生产，也一直是稻作活动的重要区域。

从自然生态环境的角度来考察，广西西江流域大部分区域处于亚热带暖湿气候带，雨水丰沛，自然资源充裕多样，西江干流及其众多支流构成密集的水网，不仅提供了非常丰富的水资源，而且形塑了肥沃的河谷平地，这一切都为稻作生产奠定了不可或缺的生态基础。从考古发掘的物质遗存来看，尽管没有发现任何稻谷遗存，但是"从南宁地区贝丘遗址、桂林甑皮岩、柳州大龙潭等洞穴遗址出土的石斧、石锛、蚌刀、石磨盘、石磨棒等生产工具看，早在距今 9000 多年的新石器时代早期，西瓯骆越的先民就已开始了稻作农业"[1]。此外，西江流域普遍分布有野生稻种。由此来看，广西西江流域应该很早就出现了稻作农业，是稻作农业的发源地和中心之一。人们的生活劳动必然会通过其语言文化表现出来，"稻"的语言命名以及反映稻作农业的历史地理称谓，则从语言文化层面为广西西江流域作为稻作活动发祥地提供了佐证。根据覃乃昌先生的考证和分析，诸如"耗""糇""膏"等是壮侗语族先民对"稻"的称谓，尤其是"耗"比汉字"稻"的称谓出现得更早，足以证明壮侗语族先民所居住的西江流域是稻作活动的起源地。[2] 与稻作活动密切相关的地理名称，同样说明了广西西江流域是稻作农业的主要区域。作为稻作活动载体的"田"，在壮侗语族中称之为"na"，汉语记音为"那"。含有"那"的地名，

---

① 覃乃昌：《壮族稻作农业史》，广西民族出版社 1997 年版，第 10 页。

② 参见覃乃昌《壮族稻作农业史》第一章对稻作起源的语言学分析。

"北界为云南宣威县的那乐冲（N26°），南界为老挝色拉湾省的那鲁（N16°），东界为广东珠海县的那州（113°5′），西界为缅甸掸邦的那龙（E97°5′）"①。其中，含"那"的地名在广西境内有1200多处，比其他地区以"那"命名的地名总和还多，这毋庸置疑地证明了广西在"那"文化当中的中心地位。而且，这些以"那"冠名的地区名副其实，生态环境非常适合稻作生产，"这些地名90%以上集中在北纬21°—24°，并且大多处于河谷平原，就广西而言，70%以上地名集中在左、右江流域"②。由此可见，至今仍是壮族主要聚居区的西江上游流域自古以来就是稻作活动的重要地区。

　　综上所述，无论从自然生态，考古发掘，还是从语言文化的角度来考察，稻作生产活动在广西西江流域一直占据着非常重要的地位，扮演着极其关键的角色，发挥着不可替代的作用，产生了意义深远的影响。由于稻作生产对田地的高度依赖性，人地间的生态关系十分密切，因稻作活动而形成的稻作文化实质上就是一种围绕人地生态关系展开的生态文化。

一　从象耕鸟耘到精耕细作：农耕生态文化的变迁

　　稻作农业的发展有一个非常漫长的过程，从发生学的角度来说，人类的稻作活动应该发轫于原始社会的采集、渔猎基础之上。原始先民最初可能并未有意识地开垦土地以种植稻谷，而是在劳作活动的过程中受到一些事件的启发，从而开始了最早的稻作活动。如果要还原稻作农业的开端，"原始稻作可能就是在象田、鸟田和麋田等基础之上发展起来的。原始稻作农业之初最可能的情况是原始社会的成员在采集和狩猎的过程中，发现了一些土地，经过动物践踏觅食之后，变得疏松，或者水土交融，没有杂草，转而把采集来的种子撒上，任其自然生长，以便于集中采集。具体到沼泽地区来说，人们最初可能是采集和捕捞沼泽中现成的水生动、植物，如鸟兽、鱼虾、野生稻谷等，然后再利用鸟兽等动物践踏觅食之后所留下的土地进行人工播种，于是象田、鸟田才真正出现了"③。对此，历史文

---

① 游修龄、曾雄生：《中国稻作文化史》，上海人民出版社2010年版，第47页。
② 同上。
③ 同上书，第229页。

献亦有记载，王充在《论衡》的《偶会》和《书虚》两篇中都有较为详细的叙述，"雁鹄集于会稽，去避碣石之寒，来遭民田之毕，踏履民田，啄食草粮，粮尽食索，春雨适作，避热北去，复之碣石，象耕灵陵，亦如此焉"①。"舜葬于苍梧，象为之耕；禹葬于会稽，鸟为之田……苍梧，多象之地；会稽，众鸟所居。《禹贡》曰：'彭蠡既潴，阳鸟攸居。'天地之情，鸟兽之行也。象自蹈土，鸟自草食，土蹶草尽，若耕田状，壤靡泥易，人随种之，世俗则谓：为舜、禹田。海陵麋田，若象耕状。"② 根据王充所述可以得知，早在舜、禹的上古时代，东至会稽、西到苍梧的广袤百越地区，已经出现了原始稻作农业。也就是说，远在传说中的三皇五帝时代，广西西江流域的苍梧地区就已存在百越先民的稻作活动。它最为突出的特征是"象耕鸟耘"，而非人力耕耘。人们只是在获取食物的偶然机缘中，利用动物践踏的自然之力所"耕耘"的土地，播撒稻谷等植物种子，不加人工照料，任其自生自灭，因而作物是否有收成或丰歉与否，则完全取决于外在的自然因素。尽管这种纯任自然的稻作方式效率非常低下，收获没有任何保证，但并未在根本上影响人们的生计。当时人们的劳作活动仍然以采集、渔猎为主，丰富的野生动、植物资源足以满足物质生活需要，稻作活动只是上述活动过程中的衍生行为。就生态文化的角度而言，"象耕鸟耘"式的稻作，虽然包含了人的播种活动，但最为关键的耕耘活动并非人力所为，人的随意行为确实催生了稻作农业的萌芽，却并未以改变自然生态作为前提条件。因此，"象耕鸟耘"式的稻作农业如同采集、渔猎等生业模式一样，不以改造自然以从事生产为目的，而纯粹因任自然，本质上仍然属于自然赐予的天然经济。"象耕鸟耘"式稻作活动的主要意义在于，它不仅开启了稻作农业的路径，而且受到"象耕鸟耘"无意识的"耕作"行为的启发，开始有意识、有目的地驯服某些动物来耕耘土地（甚至到了明代，广西西江流域还存在驯养大象的活动，如时任横州州官的王济，在其《君子堂日询手镜》中写道："其他人家多畜牛、巨象，家有数百头，有至千头者，虽数口之家亦不下十数，时出野外，一望弥漫，坡岭间如蚁"），种植稻谷，从而产生了真正意义上的以

---

① 王充：《论衡·偶会》。
② 王充：《论衡·书虚》。

改造自然、生产物质生活资料为目的的稻作农业。

刀耕火种农耕是继"象耕鸟耘"之后出现的另一种原始的稻作方式，也是远古时代普遍存在于广西西江流域的稻作活动。温暖湿润的西江流域森林密布、草木繁茂，在以采集、渔猎为主的广谱经济时代，要想开展稻作农业活动，必须首先开垦土地，就不得不砍伐林木、焚烧野草，然后才能在没有草木的空地上撒播稻种。由此可见，刀耕火种农耕是人类有意识、有目的地改造自然，从事农业生产的开端。人类一旦从事生产劳动，就必须借助自身之外的劳作工具。在刀耕火种的农耕活动中，人们主要是利用刀与火来改造自然。广西西江流域的众多文化遗址当中，都出土了大量的石刀、石斧之类的石器工具，其主要用途很可能就是用于砍伐林木（也包括猎杀动物），从事刀耕火种的原始农业。刀耕火种农耕具有如下一些特点：其一，作为稻作农业载体的"稻田"虽已初具雏形，但长期耕作的稳定性极不可靠，因为它高度依赖气候与地力条件。一般而言，刀耕火种必须在春雨来临之前选择合适的林地，砍伐草木并加以焚烧，这不仅开辟了适宜播种的土地，而且焚化后的草木灰烬又成为天然的肥料。如果在播种之际春雨如期而降，那么就会有比较可靠的收成，否则就可能颗粒无收。西江流域的刀耕火种总体上占有天时地利的先天条件，一般情况下气候温暖湿润，并且耕作区大多依山傍水，因此收获大体上是有保障的，这也是稻作农业一直能够延续发展下去的一个重要原因。但在极端的旱涝气候情况下，刀耕火种式的稻作农业就显得非常脆弱。此外，在当时的技术条件下，即便能够长期耕作，同一块土地的地力也会逐渐耗竭，人们不得不重新砍伐林木，开辟新的土地，因此，刀耕火种农耕的迁徙和流动性比较大。不过，它的积极意义也不容忽视，首先，是随着林木的不断砍伐而逐渐扩大了耕作面积，而从当时的自然生态来看，这种改变可谓微不足道，丝毫不会影响整体的生态环境；其次，是随着耕地面积的增多，使得轮作制成为可能，在人少地多的情况下，人们可以轮番耕作，不仅食物更有保障，地力也得以不断恢复，从而形成稻作生态的良性循环。其二，刀耕火种农耕是一种广种薄收的粗放式耕作模式，石器作为劳作工具，人们只是用于除去土表的草木，并未用来对土地进行深度耕耘。因此，尽管人们撒播的土地面积比较广，但总体收成并不高，不过，这种低投入和低产出还是成正比的。虽然刀耕火种农业已在某种程度上开始了对自然生态的改造，但采集和渔猎依然是这个阶段人们获取食物的主要途径，广谱经济活动的性质决定了人们仍然高度依附于自然。

火耕水耨作为一种农业耕作方式，最早见诸汉代史书的记载。其中，司马迁的《史记·平准书》写道："江南火耕水耨，令饥民得流就食江淮间，欲留，留处。"①《史记·货殖列传》则曰，"楚越之地……或火耕而水耨"。②班固的《汉书·地理志》亦有记载，"江南地广，或火耕水耨"。③根据这些史书的记载，先秦时期的江南、楚越之地盛行火耕水耨的稻作农业。地处楚越的广西西江流域，当时的稻作农业主要也是采取火耕水耨的方式。顾名思义，这种耕作方式的关键在于水火并用。其耕作程序是先"火耕"，后"水耨"，"烧草下水种稻，草与稻并生，高七八寸，因悉芟去。复下水灌之，草死，稻独长"④。在耕作过程中，首先以火烧草，不仅清除了田间杂草，将草灰转化为稻田的天然有机肥，而且经过烧草这一高温"消毒"的过程，许多稻虫病害也被一并清除，从而为水稻的后续生长提供了良好的条件，然后是水稻生长过程中的"水耨"，通过水淹的方法，淹死杂草，存留水稻。实际上，火耕水耨的耕作方式并未使用真正的劳作工具，只是取法自然，借助自然本身的力量，对火与水这两种自然元素加以巧妙的利用，就完成了整个稻作流程。这充分反映了人们掌握自然规律、了解自然物性的生态智慧。因此，这种看似原始的耕作方法，仍然在广西西江流域的一些地区被人们所继承和发扬。其中，对"火耕"的改进和利用，西江流域"一些壮族地区仍实行火烧田，即收割后（特别是糯谷剪穗后）待冬季禾草干燥即放火连同田中杂草一起烧掉。另一种是春耕前将田基边的草铲下，同时在田块附近地上铲草皮，把草皮和田基草堆集到田中，中间再加上一些易燃的干草，然后用火将草皮等烧成灰土，冷却后撒于田间，经犁把后下种。再一种是将田中的禾兜铲起并堆集起来，中间加上易燃的干草，然后烧成灰泥撒于田间"⑤。至于"水耨"，则是"耘田时将长得较高的杂草拔起，其余杂草则用脚踩入泥中，

---

① 司马迁：《史记·平准书》。
② 司马迁：《史记·货殖列传》。
③ 班固：《汉书·地理志》。
④ 司马迁：《史记·货殖列传·集解》。
⑤ 覃乃昌：《壮族稻作农业史》，广西民族出版社1997年版，第195页。

耔后灌水浸泡一段时间，将杂草淹死并使之腐烂，这样既能把杂草除掉，还可以增加稻田的肥力"①。火耕水耨式的稻作农业之所以至今还能够在广西西江流域的一些地区传承下来，并非这些地区的耕作技术落后所致，而是因为它蕴含了质朴而高超的生态智慧，将稻作生态环境的潜力充分发掘出来，综合利用其中的所有自然元素，发挥出它们的最大生态效益。因此，在不借助现代农业技术的条件下，火耕水耨式的稻作农业的产出也是相对可观的，是比刀耕火种更高的一个稻作农业发展阶段。

相对于前述的象耕鸟耘、刀耕火种及火耕水耨来说，集劳作工具专业化、土地利用最大化的精耕细作农业，才是传统稻作农业的集大成者，代表了传统稻作农耕的最高水平。衡量稻作农业水平的一个重要尺度，就是耕作所用的工具。生产稻谷的田地，只有经过深度耕耘，才能激活土壤的活力，也才能保证粮食的高产出。在铁器尚未进入稻作农业之前，此前所有的耕作方式都是粗放型的，其收成基本上被自然力量所左右。而铁器农具的介入，则大大增强了人类改造自然生态的能力，大幅提高了农田的精耕细作。对于铁器在劳作活动中的重要意义，恩格斯作了如是阐述，铁"是在历史上起过革命作用的各种原料中最后的和最重要的一种原料……铁使更大面积的农田耕作，开垦广阔的森林地区成为可能"。② 铁器以其石器无可匹敌的坚硬、锋利，所向披靡，不仅在横向层面扩大了农田的耕作面积，而且在纵深层面深入土壤肌理，使得农田的量和质都产生了飞跃。铁器在中国用于农耕活动，据现有考古发掘资料，最早出现于春秋时代晚期。而广西西江流域稻作农业中铁器的使用，根据考古发掘来判断，应当始于战国时期，西江流域的平乐、灌阳、武鸣等地都出土有镬、锄、锸、斧、锛、刀等各种类型的铁质农作工具。随着这些铁农具在稻作农业中的逐步推广和广泛使用，西江流域开始从原始稻作农业向传统稻作农业转型。西江流域的河谷地带被率先开发为以精耕细作为主的稻作农业区，由此带来水稻的长期稳定增产，从而使此前占据主导地位的采集、渔猎活动退居其次，稻米后来居上，成为人们最重要的食物。精耕细作不仅表现为借助铁农具对稻田的深度耕耘，而且还表现为对天时的充分利用。广西

---

① 覃乃昌：《壮族稻作农业史》，广西民族出版社1997年版，第195页。
② 《马克思恩格斯选集》第四卷，人民出版社1972年版，第159页。

西江流域南部地区常年高温多雨，水稻赖以生长的光热和雨水条件非常丰富，因此，双季稻的种植十分普遍，甚至出现了三季稻的种植。对于这种稻作农业现象，早在魏晋时代就有记载，"南方地气暑热，一岁田三熟，冬种春熟，春种夏熟，秋种冬熟"①。广西地方志对此也有记载，"苍梧岑溪又有雪种；十月种，二月获。即一岁三田，冬种春熟一也"②。多季稻的耕作，是人们在遵循自然规律的基础上，综合利用天时、地利因素，极大地提高了稻田的利用效率，促进了水稻的丰产丰收。经过长期的稻作经营，西江流域的自然生态发生了重大改变，形成了纵贯云南、两广西江主要干支流的"那"（稻作）文化区，同时也形塑了广西西江流域的社会生态结构，尤其是在西江上游的左、右江和邕江流域形成了一个以稻作文化为纽带、以壮族为主体的民族区域版图。

二　从畲田到梯田稻作：农耕生态智慧的日趋完善

广西的自然地貌，素有"八山一水一分田"之称。山多地少，也是广西西江流域的总体自然地理格局。随着稻作农业在河谷平原、盆地的不断拓展，可资耕作的土地资源越来越少，而人口的增长却越来越快。在人地矛盾日趋凸显的情况之下，人们不得不将稻作农业扩展到山岭之上。由于广西全境岩溶地貌广为覆盖，峰丛林立，适合耕作的山地就更为稀少，主要分布于桂北山区。

山地耕作的最早形式是刀耕火种式的畲田。畲田是一种旱田，主要分布于南方山区，唐宋诗文中屡有提及，唐代温庭筠《烧歌》："自古楚越俗，烧畲为旱田。"宋代范成大在其《劳畲诗》序文中则有更为详细的描述，"畲田，峡中刀耕火种之地也。春初斫山，众木尽蹶。至当种时，伺有雨候，则前一夕火之。借其灰以粪。日雨作，乘热土下种，即苗盛倍收。无雨反是。山多硗确，地力薄则一再斫烧，始可艺"。广西西江流域山地畲田所种的作物多为旱稻（畲稻），唐代李德裕曾赋诗描写途经广西北流时所看到的畲田情形，"五月畲田收火米"。宋代陶弼任阳朔县令时，对当地的畲田也有描绘，"畲田过雨小溪浑，远近云峰互吞吐"（陶弼

---

① 郭义恭：《广志》。

② 《梧州府志》，引自李彦章《江南催耕课稻编》。

《题阳朔县舍》）。可见唐宋时期，广西西江流域畲田的发展已具有一定的规模。由于在有一定坡度的纵向山坡上垦殖畲田，耕作方式也是较为原始的刀耕火种，仅以砍伐焚烧的草木灰作为肥料，雨水全靠天时，因此，作物的收成很难有保障。尤为严重的是，因为涵养雨水的林木被大量砍伐，导致畲田的水土流失问题十分突出，进而引发山地生态环境的破坏。有鉴于此，宋代朝廷曾下诏限制畲田的扩张趋势，"火田之禁，着在礼经，山林之间，合顺时令。其或昆虫未蛰，草木犹蕃，辄纵燎原，则伤生类。诸州县人畲田，并如乡土旧例，自余焚烧野草，须十月后方得纵火。其行路野宿人，所在检察，毋使延燔"①。由此可见，烧畲所造成的生态问题已引起高度的关注。为了解决畲田所诱发的生态困境以及生计问题，人们面临着山地耕作的转型。山地耕作的关键是水土保持问题，而畲田的致命弱点就是水土流失严重，因此，山地耕作的可持续发展必须建立在水土不流失的基础上。梯田正是为解决这一问题应运而生，"梯田就是为了解决畲田的水土流失问题而出现的。它的出现为水稻上山提供了条件。"② 畲田是梯田的原型，后者由前者逐渐发展而成。

　　梯田的称谓，最早得名于宋代诗人范成大，"岭阪上皆禾田，层层而上至顶，名梯田"③。由此可见，梯田因开辟在山岭之上，在纵向空间上形成了似拾级而上的阶梯状貌，以形赋名，生动形象地反映了这一稻作农业景观。作为稻作农业景观，梯田并非原生形态的自然景观，而是人化自然的杰作。人们在漫长的稻作活动过程中，凭借勤劳而灵巧的双手，雕琢出令人叹为观止的大地景观艺术的奇葩——梯田。

　　梯田稻作农业的形成，是生态再造的结果。"民以食为天"，既是稻作文化的根基，也是其全部活动得以展开的缘由。为了维系自身的生存，人们必须开垦土地、种植作物，才能食以果腹。从稻作文化的发展史和人类一般的生产规律来看，人们对于土地的利用应遵循先易后难的规则。因此，稻田的开垦应发轫于水源充足、地形平缓的地带，而梯田的出现，应该是人们不得已而为之的结果。为了达到这一目的，人们开山为田，根据

---

① 《宋史·食货志》。

② 游修龄、曾雄生：《中国稻作文化史》，上海人民出版社2010年版，第183页。

③ 范成大：《骖鸾录》。

自己的意图强行改变山地的原生自然属性，使原本生长草木的山地变为种植稻谷的稻田。"梯田，谓梯山为田也。夫山多地少之处，除垒石峭壁例同不毛，其余所在土山，下至横麓，上至危巅，一体之间，裁作重蹬，即可种艺。如土石相伴，则必叠石相次，包土成田。又有山势峻极，不可展足，播殖之际，人则伛偻蚁沿而上，褥土而种，蹑坎而耘。此山田不等，自下登涉，俱若梯蹬，故总曰'梯田'。"① 梯田的开辟，在为人们提供粮食的同时，必然伴随着山体原生自然景观生态的变化，在年深月久的耕作之下，一种高度人化自然痕迹的梯田稻作农业便横空出世了。

　　广西西江流域的梯田，主要分布于桂北山区。其中，尤以龙脊梯田最具代表性。据考证，举世闻名的龙脊梯田的开创壮举，可以上溯元代、下迄清代，横跨数百年的历史长河。在此之前，由于龙脊地区"万山环峙，五水分流"② 的自然地貌，使得这一地域人烟稀少。直至元代，以壮族为主体的稻作民族才陆续迁徙至此，开始其世代相继、艰苦卓绝的重塑自然面貌的浩大工程。在崇山峻岭之间，世世代代的龙脊人，经年累月、胼手胝足，使一个又一个原本森林密布的山坡，化为层层叠叠、直上山巅的梯田群落，形成蔚为壮观的人化自然景观。今日的人间奇迹，昔日只是为了化解生存困境而为之的结果。梯田数量的多寡，决定着粮食的丰足与否。龙脊梯田景观的状貌，折射了对水土资源利用的最大化。龙脊岭上，凡有涓涓水流之处，必有形状各异、大小不一的田块，一些袖珍稻田甚至小到"蓑衣盖过田"，龙脊梯田对土地的精耕细作由此可见一斑，生态再造的直观形象也通过梯田景观展露无遗。

　　尽管人们出于功利主义的目的而开山造田，却并未罔顾自然规律而肆意妄为。纵观那些饱经风雨却完好无缺的梯田，不难发现其经久不衰的奥秘，那就是人的梯田稻作活动既符合自身赖以生存的目的，又吻合自然内在的规律，从而达到了合目的性与合规律性的统一。因此，即便化山为田的活动导致了自然景观生态的重大改变，却依然能保持该区域的生态平衡，不至于造成严重的生态灾难。从现存的梯田构造来看，基本上遵循着与当地自然环境天衣无缝的生态规律：其一，梯田的造型虽然千形万状，

---

① 王祯：《农书·农器图谱集·田制门》。

② 龙胜县志编纂委员会：《龙胜县志》，汉语大词典出版社1992年版，第15页。

图3　龙脊梯田

却并非人们随心所欲创造的结果，而是人们严格依照山体的走势和状貌精
心打造出来的。以龙脊梯田为例，在纵向的坡度上，依照同一个角度和相
同的倾斜度，顺势而上，形成层层叠叠、层次分明的阶梯状稻田；在横向
的等高线上，每一块稻田都随着山体的自然曲线形塑自身的姿容，一道道
田埂不仅托起一块块稻田，更宛如游走在山岭之间的一条条巨龙身姿，蜿
蜒回转、曲折有致。随体赋形的梯山为田活动，尽管改变了山体表层的景
观生态，以稻谷的人工种植取代了草木的自然生长，却并未破坏山体的内
在肌理，因而作为梯田载体的山体景观生态仍然基本完整，这也是龙脊梯
田景观赖以存在的根基。其二，梯田水源的开发、保护和利用，体现了稻
作文化的高度生态智慧。水是生命的源泉，水稻这一称谓，直白地说明了
有水才有稻，水对于稻谷生长的决定性意义。梯田的稻作对象以水稻为
主，如何在纵向的山地上获取稳定可靠的水源，便成为梯田稻作文化生死
攸关的问题。相对于平谷地带的稻田而言，梯田缺乏诸如江河、湖泊、溪
流等丰沛且便于利用的径流。因此，梯田水源只有另辟蹊径。既然梯田依
托于山坡之上，就只能靠山吃山了。人们认识到山林是涵养水源的天然水

库，因而在开辟梯田的过程中，并未将林木砍伐殆尽，而是对山顶的风水林（水源林）实施封山育林、严加保护的措施。如龙脊梯田大多分布在山腰以下，山顶的森林保存完好，汩汩泉水和涓涓细流从林中潺潺而下，形成"山有多高，水有多高"的山水景观。这些水流虽无巨流奔腾的气势，却是细水长流，无声地滋润着良田万顷。岭上有田、田上有林的景观生态，正是人化自然与原生态自然完美契合的景观生态典范。[①]

作为梯田稻作活动的主体，龙脊居民在稻作农业的实践过程中，充分发挥了物尽其用、因地制宜的生态智慧。稻田是否肥沃，是决定稻谷丰收与否的一个关键因素。此前的畲田耕作时期，人们通常焚烧草木作为肥料，致使地表植被被破坏而引发水土流失问题。因此，为了涵养水土，人们不再随意破坏植被，转而利用其他废弃资源作为新的肥料来源。在开掘新肥源的过程中，人们遵循物尽其用、变废为宝的原则，将厨余垃圾、人畜排泄物等转化为稻田的肥料。这样既增强了稻田的地力，又避免了垃圾对生态环境的破坏和污染，尤其是避免了垃圾随山涧顺流而下对山下河流水质的污染，从而充分发挥了物尽其用、变废为宝、一举多得的综合生态效益。在人们眼里，梯田不仅只是耕作水稻的地方，而且也是养殖的场所。龙脊村寨居民的先辈多为从平地迁徙而来的壮、侗族人，已习惯于鱼米之乡饭稻羹鱼的生活，即便远离故土，扎根于异地他乡，仍难以改变世代沿袭的饮食习俗。于是，人们想方设法在山坡之上的稻田里面养鱼，从而使梯田兼具鱼塘的作用。梯田养鱼一举两得，稻、鱼相生共长，一方面，稻田不仅为鱼的存活提供了水生环境，而且田中的杂草、水稻扬花时飘落的禾花为鱼的生长提供了食物；另一方面，鱼吃掉杂草、在田中游动松动了土壤，更有利于水稻的生长。因此，梯田养鱼使稻、鱼共生共荣，相得益彰。此外，梯田也被用于家禽放养，稻田养鸭是由来已久的稻作农业传统，"鹅唯食五谷、稗子及草、菜，不食生虫。鸭靡不食矣。水稻实成时，尤是所便，啖此足得肥"[②]。梯田养鸭，同样具有稻实鸭肥的双重效益，一方面，稻田中的杂草、害虫为鸭提供了食物；另一方面，鸭啄食

---

① 申扶民、李玉玲：《稻作文化与梯田景观生态探析——以广西龙脊梯田为例》，《广西民族研究》，2012年第2期。

② 《齐民要术》卷六"养鹅鸭第六十"。

这些水稻的克星又为其营造了更好的生长环境。稻、鱼、鸭共生的稻作农业，使梯田成为一个具体而微的良性循环的生态系统，它充分发挥了不同自然物种间相生相克的生态功能，不仅保持了生态平衡，维护了生态环境，而且产生了最大化的生态效益，使梯田稻作成为立体复合型生态农业的典范。

稻作农业从横向的平地拓展到纵向的山地，从山地刀耕火种的畲田发展到精耕细作的梯田，这些变迁不只是纯粹的历史时间和地域空间的变化，更是人们在长期的稻作活动中，改造自然、利用自然、遵循自然规律以及积累生态智慧的生态文化的历史演进。

三　农耕生态文化的基本特征

广西西江流域的稻作活动萌发于史前时代，迄今已有数千年的悠久历史，是这一地区人们历时最长的一项劳作活动。在漫长的稻作农业发展过程中，形成了具有深厚底蕴的农耕生态文化，不仅形塑了西江流域的自然生态面貌，而且建构了该流域的社会生态结构，呈现出鲜明的地域和民族特征。

其一，广西西江流域的稻作农业虽然发轫很早，是人类稻作活动的发源地之一，但在很长的一段历史时期内，发展较为缓慢。究其原因是多方面的，其中一个非常重要的原因就是自然条件的先天优越性。西江流域得天独厚的气候、地理环境，孕育了丰富多样的动植物资源，依据最佳觅食原则，人们会倾向于觅取现成的物质生活资源，而缺乏主动生产的动力。这一社会历史现象，史书不乏记载，"楚越之地，地广人稀，饭稻羹鱼，或火耕而水耨，果惰蠃蛤，不待贾而足，地执饶食，无饥馑之患，以故呰窳偷生，无积聚而多贫。是故江淮以南，无冻饿之人，亦无千金之家"。① 班固的《汉书·地理志》亦有相似记载，"江南地广，或火耕水耨。民食鱼稻，以渔猎山伐为业，果窳蠃蛤，食物常足。故呰偷生，而亡积聚，饮食还给，不忧冻饿，亦无千金之家"。② 根据史书记载可知，至迟到汉代，地处江南、楚越的广西西江流域，即便有了稻作农业，也还处于较为原

---

① 司马迁：《史记·货殖列传》。
② 班固：《汉书·地理志》。

始、粗放的火耕水耨阶段，明显落后于同一时期中原地区的精耕细作农业。尽管如此，人们并无饥馑之患，因为稻作农业此时尚未成为人们的主要生产模式，采集、渔猎活动仍然是人们获取物质生活资源的主要劳作方式。在这种情况之下，广西西江流域基本上保持着原生态的自然面貌，故而与已被大规模开发、垦殖的中原地区形成了极大的反差。甚至到了唐宋时期，这一地区依然被中原人视为草木遮天蔽日、蛇蟒猛兽横行的瘴疠之乡，成为朝廷惩罚官宦的贬谪、流放之地，人们无不视为畏途。只是随着中原地区的先进农耕器具、劳作技术的传入，以及北方移民的陆续迁入，这些合力共同促进了西江流域稻作农业的发展。从河谷平原到丘陵地带，从山间盆地到山岭之上，稻作农耕所到之处，彻底改变了原有的自然地貌，春去秋来，绿油油的禾苗与金灿灿的稻谷交替成为千里沃野的大地景观，往昔草木苍莽的原始地貌已不复可见。伴随着自然状貌的重大改变，广西西江流域也日渐成为中国南方的重要稻作农业地区。

其二，广西西江流域的居民在稻作农业的基础上，形成了"饭稻羹鱼"的生业模式。饭稻羹鱼的生业模式不仅起源早，而且一直延续至今。因此，不能简单地将它视为一种原始的生业模式。实际上，中国南方俗称"鱼米之乡"，丰富的水资源和肥沃的土地，为鱼的养殖和水稻的生产提供了适宜的自然生态环境。广西西江流域是典型的鱼米之乡，长期以来形成的"饭稻羹鱼"不仅是一种稻作农业模式，同时也是一种饮食模式。"饭稻羹鱼"的生业模式不是偶然形成的，而是特定生态环境的产物。西江流域的人们自古从事采集、渔猎活动，当劳作活动发展到以生产为主的稻作农业阶段，采集和狩猎等非生产劳作活动逐渐式微。其中，采集为稻作所取代，狩猎为禽畜蓄养所取代，只有水生动物的捕捞分化为半捕捞半养殖的渔业。这种生业模式的形成源自自然生态环境的重大变化。由于稻作农业垦殖了大片适宜耕作的土地，极大地改变了原有的自然生态，野生动植物资源赖以生存的地域空间被农田逐步蚕食，从而致使长期占据主导地位的采集、狩猎活动日趋衰落；而捕捞之所以能继续发展为渔业，则是因为水域生态环境非但未被破坏侵吞，反而面积有所扩大，新增的水域主要是人工开凿的鱼塘，既能蓄水以应对旱涝，灌溉田地，又能养鱼，而且形成了良性的生态循环：一方面，鱼塘的水、鱼的粪便及淤泥排放到稻田，增加了稻田的肥力，促进了水稻的生长；另一方面，稻田、田埂的稗子、杂草清除以后又能作为鱼的天然饲料，通过这种生态循环，各种自然元素都能够物尽其用，产生了良好的生态效益。江河湖泊在稻作农业的扩展过程中，基本上保持了原有状貌，既灌溉了河谷平原的稻田，还为人们提供了丰富的天然鱼虾等水产资源。在广西西江流域的水土资源配置中，稻作农业占据了适合耕作的大部分土地，而水资源兼具鱼米之利，长期的实践表明它是一种非常适合人们生存繁衍的自然资源配置方式，因此，"饭稻羹鱼"无论作为生业模式还是饮食习惯，都是广西西江流域自然生态发展变迁的必然产物。

其三，广西西江流域通过稻作农业，不仅在地理上形成了一个地域辽阔的稻作文化区，而且在社会结构上形成了一个以流域东部汉族为主体、流域西部壮族为主体的多个稻作民族和谐共生的社会生态结构。广西西江流域自古属于百越之地，据《汉书·地理志》记载，"自交趾至会稽七八千里，百越杂处，各有种姓"①。说明这一广袤的地区不仅民族众多，而且相互交融地聚居在一起，多民族共生的社会生态具有悠久的历史传统。广西西江流域至今仍有以汉族和壮族为主体的 12 个世居民族，此外还有从外地迁入的 13 个少数民族，是典型的多民族聚居的区域。无论是世居，还是迁入，这些民族基本上都从事稻作农业。其中，壮族作为中国人口最多的少数民族，也是最早以稻作农业作为生业模式的民族之一，在漫长的稻作发展过程中，创造了波及范围极为广远的那文化生态圈。而灵渠的开凿，则成为沟通中原与岭南文化的纽带。来自中原地区的移民和农耕器具、技术，不仅促进了稻作农业的进一步发展，而且逐步建构起以汉族和壮族为主体的多民族大融合的社会生态结构。

第三节　山林劳作与"靠山吃山"的森林生态文化

广西山多地少，素有"八山一水一分田"之说。由于西江流域覆盖了广西地域的大部分，因而自然地貌总体上也具有这一特征。相对平原、盆地等水平地貌而言，山体呈现为一种纵向、立体的地貌。从劳作活动的角度来看，虽然肇始于山林的采集、狩猎活动是人类最初赖以生存的劳作

---

① 班固：《汉书·地理志》。

方式，但一旦走出山林，开始从事农业生产，人类的活动空间已从封闭的山林不可逆转地向开阔的水平地带拓展。无论从农业生产的方式、规模，还是从人口分布的密度来考察，山林作为人类最早的家园，已日益归于沉寂。不管是从宏观的世界范围，中观的中国疆域，还是微观的广西西江流域来看，山林大都是少数族裔的生存空间。

尽管广西西江流域的农业生产以稻作为主，然而着眼于自然生态格局，山林地貌的体量之大，对于整个流域的生态环境起到至关重要的作用。因此，如何开发利用山林，不仅直接关系到当地的居民的生存，而且深刻影响到整个流域的生境。在广西西江流域的山林版图上，真正意义上的"靠山吃山"的地域分布并不广，主要集中在红水河上游、柳江上游以及西江重要的水源地金秀大瑶山等区域。这些地域的面积及其人口，在整个流域中所占的比重并不大，却左右着西江流域的整体生态安全。

一　绿色水库的破坏和重建：两种对立的"靠山吃山"生态文化

位于红水河上游的天峨，林深箐密，享有"绿色水库"的美誉。据地方志记载，"苍岭天峨，雄峙南北，盘江清水，流贯中央，虽溪清幽，仍若烟瘴，平畴殊少，仰给梯田，茅屋栖岩，斯诚贫瘠"①。"全县有国土资源478.8万多亩，其中水田仅有5万多亩。山上植被丰富，新中国成立前，被人们称作'多见木叶少见天'的地方。"② 由此可知，历史上的天峨山清水秀，林木繁茂。但另一方面，由于适于农耕的土地非常有限，民众的生活十分贫困。不过，在人口稀少的情况下，人们尚能自给自足，对自然生态的影响微乎其微。但随着人口的增多，迫于生计压力，人们不得不将劳作活动的范围拓展到山林，形成一种破坏性的"靠山吃山"的生计模式。虽然从短期来看，通过对森林的大量砍伐、改林为粮，既促进了木材产业的发展，又增加了粮食的产量，人们的经济收入和水平得到了较大的提高，但经过一段较长的时间，生态环境破坏所导致的负面影响逐渐凸显出来。"由于人口的过快增长，使粮食与林争地激烈，撵山毁林要粮的情况严重……产业结构和资源的保护、开发欠合理，山的优势没有充分

---

① 何景熙修、罗增麟纂：《凌云县志》，民国三十一年油印本影印。
② 天峨县志编纂委员会编：《天峨县志》，广西人民出版社1994年版，第1—2页。

发挥。老祖宗留下的林木和新造的人工林被过量砍伐和火毁的情况严重，每年森林消耗量达 25 万立方米，而增长量只有 18 万立方米，年森林赤字达 7 万立方米。"① 这种透支式的山林劳作和消耗不仅难以为继，而且代价巨大。森林的萎缩，造成水源的枯竭和水土流失，致使农作物的收成受到严重影响，这进一步引发人们垦山种粮，从而形成恶性的生态循环。

尤为严重的是政策导向的劳作活动对山林生态的破坏，20 世纪 50 年代以来的"大跃进"运动，以及"文化大革命"运动，不仅重挫社会生态，而且以毁林炼钢和毁林种粮为导向的劳作活动，对山林生态环境的破坏产生了极具灾难性的后果。在整个大环境的影响之下，天峨的山林也在劫难逃，"1958 年全民大办钢铁，烧矿窑，烧土高炉，毁去大量原生林作木柴，烧火炭。特别是石山上的原生林木几乎被砍光。60 年代至 70 年代中期，农民毁林种粮、毁林搞工副业现象极为严重，每逢冬垦春播，山火频繁，无数黛绿峰峦毁于火舌"②。这种杀鸡取卵式的劳作活动，不仅没有给人们带来生活上的改善，反而造成自然资源的极大消耗和浪费，人们的生活更加困苦，留下了惨重的生态灾难和惨痛的经验教训。

在生态灾难触底反弹之后，人们痛定思痛，重新认识到生态环境的重要性。根据天峨山多地少的地理特征，人们因地制宜，确立了"以林为主"的发展模式。这种模式不再以开发山林、砍伐林木为主，而是以种植林木、养护山林为主。即使开荒种粮，也采取粮、林相结合的耕作模式，既保持了水土，又提高了粮食产量。并且若干年之后，退耕还林，恢复地力，形成山林生态的良性循环。洞里村绿化荒山和纳尚林业专业屯就是典型的个案：

　　　　八腊瑶族乡洞里村，地处海拔 1200 米高处，1969 年开始兴办村林场。建场初期，各队社员轮流当场员，全村划出 5510 亩荒地，作林场基地，到 1978 年已有 1662 亩成林，其他的荒山也全部绿化完毕。1985 年全村已有人工林 1.98 万亩，水源林 5 千多亩。在全村 19 个村民小组管辖的范围，形成"山顶一把伞，山腰一条带，山沟山

---

① 天峨县志编纂委员会编：《天峨县志》，广西人民出版社 1994 年版，第 2 页。
② 同上书，第 260—261 页。

冲满桐茶，山脚碧水常流"的良好环境。1983年夏，出现一场罕见暴雨，日降雨量150毫米，良好的森林植被把雨水涵养住了，未发生洪灾，只有3亩沟边田被淹没，其他田地安然无恙，全村粮食总产量61.5万公斤，与增产的1982年持平。1984年，遇上秋旱，500亩川谷在林间未受旱，收获比1983年增长4万多公斤。洞里村对成年林实行计划间伐，对疏林地补充植树造林，对高大的枫树和泡桐只修剪残枝留下涵养水源，林下山地全垦栽上杉木苗，让疏林荒山变成混交林，既保证幼苗有充足的水分，提高成活率，又能使成年杉木标直成材。1985年他们补充种植2000多亩，全村生态保持良性循环。①

洞里村长年不懈的植树造林，所产生的生态效益非常显著。成千上万亩的山林形成了一座名副其实的绿色水库，兼有防洪、抗旱的双重功能，保障了粮食生产的丰收和稳定。林木间伐和补种树林，既开发了木材产业，又有利于林业的永续发展。洞里村的山林经营活动，开辟了一条生态良性循环的道路。

向阳村纳尚屯，地处红水河新街滩之上。1969年，从东兰县板升公社迁居此地的杨仕伦5兄弟组成生产队。虽然政府提倡"以粮为纲"，但他们从实际出发，坚持因地制宜，以林为主，靠林致富。为了减轻国家负担，做到口粮自给，他们实行林粮间种，荒开到哪里，林也种到哪里，3年后退粮还林，每3—4年就可有一片荒山郁闭成林……1985年，全队2000多亩荒山已全部绿化。②

纳尚屯在"以粮为纲"的时代，不盲从错误的政策，因地制宜，大力发展林业，这不仅是一种勇气，更是生态智慧的体现。林粮间种和退粮还林，既能保证粮食的自给自足，又促进了林业的良性发展。

洞里村和纳尚屯的植树造林活动是天峨"以林为主"发展模式的一个缩影，经过几十年的苦心经营，如今的天峨又重新焕发出绿色水库的生

① 天峨县志编纂委员会编：《天峨县志》，广西人民出版社1994年版，第267页。
② 同上书，第267—268页。

机与活力，森林覆盖率高达 80% 以上。绿色水库不仅惠及自身，而且福泽四方。它不仅为中国第二大水电站龙滩电站提供了丰沛的水利资源，而且通过涵养水土，有效地降低了河流的泥沙冲刷，使红水河流域呈现出山青水绿的生态景观。

二　杉海、林海的农林复合型山林耕作生态文化

柳江上游的三江、融水等侗族和苗族聚居区，历史上一直是山林种植和木材采伐的重要地区。湘、黔、桂三省区交界的三江，是侗族世代居住的主要地区之一。这里山峦叠嶂、江河蜿蜒，森林遮天蔽日、桐茶漫山遍野。其中，杉木的种植很有代表性，侗族山区因广泛种植杉木而被称之为"杉海"。三江下游的融水，则是苗族的聚居地，境内的大苗山古树参天、杉林似海，素有"林海"之称。栖居于这片杉海、林海的侗族和苗族，主要从事山林劳作活动。

三江侗族山区的生业模式，属于农林复合型的生产活动。在主要发展林业的基础上，辅以农作物的耕作以自给自足。当地侗民将这种生产模式称为"三五七制"，其主要生产程序和耕种对象如下：（1）第一年，在新开垦的土地里种植玉米籽和油料作物种子（油桐籽或油茶籽）。当玉米成熟的时候，油桐、油茶籽已长成树苗；（2）第三年，在同一块地里种玉米或木菇，当它们成熟之际，油桐、油茶苗就长得很苗壮了；（3）第四年，不种粮食作物，只给土地松土除草，当年就可以收获桐果；（4）第七年，油茶树枝头结满茶果。这种耕作方式，是生态智慧本土化的结晶，人们巧妙掌握和充分利用了不同作物的生态时空位置，使粮林作物都获得了丰收。侗族广为流传的顺口溜："三年杂粮五年桐，七年茶果满山红"，生动形象地体现了人们高超的耕作智慧。

尽管侗族山区森林茂盛，似乎并不存在林木资源匮乏的问题，但可贵的是，侗族人民不只是看重眼前利益，而是目光长远，既见树，更见林，立足于生态安全和生态综合效益的长远考虑，对林地进行因地制宜的利用：其一，居住环境的林木保护。侗族村寨一般依山傍水而建，村寨背后山上的所有草木都被视为神圣的风水林而受到保护，严禁砍伐和破坏。流经村寨旁边的溪流、江河两岸，都种植有竹子等护岸林。这些举措不仅美化了侗族的居住环境，而且发挥了涵养水土的生态功能。其二，地尽其

用，林粮果蔬混合种植。侗族地区山多地少，平坦的土地都被开垦为耕种粮食和庄稼的田地，但人们还是充分利用土地空间，在田埂上和菜地里套种各种水果，在村寨周围种植油茶、油桐等经济林木。农林复合型的多元耕作，最大限度地开掘了土地的潜力，不仅满足了人们的生活需要，而且形成了以村寨为单元的小型生境的良性生态循环。其三，薪炭林的生态开发。侗族日常生活中煮食和取暖所需的能源，基本上取自山林中的薪柴，消耗量很大，因此，如何维持林木的采伐和保护之间的平衡状态，就成为一个不容小觑的生态问题。在长期的生活实践中，人们积累和发展了具有高度生态智慧的薪炭林生态开发经验。"对薪炭林地侗族具有一套合理的轮歇制度，砍伐后有一段自然恢复期，经过恢复期的林地在物种多样性及森林群落特征上基本相似于天然林，侗人将自己的薪炭林地划分为若干片，根据自己的用材目的及每年需柴量确定砍伐面积，然后在年初便将一年所需薪材砍下，按计划分批进行使用。在分块上又有讲究，他们砍柴不是沿等高线横砍，而是沿等高线垂直竖砍。这是由于砍后的木柴并不立即拉走，而是堆放在原地，到需要时方取回，由此如若横砍，倒下的树木便会压在下一层的其他树木之上，影响其生长，故进行竖砍，即沿山脊线砍……除砍伐有讲究外，侗族在砍伐时特别注重从中保留母树林（分不同树种），以利于其自然更新，侗族在砍伐过的轮歇地种旱作物2—3年后，进行人工造林。林木生长前5年，侗民在林内套种芋头、玉米、红薯等粮食作物和油桐、油茶等经济作物。这样，地力也得以提高，利于林木的进一步生长发育。"[①]薪炭林管理和开发的一整套制度，完全遵循了山林树木生长的生态规律，并创造性地实施林粮兼种，不仅使人们获得了物质上的经济利益，而且提高了林木生长的生境，发挥了长远的生态效益。

"九山半水半分田"，是人们对融水自然地貌准确而形象的说法。境内的大苗山因苗族聚居而得名，融水历史上也俗称"大苗山"。大苗山苗族是一个典型的山林耕作民族，尤其是具有悠久的种杉历史传统和丰富的种杉经验。历史上，苗族因各种原因而被迫迁徙，陆续迁入南方山高林密

---

① 云南省林业勘察设计院编：《森林树木与少数民族》，云南民族出版社2000年版，第214—215页。

的山区。为了生存和发展的需要，苗族"每迁到一地就围栏而居，开荒种地，把带来的杉木种子和玉米、荞麦种子一齐播种，待杉木长大后另开新荒地，长此下去既维持了生计，又把杉木养大，也扩大了杉木的种植区域"①。同侗族等山区少数民族一样，苗族的生业模式也属于农林复合型的生产活动，因地制宜，种植适于山地生长的杂粮和林木，使不断迁徙的人和物能够落地生根，具有很强的生态适应性。

经过苗族薪火相传的世代经营，大苗山杉木遍布，杉林似海，被誉为"杉木之乡""杉木王国"。罗马不是一日建成的，众多苗民为筑就"杉木王国"贡献了自己的力量甚至毕生的精力。其中，四荣乡一户苗族山丁两代人，就为一山主种下5万株杉木。② 叶长发是当年闻名遐迩的"木材大王"，其拥有的杉木疆域之广、杉木数量之多在民间广为流传："天有边，地有边，叶长发的杉木看不到头、望不到边"，"荒山烧也尽，泉水有断流，叶长发的杉木年年砍不尽，代代拉不完"。③ 在长期的山林种植活动中，融水苗族总结出一套种树的方法，山歌《种杉种竹》如是歌唱："开荒要烧火，种树要锄坡。起畦撒杉籽，挖坑竹才活。竹编篓和笼，又编篮和箩。起楼要梁柱，杉木用处多。种杉和栽竹，苗地要选合，岭上种杉木，杉木爱土厚；冲底育杉秧，杉苗喜又乐。岭顶栽楠竹，楠竹眼泪落，河边竹安家，竹子笑呵呵。"④ 杉木和竹子是两种生态习性不同的树种，各有适宜其生长的生态环境和生态位，岭上种杉、河边植竹，因地制宜、各安其位，营造出良好的生境。

虽然历史上的大苗山古树参天，浓荫蔽日，青杉满岭，翠竹映江，保持着人与境谐的优美生态环境。但是，"大跃进"以来的错误政策导向，导致了山林毁弃的严重生态灾难，"20世纪50年代的'大跃进'，全县大

---

① 云南省林业勘察设计院编：《森林树木与少数民族》，云南民族出版社2000年版，第29页。

② 广西壮族自治区编写组：《融水苗族自治县概况》，广西人民出版社1986年版，第106页。

③ 同上书，第107页。

④ 中国民间文学集成全国编辑委员会主编：《中国歌谣集成·广西卷》上卷，中国社会科学出版社1992年版，第649页。

放木材'卫星'，使60万立方米杉木惨遭滥伐；而'大炼钢铁'所乱砍的水源林、风景林等至少在6万立方米以上，森林资源遭到大劫难。在'农业学大寨'期间，片面强调'以粮为纲'，导致山区毁林开荒或毁林造田……由此造成了水土流失、生态失衡、灾害频繁的恶果"[1]。罔顾自然规律和生态环境的生产活动，非但不能造福于人们的生活，反而因为生存根基的破坏，人们遭到了自然灾难的无情报复。融水山林破坏的生态悲剧只是同一时期全国范围内森林生态破坏的一个缩影，满目疮痍的河山促使人们幡然悔悟，认识到森林是维系人类生存和发展的重要生态屏障，山林劳作逐渐从以采伐为主向种植、保护双管齐下转型。融水大苗山地区采取退耕还林、保护原始森林以及建设珠江防护林工程等多项培育、保护山林措施，经过几十年的努力，生态环境有了显著改善，重现山清水秀、碧水长流的优美自然景观。

三　大瑶山"种树还山"与"吃山养山"的山林耕作生态文化

在自然地理特征上，金秀大瑶山地区呈现出山体庞大、林木广茂、雨水丰沛、河流密布的自然面貌，拥有广西最大的水源林带，一直是西江的重要水源中心。这种地位的形成，主要得益于瑶族的耕作方式。历史上，大瑶山的山林耕作传统主要是"种树还山"和"吃山养山"，在农林复合型的劳作活动中，对山林的养护非常重视，保持了大瑶山山长青、水长流的良好生态环境。

作为山地民族，瑶族具有植树造林的悠久历史传统。大瑶山瑶族最主要的造林方式是"种树还山"。由于山多地少，许多没有土地的瑶民为了种粮维持生计，向山主租赁土地进行耕作。为了日后偿还土地租金，瑶民不仅耕种粮食作物以自给，而且同时种植杉木、油桐等树苗，等到地力贫瘠，无法继续种植粮食作物时，将土地和林木一起交还山主，林木成为人们偿还土地租赁的实物租金。大瑶山瑶族山丁"在向山主租得山地后，从开始种植农作物的第二年起，必须在农作物中间种杉树幼苗，待树苗长

---

① 融水苗族自治县概况编写组：《融水苗族自治县概况》（修订本），民族出版社2009年版，第89—90页。

高，不再适宜种植农作物时，将山地连同杉树一起还给山主，另外租山耕种"①。"种树还山"的耕作模式，实现了各方的利益最大化，不仅解决了广大无地瑶民的生计问题，而且作为实物租金的林木既给山主带来了一笔丰厚的固定资产，还涵养了水土资源、优化了生态环境。正如瑶民歌谣所唱："靠山吃山要养山，桐茶杉树满山冈。山清水秀人添寿，幸福生活似水长。"② 由于瑶族世代"种树还山"，大瑶山成为名副其实的"绿色天然水库"，为西江建构了一道重要的生态屏障，提供了源源不断的源头活水。据统计，大瑶山水源林带，"每年蓄水 25.02 亿立方米，通过 26 条小河，输向周围 7 县，成为当地近百万人口生产、生活用水的主要来源"③。曾经四上瑶山、对瑶族有过深入调查研究的费孝通先生，将大瑶山瑶族的耕作模式总结为："以粮养林，以林蓄水，以水供田，以田植粮。从林粮矛盾变成林粮相济。"④ 粮（杂粮）→林→水→田→粮（水稻），这一环环相扣的耕作模式，因循和适应了大瑶山的立体生境，适合坡地生态位的"种树还山"，在解决山地居民生计的同时，打造了一个绿色水库，给山脚平地提供了不竭水源，使水稻种植成为可能，满足了平地居民的生活需要。因此，这种耕作模式不仅促成了一个良性循环的自然生态环境，而且通过自然资源的合理配置，在各安其位的民众当中营造了一个和谐共生的社会生境。

在"无山不成瑶"的大瑶山，瑶族日常生活煮食取暖所需的能源，基本上取自山林中的薪柴。柴和米一样成为人们每日生活中的必需品，巧妇不仅难为无米之炊，同样也难为无柴之炊。薪柴成为人们消耗量较大的一宗生活物品，因此，如何维持薪柴采伐和林木养护之间的平衡，既不因采伐过量而超出山林的生态负荷能力，又不因过度控制而导致薪柴短缺影响生活，就成为一个需要具有高度生态智慧才能化解的难题。在长期的实践过程中，瑶族发展出一套独具特色的"吃山养山"薪炭林采伐管理制度。"瑶族聚居的地方，每年都要烧大

① 姚舜安主编：《广西民族大全》，广西人民出版社 1991 年版，第 157 页。
② 胡德才、苏胜兴编：《大瑶山风情》，广西民族出版社 1990 年版，第 48 页。
③ 金秀瑶族自治县县志编委会编：《金秀瑶族自治县志》，中央民族学院出版社 1992 年版，第 1 页。
④ 金秀瑶族自治县民委等合编：《瑶族风情录》，广西人民出版社 1991 年版，第 3 页。

量的柴火，管理不善，山林就被'蚕食'，以至毁灭，但寨堡的民众
对薪炭林实行有计划地分片砍伐，每年砍一次，每次砍一片，按户平
均，每户可得六十担左右，够烧一年。砍伐时间规定从正月初到清明
节止，清明后正是树木生长期，就不准再砍了。砍时不准挖兜，不准
放火烧，不准锄地种作物，以利保护水分和生机。这样第二年长的树
木比较整齐、葱绿、粗壮，十年至十五年后又可再砍，如此这般地往
返循环，山林砍不尽、用不完。这个规矩是群众共同议定的，大家务
必遵守，是瑶寨的'森林法'，这就是采育结合、选管并举的方法，
这种方法从古沿袭至今，形成了一种风俗。"① 瑶族的薪柴砍伐，充分
考虑到了林木生长的地利和天时因素，循地利、遵天时。轮伐制度使
土地获得了生养休息的机会，能够较快地恢复地力，为林木的交替生
长创造了地利条件。因时采伐，符合林木的生长规律，使薪柴资源能
够得到永续利用，正如古人所倡导的，"斧斤以时入山林，材木不可
胜用也"②。只有"吃山养山"，维护山林的良好生境，才能实现"靠
山吃山"的可持续生存发展之路。

　　广西西江流域的山林劳作活动，主要集中在西江上游和中游的山区，
居民多为世代栖居于此的少数民族。在长期的生产实践过程中，人们发展
出"靠山吃山"，以林业为主、兼种粮食作物的生业模式。这种因地制宜
的生业模式，不仅有效地维护了山林生态环境，较好地解决了人们的生计
问题，而且上、中游地区的广袤山林，作为绿色天然水库，为西江流域沿
线地区尤其是下游地区提供了可靠的生态屏障，维系着数千万民众生存和
发展的生态安全。

本章结语

　　广西西江流域是人类文明滥觞较早的地区之一，适合人类生存发
展的自然生态环境奠定了文明进程的基石。从史前到今天的漫长岁月
里，繁衍生息于这一流域的人们，通过对自然生态环境的适应、依赖

---

① 胡德才、苏胜兴编：《大瑶山风情》，广西民族出版社1990年版，第48页。

② 《孟子·梁惠王上》。

和改造，首先在维系自身生存的生产劳作活动中，创造了与自然共生共存的生态文化。在劳作活动的生态文化演进过程中，人们从对自然的完全依附，到有限的改造，再到在遵循自然规律和生态规律的基础上创造性地发挥生态智慧，既使自然为人所用，又与自然和谐共生，形成了以农耕活动和农业经济为传统的农业生态文化。其中，以稻作农业为主、山林耕作为辅所形成的生态文化，自古至今一直是广西西江流域生态文化的基本格局。

第二章　栖居环境中的生态文化

　　作为人类生存繁衍的基本条件，栖居是人们安身立命的根基。人类源于自然，栖居于自然环境之中。自然环境的多样性从根本上决定了栖居环境的多样性，生活于不同地域空间的人们，因循天时、地利等自然生态条件，选择宜居的栖居环境，营造安居的栖居场所。在漫长的历史进程中，栖居环境也随之不断发展变迁，成为融自然生态环境与历史文化生态于一体的复合型生态系统。栖居环境的地域生态和民族生态，是反映生态文化的一个重要横断面。中国地域辽阔，自然地貌复杂多样，民族众多，历史上各民族通常聚族而居，栖居于不同的地域空间，形成了栖居环境中多姿多彩的自然和社会生态文化。

　　广西西江流域江河纵横交错、地貌丰富多样、气候温润多雨，这些自然生态条件造就了非常适合人类生存的栖居环境，西江流域因此而成为人类文明的发祥地之一，考古发掘表明，远在距今几十万年前的旧石器时代，以柳江人和百色人为代表的古人类就已栖居于西江流域。西江流域的先民在此栖居繁衍，演化为岭南的百越民族，秦汉以降，中原汉族陆续迁入，与百越民族杂居相处，形成多民族共同栖居于西江流域的自然和人文相融合的景观生态。在各民族不断迁徙和融合的过程中，逐渐形成较为定型的"壮居水头，苗居山头，汉居地头"的富有地域和民族特征的栖居文化。西江流域复杂多变的自然地貌，为各民族提供了多元的栖居环境，各民族在各自的聚居空间创造了适应外部自然环境以及协调内部族群关系的生态文化。作为社会性的存在物，人类具有聚群而居的栖居天性，从最初的原始部落，到后来的民族社会，人们都是规模不等地聚居在一起。从历时的角度来看，人类社会先后产生了村落和城市两种基本栖居环境；从共时的角度来看，村落和城市也一直作为二元并立的栖居环境而存在。作为一个多民族聚居的地域栖居环境，西江流域也同样存在星罗棋布的村落栖居环境以及众星拱月式的城市栖居环境，栖居于此的各民族通过各自的方式创造出了"人与境谐"的生态文化。

第一节 居法自然的生态文化

一 居法自然的村落环境

村落，是农耕文明的典型产物，作为农耕文化的载体，集中体现了地域性、民族性、物质性及精神性相统一的复合性特征。早在采集狩猎阶段，人类已经开始规模性地群集而居，洞居穴处、依树积木是最为基本的栖居方式。在这个阶段，人类的栖居环境和栖居之所是与自然完全同一的，天然的洞穴和树木为人类提供了原生态的栖身庇护场所。只有当人类的生存模式从直接向自然索取转向改造自然，即从采集渔猎转向农作生产的时候，人类的栖居环境才发生了根本性的变化。首先，人类要开辟生产空间以种植农作物，并由此而催生新的栖居环境；其次，由于农业活动对生产空间的高度依附性，人类的栖居环境往往与生产空间相叠合，栖居场所必须处于生产半径之内，因此不再可能依靠洞穴、树木等天然栖居场所，因而不得不白手起家，营造新的栖居之所。尽管如此，农耕文化对自然的依赖从根本上决定了栖居环境对自然的依附。天地自然作为最大的生态环境，从不同层面左右和影响着人们对栖居环境的选择和栖居之所的营造，建塑了村落栖居环境中的生态文化。

广西西江流域优越的自然环境，催生了以稻作生产为代表的农耕生产模式。以稻作为生计的生存模式，不仅意味着水土资源对于稻作生产的基础性作用，而且主导着人们对栖居环境的选择。为了便于日常劳作活动，人们的生产空间与栖居空间往往是连为一体的。因此，地势平坦、土地肥沃、水源丰沛的地域不仅是生产空间的首选之地，而且也成为栖居环境的风水宝地。根据广西的考古发掘资料，西江流域的河谷地带是最早出现农业生产的区域，而河谷台地则是先民的栖居空间，傍水而居成为栖居环境的一个显著特征。因循地利这一居法自然的栖居模式对西江流域的发展产生了深远的影响。纵观整个西江流域，西江各个水系的河谷地带，都是人口稠密、历史悠久、经济文化较为发达的区域，人们世世代代栖居于这些水土资源丰富、自然生态条件良好的环境之中。漓江流域气候温和、山水相依、水质清澈、平畴沃土散布于峰丛之间，不仅在旧石器时代就是当地先民的生产栖居之所，而且也成为后世中原移民栖居广西最早和最集中的地区。漓江流域境内为数不少、历史悠久的古村落，与周边自然环境融为一体，历久弥新、生生不息。红水河流域和左右江流域则是壮族最为集中的栖居空间，在漫长的历史发展过程中，丰富的自然生态资源不仅为人们充满劳绩的生产奠定了可靠的物质基础，壮大了壮族族群，而且为璀璨夺目的那文化的创造者提供了诗意的栖居环境。凡此种种，均表明了农耕生产所依赖的水土生态环境是西江流域村落栖居环境的根基，由此形成的居法自然则是族群繁衍、文化昌盛的一个基本前提条件。

由于广西西江流域自然地貌的复杂多变，水土资源的比例和表现形态也呈现出非均质化的特征。从总体上来看，"八山一水一分田"的俗语非常形象地概括了广西地形地貌的自然生态景观及其比例关系。不同的地形地貌不仅形成了不同的农耕生产环境，而且在思想观念层面深刻地影响着人们对栖居环境的选择。其中，蕴含着深邃生态思想的风水观念在历史上扮演了极为重要的角色，在很大程度上决定了村落栖居环境的布局。剔除风水学说中的神秘玄虚色彩，风水本质上是一门充满生态智慧的地理位置选择与布局的科学。据托名郭璞的《葬经》对风水的界定，"气乘风则散，界水则止，古人聚之使不散，行之有止，故谓之风水"。自然界的风和水本身都是变动不居的，而代表着生命的元气却要在变幻的自然中汇聚起来，人们就要想方设法在人与自然之间取得一种平衡与和谐，达到诗意栖居的"天人合一"境界，这就是风水的目的所在。实际上，这种考察地理生态环境以适合人类居住的思想和方法，通常也被称之为"堪舆术"，是初始形态的人居地理环境科学。西江流域不同地域不同民族的风水观念是在接受中原地区文化影响之下发展起来的，在村落地址的选择、布局以及环境营造等方面发挥着举足轻重的影响。从地貌形态的角度来划分，广西西江流域的村落栖居环境可大致分为平地型、丘陵型、岩溶地貌型以及山地型等几种基本类型。尽管这些栖居环境自然地貌相差较大，但都遵循居法自然的生态原则，"人们在选择聚居点的时候，根据地形的特点和可耕土地的容量来决定聚落分布的规模和距离。如平峒地区可耕土地面积大，人口容量大，所以聚落分布较为密集；较为偏僻的高山地区，群山绵延，层峦叠嶂，少有平地，先民们就在高山的山窝平台或高坡上建立聚落，并将山坡开辟成层层梯田，引山水自上而下灌溉田地，因而，其聚落分布稀疏，规模普遍较小。但不论是平峒地区分布较为密集、规模较大、人口较多的聚落，还是丘陵山区分布较为稀疏、规模较小的聚落，周围都有足够耕种的土地及宽阔的生活空间，能满足居民生活生产的需要"①。

　　广西西江流域的平地型村落多分布于河谷平原和盆地之中，虽然平地型地貌所占比重不大，却是人口密度高度集中的地方。由于这些区域水源丰沛、土地肥沃，既是农耕生产的重要地区，也是聚群而居的村落密集的理想栖居环境。漓江发源于"华南第一峰"猫儿山，流经的兴安、灵川河谷平原自古以来就是农耕发达、村落绵延的地区。坐落于兴安漓江流域的四处秦城遗址，虽然冠名以城，实际上既是军事堡垒，同时也是屯兵耕作的大型村落，"秦城"周边都是平畴沃土，地势平坦，外围山峰连绵，江流环抱，地势险要，可攻可守，这种自然生态环境非常适合亦兵亦农的军事化村落的营造。秦城遗址所在地域自然成为村落的理想栖居环境。其中，水街三面环水，东临灵河、西伴大溶江，南濒灵河与大溶江交汇处，由此形成的三角洲水土肥美，成为垦殖良田和营建村落的风水宝地。七里圩秦城遗址附近的七里圩村，是一个年代久远的村落。村落环境地势平阔，不远处高山绵亘如墙，灵渠和大溶江流经东西两侧。整个村落以中心广场的参天古树为辐辏中心，坐北朝南，往四个方向布局，形成一个紧凑的聚落。从风水的角度来看，山环水绕、田地平坦、视野开阔的这一方水土，构成了一个良好的生态环境，坐落于其间的村落宜耕宜居，是人们安居乐业的美好家园。灵川境内的漓江流域河川密布，地势平坦，水土资源非常适宜农业耕作，因而也成为众多村落的栖居环境。分布于流域河谷地带的太平村、雄村、路西村、迪塘村、老寨村、江头村等，都是历史悠久的古村落。这些村落都坐落于青山绿水之间，毗邻江河，四周分布着面积较大的条块状平整田园。其中，江头村的营造十分符合传统的风水理念。村落环境簪山带水，护龙河流经村落西侧，村前耸立着极具意象性的笔架山、笔筒山和印山，村落与山水环境融为一体，不仅构成了极佳的风水意

————————

① 雷翔主编：《广西民居》，中国建筑工业出版社 2009 年版，第 21 页。

象，而且因为居法自然而形成"人与境谐"的生态意象。西江流域东南部河谷平原、中部盆地以及西部的左右江河谷，地势平坦、水土资源优越、光热条件良好，也是农耕发达地区、村落密集地带。这些区域由于自然地貌与桂北河谷大同小异，因而村落栖居环境也与后者基本一致，村落与生态环境构成和谐统一的有机整体。

西江流域的丘陵地貌多分布于东南部和中部，主要集中在高度较低的山峰边缘与江河之畔。相对于一马平川的河谷平原和盆地，丘陵呈现出连绵起伏的缓坡景观。尽管丘陵地区的水土资源也宜于农业耕作，但土地资源比较珍贵，因此人们在村落栖居环境的选择上十分注重对生态环境的合理利用。在一般情况下，人们将河流两岸的狭长冲积平原留作耕作之用，村落则营建在河谷之上、山麓之下的缓坡地带，这样，村民既有足够的耕地维持生计，又能栖居于依山傍水的青山绿水之间，最大限度利用了自然资源的同时，保持和维护了生态平衡，从而使得农耕文明薪火相传、永续发展。西江流域北部三江境内的坐龙侗寨，坐落于婉转流缓的苗江之畔，寨前碧水环抱、田园环伺，寨后山峰绵延、绿树成荫，整个村落随地形高低错落，与周边自然环境契合无间、浑然一体。从风水的角度来看，坐龙寨所处的大海山与苗江，其山形水势状似巨龙卧波、俯首饮水，而村寨正好营建在龙首之上，故名"坐龙寨"，一江之隔的对面山峰则形似跳跃状的猛虎，如此龙盘虎踞的地形既是风水意义上的宝地，也是自然生态佳境天成的栖居环境。素有"千户大寨"之称的程阳八寨，连片分布于林溪河畔的丘陵地带，由马鞍、平坦、平寨、岩寨、东寨、大寨、平铺、吉昌八个侗族村落组成。这些侗寨都依山傍水，建造于河畔的缓坡之上，寨前田地顺着潺潺流水宛转绵延，青翠修竹在河流与农田之间筑起一道天然的绿色屏障，寨后靠山林木茂盛，原木形制的吊脚楼错落有致、气势宏伟的鼓楼耸立于村寨中心、精致古朴的风雨桥横跨碧水之上……自然山水嵌入村落之中，村落融于自然山水之间，二者妙合无垠，堪称"天人合一"的范例。

广西西江流域的岩溶地貌分布全境，成为广西地貌景观的一个显著特征。岩溶地貌占主导地位的区域，往往是石山林立，土地资源非常稀缺，不适宜于农业耕作，因而也成为不宜人类生存的地方。但由于各种原因，人们依然世代劳作栖居于此。西江上游红水河流域的东兰、巴马、凤山地

区，岩溶地貌覆盖了地表的大部分，土地稀少而硗薄，极大地影响了农业
生产，从而成为经济和生活上的贫困落后地区。然而，从延年益寿的角度
来看，这些地区却是非常适合人类栖居的洞天福地，尤其是其中的巴马地
区，已成为闻名遐迩的长寿之乡。被誉为"中国人瑞圣地""世界长寿之
乡"的巴马，是世界五大长寿之乡中长寿率最高的地区。尽管属于典型
的岩溶地貌区域，石山广布而耕地狭小，巴马人刨地而食的生活艰辛而清
贫，但自然并不是刻薄的，"失之东隅，收之桑榆"，得天独厚的自然生
态环境不仅弥补了土地短缺、物产不丰的不足，而且赐予了巴马人世所罕
有的栖居环境，造就了天下无双的人瑞圣境。盘阳河横贯巴马全境，从中
部将之一分为二，四周山峰环立，众多村落依山傍水，散落于盘阳河两
岸，成为长寿村最为集中的地带。天时地利等诸多自然因素从整体上塑造
了这些宜居长寿的村落。其一，这些村落气候宜人，夏无酷暑，冬无严
寒，气温十分有利于人的健康长寿；其二，空气富含负离子，使村落浸润
于天然大氧吧之中，日出而作、日落而息的人们无时无刻都在吸纳着天地
之精气，身心舒爽，人体在新陈代谢、吐故纳新的循环中能处于和谐平衡
的养生佳境；其三，独特的地磁场从不同层面激活了人的生命潜力与活
力，作为人体重要养分的水被磁化后，变为小分子团水进入人体细胞，能
极大地激活人的生命活力；高强度的地磁场能有效地保持人体生存的最佳
气温环境；此外，地磁场还能起到净化和清新空气的作用，使人精神焕
发、充满活力。由于这些自然生态元素的综合影响和作用，塑造了巴马一
方水土养一方栖居环境，人们在此劳作生息，顺应自然，安贫乐居，长寿
之乡就在岁月静好之中自然形成。

　　广西西江流域的山地型村落主要分布于西江上游的西北部和西部地区，
其栖居环境多为高山之上的山崖、山腰或陡坡。就地貌的自然生态角度而
言，高山地区并不适于农业耕作和居住，但世代生息于这些地区的山地居
民，却在长期的劳作生活实践中展现了高超的生态智慧。在遵循自然规律
的基础上，人们不仅将土层深厚的山岭改造为宜于农业耕作的田地，而且
将村落营建在山高坡陡、地势险峻复杂的山地之上，形成一道独特的人文
自然景观。在山地村落环境的选择上，龙脊十三寨颇具代表性。龙脊十三
寨包括廖家寨、侯家寨、平寨、平段寨、平安寨、龙普寨、新寨、江边寨、
枫木寨、金竹寨、八难寨、马海寨、黄洛寨十三个自然村落。这些村寨散

落在龙胜境内的崇山峻岭之中，清澈的金江从夹岸高山的山脚蜿蜒西流，除马海寨之外，其余十二个村寨均坐落于金江南北两岸的金竹山和龙脊山的山坡上。这些村寨在地域空间上主要分布在山腰一带，其上林木葱郁，其下梯田密布，汩汩泉水和涓涓细流从山顶林中潺潺而下，穿村过寨，流向山脚的金江，生活空间和生产空间的布局极尽地利之宜，作为人文景观的村寨与周边的自然景观浑然一体。龙脊村寨栖居环境的选址和布局，不仅是与自然环境相适应的结果，而且也是文化选择的结果。"龙脊"的命名和村寨的分布，就是传统文化风水观的现实体现，"巍峨起伏的龙脊山脉自北向南蜿蜒，犹如一条巨龙爬行，耸峙起伏的峰峦犹如龙的背脊，故名'龙脊'。'龙脊'由无数的山峰组成，风水喻之为'龙脊'；山脊两侧分布着一个个隆起的土岭，风水喻之为'龙肉''龙躯'或'轮晕'……在龙脊山东南面的坡地（轮晕）之上，依次分布着平安、廖家、侯家、龙普等村寨"①。龙脊村寨依地之形、就地之势，完全契合山地的生态环境。

　　广西西江流域复杂的地貌形态，造就了多元的村落栖居环境，尽管它们之间各不相同，但在居法自然这一基本原则上却是一致的。村落的选址和布局充分考虑到农耕生产的方便和水土资源的充裕，因此尽可能不占用或少占用肥沃的土壤、避免对水源的污染，同时合理利用自然资源以营造宜居的村落，使村落与生态环境形成一个有机整体，从而实现"诗意栖居"的生存理想。

二　居法自然的城市环境

　　从聚落空间的角度来看，城市是村落的延伸和发展，但它不只是后者空间广延上的扩大与居民的增多，而且是社会经济文化进一步发展的产物，意味着一种新的生存模式聚落的产生。城市是政治、经济、文化的聚合体，其居民基本上不从事农业生产，大多从事工商业，因此人员和物品的往来便捷等因素成为城市选址的首要考虑因素。考察城市的滥觞及其发展壮大的历史进程，优越的水环境一直是营建城市不可或缺的关键自然因素。传统城市对于水环境的依赖主要在于：一是大量人口的日常生活用水需要稳定可靠的足够水源；二是人员和商品往来主要依靠水路交通；三是

---

　　①　覃彩銮：《壮族干栏文化》，广西人民出版社1998年版，第246页。

城市的防护通常仰赖江河水网的天然屏障作用。现代城市尽管在交通和防护方面降低了对水环境的依赖，但由于人口的日益膨胀以及工业的发展，城市对水环境的依赖反倒有增无减。可以毫不夸张地说，水是城市栖居环境的灵魂所在。城市因有水而繁荣，因缺水而衰落。中国古人将城市称之为"城池"，非常形象地说明了城对水的依存以及城与水的有机结合。早在春秋战国时代，管仲就对城市与水之间的关系有过精辟的论述，"凡立国都，非于大山之下，必于广川之上。高毋近旱而水用足，下毋近水而沟防省"，① "圣人之处国者，必于不倾之地，而择地形之肥饶者，乡山左右，经水若泽"。② 自古至今，城市无不择水而建，分布于江河湖畔。

　　广西西江流域江河水系十分发达，流域面积占广西总面积的八成以上。西江流域的城市基本上都筑城于江河之畔，滨水而居成为西江流域城市的总体栖居环境状貌。根据史书的记载以及现有的文化遗存，位于漓江流域的"秦城"，是西江流域最早出现的城市。秦城的四处城址均依山傍水，山环水绕，据有山水之险的秦城，进可攻退可守，虽然建造的目的是用于屯兵的军事壁垒，但同时也居有大量的随军家属，人口远比当时一般村落的人口多，实际上已是颇具规模的军事化城镇。随着秦朝以降历代中央王朝对岭南地区的建制和统治，大量中原地区的人口陆续迁入西江流域，沿着西江水系自北至南、由东向西，在西江干流及其众多支流之畔修筑了一座座数量可观、规模不等的城市。优越的江河水环境奠定了营建这些城市的自然生态基础。古人的风水观在城池选择水环境方面发挥着十分重要的影响，根据风水理论，不管是小的村落，还是大的城市，作为人们的栖居环境，都必须"定在水环抱的一边，亦即水的隈曲的一边，也就是古人所说的'汭位'……如南宁、柳州、桂林、梧州、百色、田阳、田东、藤县、桂平、昭平、灵川、资源、灌阳、兴安、全州、都安、环江、柳城、武宣、龙胜、崇左、龙州等市或县的城池便是。根据地质学的考察，河流隈曲处地质结构深厚坚固，足可阻挡流水冲击，逼之转向而去，故宜于建造永久性聚居点，并且还使村落城镇有三面环水之美"③。

---

① 《管子·乘马篇》。

② 《管子·度地篇》。

③ 覃彩銮：《广西居住文化》，广西人民出版社1996年版，第31页。

由此可见，受风水观念影响的城市营建活动蕴含着深刻的生态思想，西江流域乃至整个广西境内的城市大都建造于同自然生态环境相契合的江河之滨。其中，具有悠久城建历史的桂林和柳州堪称城市与自然山水和谐统一的典范。

　　桂林城市的自然山水与栖居环境闻名遐迩，历来为人称道、赞誉有加。早在南北朝时期，颜延之就写下了"未若独秀者，峨峨郛邑间"。唐宋两代，桂林声名日隆，各种溢美之词层出不穷。"江作青罗带，山如碧玉簪。"（韩愈）"城窄山将压，江宽地共浮。东南通绝域，西北有高楼。神护青枫岸，龙移白石湫。"（李商隐）"桂州南去谁与同，处处山连水自通。两岸晓霞千里草，半帆斜日一江风。"（许浑）"桂林山水甲天下，玉碧罗青意可参。"（王正功）"桂林山水冠衡湘"（张洵）"江山清绝胜中原"（曾几）……这些不胜枚举的赞美最终汇聚为"桂林山水甲天下"的高度认同。冠绝天下的山水，意味着桂林城具有绝佳的自然生态环境。"千峰环野立，一水抱城流。"山环水抱的自然环境，构成了一幅"城在山水中，山水在城中"的山水城市景观生态图景。自然天成的青山绿水与人工筑造的城池相互镶嵌，妙合无垠，成为宜居、宜游的人间仙境。古时桂林城区水路纵横交错、四通八达，人们出行往来，大多凭借舟楫之便，"舟行碧波上，人在画中游"，成为一幅充满诗情画意的流动不息的市井生活画卷。作为一座典型的山水城市，江河构成了桂林城的经脉，山峰铸就了桂林城的骨骼。千峰环野立，城市外围的众多山峰不仅形成了桂林城的自然大环境，而且构成了城池防护的天险，这种自然景观生态构造，既满足了人们游目骋怀的审美需要，又筑起了人们心理的安全屏障。青峰簇立、江湖互通、山水相连的山水景观，形成了桂林城的自然小环境。漓江自北向南纵贯城区，主要城区沿江而建，呈条带状分布。漓江既是桂林城的主轴线，也是风景名胜的画卷长廊。城内山水形胜星罗棋布，集萃于漓江两岸。叠彩山、伏波山、独秀峰、象鼻山、南溪山、月牙山、普陀山等从城区各处拔地而起，恰似一把把插在美人头上的碧玉簪；漓江、桃花江以及木龙湖、桂湖、榕湖、杉湖所构成的"两江四湖"环城水系，如同飘荡萦绕于城区的青罗带。天造地设的奇山秀水赐予了桂林城得天独厚的自然生态环境，巧夺天工的城市天衣无缝地嵌入山中间、水之畔，成为人们梦寐以求的理想家园。钱学森先生在给吴良镛先生的信中问道："能不能把中国的山水诗词、中国古

典园林建筑和中国山水画融合在一起，创立山水城市的概念?"① 桂林城市
与自然山水的完美融合，不仅表明山水城市的概念是毋庸置疑的，而且是
城市"居法自然"的一个活生生的范例。

　　"三江四合，抱城如壶"的地形，使柳州城如同一个巨大的天然山水
盆景。穿城而过的柳江，呈"U"字形环抱主城区，赋予了柳州城极佳的
自然环境和如画风光。"岭树重遮千里目，江流曲似九回肠。"曾任柳州
刺史的柳宗元极为生动形象地刻画了柳州城的山水形胜。天然造化的自然
山水造就了柳州极为难得的城市栖居环境，吴良镛先生在考察柳州城市环
境时曾赞叹："柳州山水和城市的创造是一般城市所不能比的。柳州的特
色正是体现在曲折的江流与青山环抱上，是极为难得的风景资源。世界上
以大江大河而著称的城市不少，以山城著称的城市也不少，而山、水、城
如此相得益彰者并不多得，而且柳州有它独特的构图与布局。'江流曲似
九回肠''鹅之山兮柳之水'，难就难在山林、水流、城市结为一体。"②
拔地奇峰与九曲江流如同一幅长卷中国山水画，为居于其间的柳州城营造
了山水田园城市的空间意境。

图 4　江流环抱的柳州城

　　① 吴良镛:《人居环境科学导论》，中国建筑工业出版社 2001 年版，第 206 页。
　　② 同上书，第 206—207 页。

　　山清水秀的生态环境，是自然造化赐予世代繁衍生息于西江流域的各族民众的宝贵财富，为居法自然的村落和城市栖居环境提供了得天独厚的自然资源。

第二节　筑法自然的生态文化

一　筑法自然的村落建筑

　　建筑物是村落的细胞，各个不同的建筑物共同构成村落的有机整体。人首先要安居，然后才能乐业，村落为人们安居乐业提供了建筑聚落空间。村落建筑物的筑址、建材、结构、朝向等方面，无不在根本上受到地形地貌、自然资源、气候温度等自然生态环境因素的影响和制约。早在远古时代，原始先民就学会遵循自然法则、顺应自然规律，构建简单实用的居所，"南越巢处，北溯穴处，避寒暑也"[1]。巢居和穴居不仅是适应气候的需要，实际上也可以看作是建筑取法自然的萌芽和雏形，开阔平整的洞穴和枝繁叶茂的大树成为原始先民的天然居所。考古发掘表明，在广西西江流域的文化遗存中，存在普遍的穴居现象，"如柳江人遗址、麒麟山人遗址、白莲洞人遗址、甑皮岩遗址，等等，这说明广西先民在没有能力修建房屋时，天然山洞就是他们的栖居之所"[2]。构木为巢、依树积木，是原始先民另一种重要的居住形式，对此，史书亦有记载。"上古之民，人民少而禽兽众，人民不胜禽兽虫蛇，有圣人作，构木为巢，以避群害。"[3] 根据张华"南越巢处，北溯穴处"的记载，以巢为居所的应当是岭南地区的百越民族，后世史书的记载也印证了这一点。"僚者，盖南蛮之别种……种类甚多，散居山谷……依树积木，以居其上，名曰'干兰'。"[4] 广西西江流域正是百越民族栖居的核心地带，盛行于西江流域的"干栏"建筑由依树积木的巢居演变而来。"深广之民，结栅以居，上设茅屋，下豢牛豕。栅上编竹为栈，不施桌椅床榻，唯有一牛皮为裀席，寝食于斯……考其所以然，盖因地多虎狼，不如是则人畜皆不得安，无乃上

---

① 张华：《博物志》。
② 雷翔主编：《广西民居》，中国建筑工业出版社 2009 年版，第 26 页。
③ 《韩非子·五蠹》。
④ 《魏书·僚传》。

古巢居之意欤?"① 由此可见，由巢居发展而来的干栏建筑，不仅在结构上取法了巢居凌空而起的形态，而且在建材上直接取材于茅草、竹木等自然资源，既充分利用了自然的优势，又有效地避免了来自虎狼等自然界的危害，可以说是人们在建筑上筑法自然的一个典范。

作为原生形态的干栏建筑，在长期的农耕社会里，一直是西江流域村落的一种重要建筑形式。从发生学的角度来说，干栏建筑是在西江流域特定的自然生态环境当中产生的。西江流域江河密布、气候温暖、雨水丰沛，是稻作农业的发源地之一。在远古时代，西江流域到处林木莽莽，当原始先民从采集渔猎劳作方式转向农业耕作方式的时候，他们的居所也随之从山上的洞穴转移到河谷地带。在伐木垦殖的同时，人们开始营建新的居所。面对气候湿热、瘴气弥漫、林木茂密、虫蛇猛兽众多的复杂自然生态环境，人们在遵循自然规律的基础上趋利避害，就地取材，依树积木、构木为巢，建造起适应新的生存环境的居所。通过不断的改进，这种巢居式的居所逐渐演变为凌空蹈虚的干栏式建筑。干栏建筑将居所架空于地面之上，使人们的身体健康和生命安全在很大程度上得到了可靠的保障，来自湿气、毒气以及动物的危害大为降低。而且，干栏建筑直接取材于周边丰富的林木资源，结构简单，易于建造，省时省力，因而成为西江流域村落的普遍建筑形式。对于这种情况，史籍多有记载。地处西江流域的南蛮之地，"土气多瘴疠，山有毒草及沙虱、蝮蛇。人并楼居，登梯而上，号为'干栏'"。②　"民编竹苫茅为两重，上以自处，下居鸡豕，谓之麻栏。"③"壮人五岭以南皆有之，与瑶杂处，风俗略同……居舍，茅茸而不涂，衡板为阁，以上栖止，下畜牛羊猪犬，谓之麻栏。"④ 尽管干栏建筑结构简单、功能实用，但在建筑史和生活史上却具有划时代的意义，它是百越民族"第一次构筑的具有建筑意义的人工'巢居'，是第一次在强大的有害的自然力与其自身之间筑起最初的一道屏障"。⑤ 而且由于干栏建筑适应自然环境，筑法自然，易于建造，便于生活，因此具有历久不衰的

① 谢启琨：《广西通志》（五），广西人民出版社1988年版，第2773页。
② 《旧唐书·南蛮传》。
③ 周去非：《岭外代答》。
④ 田汝成：《炎徼纪闻》（及其他一种），中华书局1985年版，第61—62页。
⑤ 斯心直：《西南民族建筑研究》，云南教育出版社1992年版，第1页。

强大生命力，以至于至今西江流域仍然存在着大量干栏建筑。

西江流域复杂多样的地形地貌，使得筑法自然的干栏建筑在不同地域呈现出各具特色的形态，各地的干栏"在保持干栏的基本形态的基础上，逐步分化出高脚干栏、矮脚干栏、半楼半地居干栏、地居式干栏等四种不同的类型"。① 此外，由于各地自然资源的差异，干栏的建筑材料也不尽相同，"有全木结构、石木结构、砖（土坯）木结构、土（夯土）木结构之分"。② 干栏建筑在形态和建材上的差异，正是其依形就势、就地取材的筑法自然原则的体现。其中，具有代表性的有高脚全木干栏、矮脚石木干栏以及半楼半地居干栏。

广西西江流域的高脚干栏主要分布于西江上游桂北的龙胜、三江、融水等地的高山地区，以壮、侗、苗、瑶等少数民族村寨最为典型。这些村寨所在的地域山峦连绵起伏，平地稀缺且多位于山脚河谷地带，是极为宝贵的农耕土地，因此村落只能依山布局，建于高山较为平缓的坡地上。从建筑学的角度来说，在这种地形地貌的空间构筑居所实非易事，需要高度的智慧和技巧。人们"以生态的观点顺应自然的地形，沿着山体等高线横向延伸建房。房屋依地势而定高矮，就像一只只巨型立柜盘踞在陡峭的山间。经过长期的实践与探索，当地居民采取简单的挖填的形式建房，既节省了大量的人力物力，又解决了因水土流失而造成的泥石流、滑坡、塌方等诸多自然隐患。因此科学而又巧妙地使建筑与地形有机契合，既尊重自然环境，又保持原有的建筑形制"③。人们因地制宜，依形就势，依着山坡构筑干栏。为了避免对山体的破坏以及尽量少占用土地面积，干栏建筑巧妙地借用立柱和横梁的支撑和依托作用，房体被立柱凌空托起，仿佛长了修长的腿脚，不仅在外观上显得灵动通透，而且在建筑空间上占天不占地，极大地节约了土地资源，减少了对山体地貌的破坏。取法自然的建筑结构，在尽地之利的同时，又非常宜于人居。在建筑空间功能的设置上，干栏的地面底层，通常用于豢养家畜和放置农具杂物，人则居住在不落地面的楼层上，这种功能区分，既有效地利用了建筑的空间，又避免了

① 覃彩銮：《壮族干栏文化》，广西人民出版社 1998 年版，第 101 页。
② 同上。
③ 雷翔主编：《广西民居》，中国建筑工业出版社 2009 年版，第 90 页。

山区潮湿空气以及虫蛇对身体健康和人身安全的危害。

　　除了在建筑结构上对地形地貌的扬长避短、巧妙利用，干栏建筑在建材的使用上也充分体现了就地取材、物尽其用的自然法则。高山地区林木资源丰富，成为人们建造居所最方便易取的原材料。全木结构的干栏建筑，直接取材于周边的山林，不仅经济实用，节约了大量人力、物力和财力，而且在自然资源利用与地形地貌之间达到了高度的和谐统一。为了适应山地环境复杂多变的地形，避免对坡地原生形态地形地貌的随意改变和破坏，干栏建筑依着山坡而建，与山体形成一个有机整体，在建筑材质上就必须选取轻巧且易于搭建的材料，当地山上丰富的林木资源就成了构筑干栏的最好建筑材料。而且，在山地自然生态环境自然资源的利用与再生方面，林木也具有极大的比较优势，十年树木，林木的更新和生长周期较快，只要不是大肆砍伐，山林生态环境能保持平衡状态。因此，高山地区的全木干栏建筑在择址、结构以及材质方面，都充分体现了对自然生态环境规律的尊重，完美诠释了筑法自然的建筑文化精髓。反之，如果罔顾山地自然生态环境的特征，开山平地、平地起楼，山体破坏所引发的滑坡、泥石流等自然灾难，就必然导致搬起石头砸自己的脚，造成宅损人伤、甚至家破人亡的不幸和悲剧。

　　具有数百年历史的龙脊村落，其村落建筑无疑是山地高脚干栏建筑的典范。龙脊山山势逶迤高峭，山体上坡岭众多且向阳，因此宜耕宜居，分布着为数不少的村落。这些聚落都是由一座座高低错落的干栏建筑聚合而成。其中，规模较大的平安寨分列于一道峡谷两侧的两座坡岭上，气势恢宏的干栏建筑群依山之形、就地之势，沿着山体等高线层级耸峙，与山形地貌浑然一体。这些筑法自然的干栏建筑群，不仅在建筑美学上呈现出寓复杂于整一、寓多样于统一的和谐美，而且由于向阳的朝向和高低错落的布局，使得所有的干栏都能充分地享受到太阳的日照和空气的流通，有利于驱散潮湿的空气，为山地居民的身体健康创造了良好的栖居空间。依地形地貌的多变而灵活搭建干栏，从而形成丰富多样的建筑形式，这在龙脊村寨随处可见。

　　龙脊十三寨当中的金竹寨，"住宅建筑和地形结合得更加紧密。依据不同的场地条件，这些住宅布局灵活，并多有配楼、晒排或者连廊等附属建筑，使村落景观更加丰富"①。这当中，具有连通不同住宅作用的连廊颇具特色。高低错落的干栏建筑，看似近在咫尺，实则上下之间的崎岖山路使得相互往来并不方便。为了方便往来，人们在丝毫不改变地形地貌的基础上裁弯取直，在有一定落差的两座干栏建筑之间搭建起一座凌空而起的连廊。连廊通常矗立于两座干栏之间的石板路上方，以高脚立柱将其托起，连廊下方空旷，空间高度足够人们上下山路，连廊的两端之中，一端连接高处干栏的底层，另一端则与低处干栏的楼层对接，从而将两座彼此隔离的干栏连通起来。建筑之间物理空间的缩短，不仅意味着往来的便捷，更意味着生活空间的融合。为了扩大居住空间，而又不改变原有宅基地形地貌的扩建工程，也是筑法自然的智慧结晶。"当家庭人口比较多、房间不敷使用又无法新建住宅时，就在建筑的一侧向外建造横屋来增加实用面积。"② 由于高山地区适于建房的空间逼仄，一旦住宅建成之后，很难通过拓宽地基来营建新楼。在这种情况之下，只有借助占天不占地的方法，通常在原有干栏建筑面向道路的一侧，立下数根粗大而修长的原木立柱，借助其强大的支撑力将横向伸展的干栏凌空托起。因为不占地面，横屋下方和周边的原有地貌、景观以及道路设施等均不受任何影响和破坏，这既是高超建筑工艺的体现，更是人们尊重自然的生态智慧的体现。

龙脊干栏建筑筑法自然的生态智慧，还体现在干栏使用功能对当地自然环境缺陷的克服和弥补上。龙脊村寨所处的龙脊山区，山高林茂，地形复杂，日照时间短促，山岭之间常常云遮雾罩，若隐若现的村落常年笼罩在潮湿的空气之中，加之寨内平地稀少的气候地理因素，使得粮食的晾晒成为一个十分棘手的问题。为了解决这个难题，"龙脊人充分发挥干栏住宅搭建灵活的优势，在日照最好的方向紧贴建筑外墙用木头搭个与建筑二层地面等高的架子，平铺一层竹篾，就搭好了一个晒排，专门用来晒禾把和辣椒、干菜等。竹篾铺得不密，晒禾把时还要铺一卷竹席，以免漏下米粒。晒排上下空气流通，晒排高度和位置的灵活性也避免了被前后的房屋遮挡，晾晒的效果反比在平地上好"③。由此可见，高山地区的干栏建筑

① 孙娜、罗德胤：《龙脊十三寨》，清华大学出版社 2013 年版，第 74 页。
② 同上书，第 104 页。
③ 同上书，第 101—103 页。

之所以具有强大的生命力，就在于其深深地融于自然之中，巧妙地将诸多原本不利的自然因素转化为有利因素，从而使建筑人文景观与自然生态景观化为天衣无缝的有机整体。

图 5　龙脊村寨干栏式民居

　　广西西江流域的矮脚干栏建筑主要分布于红水河中下游的山区，尽管同样是干栏建筑，但由于地形地貌、自然资源以及气候条件等自然生态因素的差异，这些地区的干栏建筑在结构形态和建筑材质等方面，与桂北山区的高脚干栏存在较大的差别。矮脚干栏建筑的形成，直接受到当地自然地貌的影响。从地形方面来看，人们居住的村落"多分布在山岭之间的田峒或谷地边缘的山脚缓坡上，前面和两翼的地势多较平缓开阔，有足够的耕地或可供人们进行户外活动的空间。所以，干栏的营造受地形的限制相对较小，其房基几乎不需花太多的人力去开辟，只是略为平整地面就可以动工兴建。这样的地形条件，对住居建筑的构造及空间布局形式产生直接的影响"①。在地势平缓开阔与人地矛盾相对缓和的情况下，住宅的建

　　① 覃彩銮：《壮族干栏文化》，广西人民出版社 1998 年版，第 110 页。

造受自然因素的制约就相对较小。干栏主体虽然也需要架空于地面之上，但主要不是基于节约土地资源的考虑，而是基于避虫蛇、免潮湿等自然因素的考量。因此，人们在营造干栏建筑的时候，一般使用高度较低的矮脚立柱将其托起于空中。相对于高脚干栏结构的通透高挑，矮脚干栏虽然少了一分秀雅，却因重心较低而更显稳固结实，与周边平缓的地形环境也更为和谐融洽。

在建筑用材方面，矮脚干栏大多采用石木相结合的混合材质，这既是就地取材的结果，也是由当地自然资源的特征所决定的。一方面，红水河流域多为岩溶地貌，石山多而土山少，林木资源远不如桂北土山地区丰富，加之林木的生长周期滞后于林木的采伐，因此，林木资源不敷全木干栏建筑之用；但另一方面，岩溶地貌的石材资源却非常丰裕，随地可以开采，为房屋的建造提供了取之不尽的天然建材。针对这种木少石多的自然资源情况，"人们利用当地丰富易取的建筑材料——石块、土坯或夯土，并且采用垒砌或夯筑等新的营造方法，将房屋两侧的山墙或后壁的建筑材料由原来的木结构改为石砌、土坯垒砌或夯土结构，并且将干栏高度降低。这样的构筑方法，既可节省木料，又能增强干栏的稳固性、安全性和防火性能"。① 石木材质和结构的矮脚干栏建筑，在建筑材料和建筑工艺革新的背后，实际上隐含了自然生态因素的决定性影响。"自然生态的变化是促使其建筑结构发生变化的重要因素，即随着当地人口的逐步增多和活动范围的不断扩大，导致了森林的减少和生态环境的破坏，建筑用材也日趋减少或匮乏，使人们在营造新的住居时，只能采用当地生产的石料、土坯或夯土作为材料，尽可能节省木材。"② 尽管从原生形态的全木干栏转向次生形态的石木干栏，在某种意义上是一种迫不得已的筑法自然，但从客观后果来考察，石木干栏就建筑本身而言更为经久耐用，而在生态效应方面，即便无法从根本上扭转自然环境变化的大趋势，也能在一定程度上对林木资源的锐减起到缓冲的作用。

半楼半地居干栏是一种再生形态的干栏建筑，是在适应西江流域山地广布的地理环境中逐渐衍生发展起来的。这种类型的干栏建筑在西江流域

① 覃彩銮：《壮族干栏文化》，广西人民出版社1998年版，第113页。
② 同上。

的山地环境中较为常见，经常与其他类型的干栏建筑混杂在同一个地域空间。半楼半地居式干栏在结构上最为突出的特征，就是突破了原生形态干栏完全凌空于地面的结构传统，在纵向空间上将建筑整体切割为两种不同的建筑形态，前面由立柱架空于空中的部分为楼居，后面直接建造于地面的部分为地居。这种建筑形制是根据具体的地形特征，充分利用现有地理空间的创新体现。尽管山区总体上平地尤其是宜于建房的宽敞平地稀少，但在坡岭之上时有面积不大的小台地，本是营建居所的难得筑址，却由于面积略小而不足以将整座住宅建于地面之上，为了补足这一空缺，人们将建筑的一部分向空中延伸，借助立柱的支撑作用，将其建成底层架空的楼房，从而组合成半楼半地的建筑形体。然而，它又决非半干栏建筑和半地居建筑的简单拼凑，而是二者有机融合的整体，是一种全新的因地制宜的建筑形态。在龙脊山区的干栏建筑群中，依山而建的半楼半地式干栏间或可见。其建筑的结构布局颇具特色，底层为半楼下方的半地下空间，通常作为圈养家畜、放置杂物之用；中层为半楼半地的人居空间，由于山地地面潮湿，地面部分一般作为厅堂，悬空部分作为居室；空间较为狭小的顶层，大多用于储存晾晒好的谷物杂粮。登堂入室，是进入建筑内部空间的路径。由于厅堂位于靠近山坡的地面，因此，其建筑入口不同于一般干栏由底层登梯而上的方式，而是在正对地面厅堂大门的坡面修筑一条拾阶而上的石板路，将住宅与外部空间连通起来。从绿草布阶的石板路拾级而上，步入树荫掩映的住宅，登后堂而入前室，步移景异，整座建筑物与周边的自然环境契合无间、相得益彰，是地地道道生长于原生自然环境中的生态建筑。

　　如果说上述干栏式建筑是广西西江流域土生土长的原生态建筑，那么土木地居式或砖木地居式住宅则是从中原地区传入之后，逐步发展成为西江流域十分普遍的一种村落建筑形式。其中，硬山搁檩式地居住宅最为典型。建筑学上的"硬山搁檩"，是指在房屋的结构方式方面，在厚实的墙体上方直接搁放木质桁条，其上覆盖瓦片所形成的住屋。作为外来传入式的建筑类型，硬山搁檩式建筑始于秦汉时期的汉人南迁。随着秦汉两代对岭南百越地区的征战和治理，大量中原地区的士兵和平民陆续迁入西江流域，这些外来移民将故居建筑形式移植到新的家园。由于西江流域山多地少，原本适应平原地区的地居式建筑也主要落户于西江流域的河谷盆地和丘陵平缓地带。在地形地貌、气候条件等方面与中原地区相差较大的自然环境中，硬山搁檩式建筑遵循因地制宜的自然法则，在建筑材质和形制结构等方面采取了灵活变通的营造方法，从而形成了不同于原型的具有西江流域地域特色的新型硬山搁檩式建筑。

首先，在建筑的材料方面，西江流域自然资源非常丰富，宜于建房的材质也多种多样，人们往往可以就地取材，综合利用多种自然资源来建造复合型材质结构的房屋。"在广大河谷或盆地地带，有着丰富的石灰岩、亚黏土、沙壤土。人们就地取材，开采石灰岩作为料石，挖掘亚黏土作为墙土，用沙壤土制成泥砖或火砖来建造房屋，形成石木结构、土（夯土或泥砖）木结构、砖（火烧砖）木结构或石、土、木混合结构的多种建筑形式。"① 这几种不同材质组合类型的建筑，因不同地域自然资源的差异而呈现出较为分明的地域分布特色。在溶岩地貌充分发育的地区，石料不仅是最丰富而且也是最坚固的建筑材料，因此石木材质相结合的硬山搁檩式建筑成为主导型的村落住宅。而在土地资源丰富的地区，人们也同样采取就地取材的方法，利用极具黏性的亚黏土夯筑山墙，或采用土质细腻的耕地土壤制成大块的原生态土砖垒砌墙体，建成土木结构的住宅。砖木结构则是土木结构的变体，富裕人家用小块土砖烧制成的火砖盖房，住宅更为稳固耐用。在最早接受中原文化影响和经济较发达的西江流域东北部地区，如灵川的江头村、富川的秀水村，都是由青砖黛瓦砖木建筑群所形成的村落。总而言之，尽管地居式建筑形式由中原传入，但由于自然资源的差异，西江流域地居建筑的材质更为多样化，这正是筑法自然在因地制宜、就地取材领域的体现。

其次，在建筑的择址和结构造型方面，由于西江流域的地形地貌和气候条件等自然生态因素迥异于中原地区，使得这一流域的地居式住宅呈现出不同于后者的地域特征。西江流域地形地貌复杂多变，气候炎热、潮湿、多雨。在这样的自然生态环境当中，人们为了获得舒适健康的居住空间，必须确保住宅的空气流通和地面的干燥。为此，人们通常"将房屋建在坡地上，近水而不受水浸，并且将房屋加宽增高，前后檐下留空而不密封，厢房前后开设棂窗，使空气对流。这样，房间内既通风阴凉，又明

_____

① 覃彩銮：《广西居住文化》，广西人民出版社1996年版，第59页。

亮干燥"①。富川秀水村整个村落建筑依山傍水,砖木结构的硬山搁檩式住宅大多高挑而宽敞,庭前屋檐空旷,使里面的房屋显得通透明亮,屋前的大片水域微波荡漾,水起风生,从而使房屋的空气流通保持循环更新,这样的住宅布局和结构,正是巧妙利用自然条件的结果。蒙山古排村的土木结构硬山搁檩式住宅,依山傍水,建在河畔之上、山脚之下的台地上,房屋大多以坚固且防水防潮的石块为地基,其上夯土为墙或以大块土砖砌墙,房顶以青瓦覆盖。房屋门窗高大宽敞,面向河谷的朝阳方向,既通风透气,又采光充足。在西江流域丘陵多山地区,这种建筑类型是合理利用山形水势的生态智慧结晶。

无论是原生形态的干栏建筑,还是外来移入的地居式建筑,一旦在西江流域落地生根,无一不遵循筑法自然的生态法则,根据当地的实际情况,因循地形地貌而依形就势,因地制宜而就地取材,适应气候而不拘一格,从而筑就了与农耕社会生活完全契合的村落建筑,世代传承而经久不衰,成为见证农村社会发展的活化石。

二　筑法自然的城市建筑

西江流域山水相连的地形地貌,决定了城市建设必须因地制宜,根据山形、水势来规划城市布局,筑造城市各种功能区域、街道、交通路线等。作为西江流域的重要城市,桂林有规划的筑城活动始于唐代,历经数百年的建造,至南宋时代,当时的桂林作为静江府城,已成为颇具规模的岭南重镇。古代城市,既是区域性的政治、经济、文化中心,同时也是重要的军事要塞,因此,城市的筑造不仅要考虑到日常生活的便利,而且更要着眼于城市的安全防护。凭借自然天险来建造城市,成为筑法自然的显著特征。古时的静江府城,"利用水来作为城防设施,东江(即漓江,作者注)、南阳江防卫东与南两面。静江府城还用山来作为城防设施之一。夹城的北城,新城的北城均建在山间与山顶,构成半山城的气势,成为'山城'与平地城结合的形式。城内有山,作为制高点,可以纵观城外。城西山峰修建烽火台,可以加强防御。总之,全城选地可以说是背山面

---

① 覃彩銮:《广西居住文化》,广西人民出版社1996年版,第55页。

水，傍山依水，城在山水之间。既利于进攻，又便于防守"①。据有山水之险的桂林城，将城市筑造与自然环境巧妙地结合起来，在自然屏障的基础上，发展了源远流长的历史文脉。西江流域的其他重要城市，如南宁、柳州旧城，在筑造城池的时候，也充分利用水利之便。邕宁旧城（南宁）"全城为菱形，南北西方为菱尖。开七座城门，全城正南和西南为邕江之水弯曲通过，也就是说全城紧紧临着邕江。城西、城东都有长条形湖面紧临城墙，全城用水则十分方便"②。柳江旧城（柳州）"全城做成卵形，开七个城门，柳江水构成半圆形，通过柳江城东南西三面，用水非常之便"③。综合利用山形水势的险峻和便利，是西江流域城市建造筑法自然的突出特征，体现了人们巧妙利用自然的高超生态智慧。

　　古代城市建筑所用建材，大都采用就地取材的方法，利用当地丰富易取的自然资源来营建各种城市设施。如，城墙一般以坚固厚重的石块垒砌，城内各类建筑物则以砖木结构为主。而对于城区交通往来的道路来说，不同地方的城市用以铺路的材料则因地而异。在华北平原地区，由于土多石少，城区道路以土路为主，久旱扬尘，久雨泥泞，严重影响城市的空气、环境、市容和出行。而地处岭南的西江流域，属于典型的岩溶地貌，岩石异常丰富，是当地取之不竭的建筑材料。因此，西江流域的诸多城市，不仅以石块筑垒城墙，而且用石块或石条铺盖道路，这种筑路方式，既可有效防止路面的扬尘或泥泞，又能保持路面耐磨的硬度以方便车辆行人的通行，从而为人们营造一个舒畅的生活环境。

　　城市筑法自然还表现为气候对建筑风格的影响。西江流域南部炎热多雨，遮阳避雨成为建造房屋的一个重要考量因素，城市骑楼建筑在很大程度上就是为应对这种气候而产生的。所谓"骑楼"，是指楼层部分跨在人行道上的临街楼房，因形似骑跨在廊柱上而得名。骑楼下方的人行廊道随街道的延伸而相互衔接，形成悠长、高耸、通透的开放式人行长廊。骑楼最突出的建筑特色就在于为行人提供了舒适的行走空间环境，既能遮风避雨，又能抵挡炎炎烈日，为人们营造一个风雨无忧、凉爽惬意的户外环

---

① 张驭寰：《中国城池史》，百花文艺出版社 2003 年版，第 172 页。
② 同上书，第 300 页。
③ 同上。

境。雄踞西江要津的梧州，素有"百年商埠"之称，昔日城市的繁华就体现在其规模宏大的骑楼建筑上。旧时的梧州街道，基本上就是骑楼街。临街而建的骑楼鳞次栉比、纵横交错，构筑成长达十余里的数十条骑楼街，形成了城市的基本格局。在常年高温多雨的梧州，这些骑楼为人们的生活和出行提供了遮阳挡雨的城市生态环境。

总而言之，在广西西江流域，无论是传统的乡村民居，还是城市建筑，都遵循着因地制宜、就地取材以及适应气候等筑法自然的建筑原则，从而为人们筑就了安居、宜居、乐居的栖居空间。

第三节　栖居生境的保护与营构

一　村落栖居生境的保护与营构

在一个长期"以农为本"的传统农耕社会里，中国人对田园生活一直寄予世外桃源般的美好理想。人是田园生活的主体，村落则是人们生活的栖居之所。只有当村落与周边的田园环境融为一体，成为充满诗情画意的大地景观，世外桃源般的诗意栖居理想才可能变为现实。陶渊明笔下的桃花源，已化为农耕社会田园生活的文化符号和最高范本。"缘溪行，忘路之远近。忽逢桃花林，夹岸数百步，中无杂草，芳草鲜美，落英缤纷……复前行，欲穷其林。林尽水源，便得一山，山有小口，仿佛若有光。便舍船，从口入。初极狭，才通人。复行数十步，豁然开朗。土地平旷，屋舍俨然，有良田美池桑竹之属。阡陌交通，鸡犬相闻。其中往来种作，男女衣着，悉如外人。黄发垂髫，并怡然自乐。"人与自然和谐统一的栖居生境，不仅因为自然山水的存在，还有赖于人所营造的俨然屋舍、平旷土地、良田美池桑竹等共同构成的有机整体。因此，对于村落栖居生境而言，固然在根本上由自然造化所决定，但后天的人为因素同样不容忽视，它可以弥补自然的先天不足或缺失，从而使栖居环境更臻完美。

广西西江流域山清水秀、树木葱茏、繁花似锦，织就了一幅天然的锦绣河山。原生形态的秀美大地景观为世代栖居于此的人们提供了良好的栖居生境。"仁者乐山，智者乐水"不仅是文人士大夫的雅癖，更是日出而作、日落而息的劳动人民的自然天性。"晨兴理荒秽，带月荷锄归"，对于朝夕劳作生活于田园环境中的人们，营造安放自己身心的栖居场所无疑是人生的一件大事。在长期的生活实践过程中，人们一方面充分发掘和利用自然地利条件，选择宜耕宜居的依山傍水之地作为栖居地，并且保护好栖居生境；另一方面则要面对于人而言并非十全十美的原生自然环境，发挥和运用自己的生态智慧再造趋于完美的"第二自然"，使之成为更为宜居的生境。"八山一水一分田"的自然生态格局，决定了山林河池是西江流域村落栖居生境保护与营构的核心所在。

山多地少的自然地貌特征，从根本上决定了西江流域村落的基本分布格局。为了节约宝贵的土地资源，达到土地耕作最大化的目的，人们通常选择将村落住宅依山而建，不仅在某种程度上缓解了人地之间的紧张关系，而且使自身的栖居之所置于良好的生态环境之中。山、林、水、土构成了农耕文化与田园生活的基本要素。其中，山体与林木相结合所形成的山林生态系统，为人们的生产生活提供了可靠的自然资源和生态屏障。首先，就农业生产的角度而言，尽管山林生态系统并非人们直接的劳作对象，但其所形成的生态环境却是农业生产所需气候条件和水源不可或缺的基础。完好的山林生态系统是小生境天然的气候调节器和绿色水库。久旱不雨之际，山上的水流既能灌溉干渴的土地，又能解决人畜饮水问题；而暴雨倾盆的时候，山林又能吸收截留大量的雨水，既大大降低山体滑坡、泥石流等自然灾难爆发的几率，保障人们的生命财产安全，又能缓解洪涝灾害对田地作物的破坏作用。其次，就日常生活而言，俗话说"靠山吃山"，山林生态系统为人们提供了大量的生活资源。建造住宅所需的木材，厨房炊煮所用的薪柴，平时食用的果蔬山珍等，无一不来自村落周边的山林。因此，在长期的生产生活实践过程中，人们充分意识到保护山林生态环境的重要性，只有确保栖居环境的良好生境，才可能实现安居、宜居、乐居的田园生活理想。

为了保护山林生态环境，世代栖居于西江流域的各个民族形成了各具特色的山林保护文化，这在栖居于山地的少数民族当中更为显著。尽管不具有法律意义上的约束力，但在长期的文化传承过程中，这些保护山林的习俗已在人们的思想意识当中根深蒂固，成为不成文的山林保护习惯法，潜移默化地影响着人们的行为。这些山林保护文化主要包括山林崇拜、山林禁伐以及山林防火等方面的内容。

山林崇拜文化盛行于西江流域的众多少数民族之中。"壮族居水头"，壮族村落大多依山傍水，生产生活与山水紧密相连，因而形成了"有山就植树，有树能蓄水，有水养育人"的思想观念。在壮族人心目当中，山林里面的风水林享有非常神圣而崇高的地位。"壮族人认为，风水林具有滋润土地、涵养水源、储藏财富，保护聚落和河流的功能。故之，在壮族聚落附近或河流上游，多保留或植育有一片树林。对这片树林，全聚落的居民视之为神林，对之加以敬畏和崇拜，并且自觉地加以管护，不许乱砍滥伐，就连树上脱落的枯枝也不得捡拾为薪。"① 西江流域毗邻湖南、贵州的三江，是侗族的主要聚居地。三江地区林木茂盛，良好的山林生态环境在很大程度上得益于侗族人的山林崇拜意识。在侗族的创世古歌里，"姜良姜妹，开亲成夫妻，生下盘古开天，生下马王开地；天上分四方，地下分八角；天上造明月，地下开江河；先造山林，再造人群；先造田地，再造男女；草木共山生，万物从地起"②。山林不仅先于人而存在，而且在"草木共山生，万物从地起"的共生生态系统中，人的生存须臾不能离开山林草木。千百年来，蕴含着朴素生态生存智慧的思想理念一脉相承，积淀为侗族人的集体无意识地对山林崇拜有加，从而使得侗族村落周边的山林郁郁葱葱、生机盎然。农历三月三是西江流域众多少数民族的传统节日，不同民族的节日内容也不尽相同。其中，西江流域西部地区彝族的祭山林节集中体现了人们对山林生态的保护意识。"节日早上，全寨杀猪，各户领取一份，中午由一位'轮值'老人作代表，带领一位平时讲究礼节的青年提着礼品（肉、鸡、酒、鞭炮等）登山，在一块上书'山林之位'的石头前祭祀，燃放鞭炮，林子里各户听到炮声，也陆续燃放鞭炮，老人将酒泼在地上，叫作'洗山'，表示'土地干净草木茂盛'，然后下山，各家欢饮，庆祝林木青葱。节后各家互相检查护林情况。乱砍滥伐林木者受罚，护林有功者受奖。年年如此，形成制度。"③ 节日化的祭林活动与制度化的护林措施相结合，使彝族聚居的村寨保持着山常青、水长流的宜居生态环境。

　　山林禁伐是保护山林生态环境的一项重要措施，中国传统文化一向提

---

　　① 廖国强等：《中国少数民族生态文化研究》，云南人民出版社 2006 年版，第 107 页。

　　② 黔东南苗族侗族自治州文学艺术研究室编：《民间文学资料集》（第一集），贵州民族出版社 1998 年版，第 9 页。

　　③ 姚舜安主编：《广西民族大全》，广西人民出版社 1991 年版，第 581 页。

倡和重视山林禁伐的思想理念。根据《逸周书》的记载,早在尧舜禹时代,就已存在明确的山林禁伐法规,"禹之禁,春三月,山林不登斧斤"。《礼记》规定,"草木零落,然后入山林"。孟子则用"牛山之木"的具体事例来说明山林生态环境保护的重要性,"牛山之木尝美矣,以其郊于大国也,斧斤伐之,可以为美乎?是其日夜之所息,雨露之所润,非无萌蘖之生焉,牛羊又从而牧之,是以若彼濯濯。人见其濯濯也,以为未尝有材焉,此岂山之性也哉?虽存乎人者,岂无仁义之心哉?其所以放其良心者,亦犹斧斤之于木也,旦旦而伐之,可以为美乎"①?牛山之木的美就在于尊重"山之性",让山林在自然的阳光雨露之中自由地生长,如果放任"斧斤之于木,旦旦而伐之",牛山之美就会毁于一旦,成为荒芜的濯濯童山,齐国郊外的优美生境便不复存在。由此可见,禁止山林乱砍滥伐的生态思想具有悠久的历史传统。

在长期的日常生活当中,西江流域各民族切身体会到山林生态环境对于营造宜居生境的重要意义和价值,制定了各种规章制度和惩罚措施以禁止对山林的随意砍伐。西江流域桂西北山区的侗族对山林禁伐有十分详细的规约,列出了山林保护的具体措施,"谁人砍树,抓到柴挑,捉住扁担,要他父亲补种树,要他母亲赔罪,随从的人罚银六钱,带头的人罚一两二钱。各村寨在每年农历二三月间举行的'约青讲款'集会上,都重申这些规定,提醒人们要爱护庄稼和山林……龙胜县侗区在三四十年代封山育林时期规定,谁砍生柴,除将柴火充公之外,还没收其刀、斧和扁担,屡犯者还要拘留罚款。因此,即使数百户的大寨,不出寨外半里路,就是茂密的山林。1988年三江侗族自治县林溪乡乡规民约规定:不准砍生柴,否则,除没收生柴外,还处以每担当时市价一至二倍的罚款。"②这些禁伐举措有效地保护了侗族山区的山林生态环境,为侗族人民提供了良好的栖居生境。金秀大瑶山是西江流域的重要水源地,大瑶山的山林同时也是水源林,其完好与否直接决定着周边地区的农耕生产和栖居环境。因此,瑶族一直非常重视对山林生态的维护。清代光绪时期,大瑶山瑶族

---

① 《孟子·告子上》。
② 广西壮族自治区地方志编纂委员会编:《广西通志·民俗志》,广西人民出版社1992年版,第187页。

制定《两瑶大团石牌》，对山林禁伐内容作出了明确规定，"瑶山香草、桂树、竹、木、山货、杂粮百件，不得乱取，重罚"①。20 世纪 50 年代，瑶族不同支系之间达成《大瑶山团结公约》，其中也包括山林禁伐的内容，"防旱防水之树木，不准砍伐"②。经过历代瑶族人的精心保护，大瑶山林海成为既是储水防旱的绿色水库，又是净化空气的天然氧吧，为周边各族民众营造了安居乐业的生境。

除了乱砍滥伐，火灾是山林所面临的最大威胁，其对山林生态环境的破坏具有突发性、失控性以及毁灭性的特征。因此，山林防火历来为人们所高度重视。西江流域各民族对人为纵火都制定了相关的惩罚措施。在三江侗区，清光绪元年（1875 年）马胖乡民约中规定：放火烧山，公罚钱一千二百文。1988 年林溪乡乡规民约规定：生产用火或其他用火，造成山林火灾，除赔偿损失和补造林外，处以二百元以下的罚款。③ 金秀大瑶山的《大瑶山团结公约》规定，"凡放火烧山，事先各村约定日期，做好火路，防止烧毁森林"④。这些规约一旦制定之后，一般都能得到有效的贯彻和执行，火灾的惨痛教训和惩戒措施，使人们深刻地认识到维护山林生态系统对于村落环境和生命财产安全的重要意义。

如果说山林生态环境构成了人们栖居生境的外围生态屏障，那么村前寨后、庭前屋后的林木则是人们栖居场所的贴身生态保护伞。相对于山林生态系统的自然天成，村落的林木则是人们为了营造优美生境而有意识培植的结果。鸟语花香、绿树掩映的村落，自古以来就是人们心目中的理想家园。"黄四娘家花满蹊，千朵万朵压枝低。留连戏蝶时时舞，自在娇莺恰恰啼。""绿树村边合，青山郭外斜。""一水护田将绿绕，两山排闼送青来。""山重水复疑无路，柳暗花明又一村。"这些充满诗情画意的诗句，勾画了以花草树木为底色的秀美田园风光，令人不禁心驰神往。

　① 苏德富、刘玉莲编著：《茶山瑶研究文集》，中央民族学院出版社 1992 年版，第 9 页。
　② 广西壮族自治区编辑组：《广西瑶族社会历史调查》（九），广西民族出版社 1987 年版，第 28 页。
　③ 广西壮族自治区地方志编纂委员会编：《广西通志·民俗志》，广西人民出版社 1992 年版，第 187 页。
　④ 广西壮族自治区编辑组：《广西瑶族社会历史调查》（九），广西民族出版社 1987 年版，第 28 页。

图6　金秀山林

　　西江流域植被丰富、林木繁多，为村落和庭院的生境营构提供了得天独厚的条件。西江流域各族民众均有在村落周边种植风景树和风水树的习俗，世代传承的植树习俗使众多传统村落古木参天、浓荫如盖，形成了一幅幅人文和自然景观交相辉映的画卷。桂北漓江流域的村落附近多植有本地常见的树木，这些枝繁叶茂的古树和大树往往成为村落的天然地标。桂花树在桂林农村地区随处可见，那些年逾百岁的古桂在村前寨后形成亭亭如盖的绿色巨伞。在桂林市朝阳乡唐家里村，一株千年之前种植的古桂"树高14米，基围410厘米，冠幅东西15米、南北15米，树龄逾千年。至今仍枝繁叶茂，秋日花开满树，远近飘香，香溢十里。这株罕见的千年古桂是迄今为止我国已发现最大的古桂花树之一"①。高大的古桂与低矮的村落建筑相映成趣，宽广的树冠伸展开来，独树成荫，在蔽日浓荫羽翼之下的房屋，倍显干爽阴凉。榕树也是漓江流域广为种植的树种，枝叶婆娑的巨幅绿荫与青山绿水之间的村落相互映衬，构成绿意盎然的田园画卷。龙门千年古榕傲然挺立于漓江之畔的龙门村码头，从树根处萌生的六七根粗壮遒劲的树干向四面八方伸展，由此形成硕大无比的伞状树冠。其中，伸向江边的树干横卧于江面之上，尽显"疏影横斜水清浅"的意趣；而伸向村宅的浓密树荫则为房屋提供了天然的遮阳伞。旁逸斜出的一株古

---

① 桂林市园林局编著：《桂林古树名木》，漓江出版社1999年版，第1页。

榕，婀娜逶迤于簪山带水之间，成为了龙门村如画风光的点睛之笔。西江流域南部地区气候炎热，各地村落普遍种植榕树以遮阴纳凉，苍翠浓绿的大榕树环立村前村后，不仅是炎炎夏日零排放的气温调节器，而且成为整个村落最醒目、最靓丽的风景线。西江流域西北部山区村寨多种植适合当地生态环境的枫树、松树和杉树等树种。在融水苗族聚居区，虽然遍地都是杉树，但人们通常种植松树作为村寨的风景树，因为"松树蒸发量大，涵养水源能力差，所在坡岭、沟壑无水，种植在村庄旁，可使村头泥土干燥，避免水土流失，保护木楼'长寿'和村落安全，同时松林地表因干燥，杂草异木不易生长，极为清洁，使毒蛇害虫无处藏身，纷纷逃避，客观上形成了一个（自然植物）保护圈"[1]。"前人栽树，后人乘凉。"世代相传的植树传统，不只是给子孙后代留下了一笔能够不断传承的宝贵财富，为家族的栖居之所奠定了宜居的生态环境，更是人们取法自然、利用自然的生存生态智慧的集中体现。

山林与风景树（风水树）由远及近分别构成了村落的宏观、中观生态环境，而村落各家各户的庭院林木不仅在空间上是最为内里的，而且也是人们最刻意经营的核心生境。"榆柳荫后檐，桃李罗堂前。"堂前屋后的树木种植并非随意而为，而是需要细加思量的一门艺术。归田园居的陶渊明在自己居住的庭院手植五株柳树，每当春夏季节，"碧绿妆成一树高，万条垂下绿丝绦"，五株枝叶繁茂、浓荫如盖的柳树为庭院营造了一个良好的小生境，引来蝶舞莺啼，深得陶渊明喜爱，故以柳自况，自号"五柳先生"。一般的村野乡民虽然没有文人雅士吟花弄草的嗜好，但对于自己庭院生境的营构也颇为讲究。人们往往因地制宜，根据庭院的地理位置、方位朝向等自然因素来选择不同树木的种植和布局，为自己营造一个宜居的小生境。

在西江流域，各地各民族的庭院种植深受蕴含着生态智慧的风水观念的影响，"在树种的选择上，风水认为：宅东种桃柳而不宜种杏，宅北不宜种李，宅西有桃为淫邪，四畔竹木青翠则进财。广西各民族喜在屋前两侧种柚和黄皮果树，宅后种芭蕉、竹子，等等。这些规则貌似无稽，其实

---

[1] 吴承德、贾晔主编：《南方山居少数民族现代化探索——融水苗族发展研究》，广西民族出版社1993年版，第25页。

具有一定的科学道理，既符合树种的生殖特性，又满足改善宅旁小气候以及观赏的需要。如桃树、柳树喜欢温暖和阳光，树冠小，适宜于种在住宅的东面。反之，既不利于树的生长，也不能起遮阳避暑的作用。李树素有'向阳石榴红似火，背阳李子酸透心'之谚。它对水分的要求极高，只能栽在土壤湿润、阳光充足的朝南地带才能结出色艳味美的果实。若栽在背阴处，则果实色劣、迟熟、酸性大、品质差，故宅北忌种李。柚树、黄皮果树枝叶繁茂，具有很强的吸附毒气、烟尘和驱蚊的性能，种于宅边既有利于防风御寒和遮阴，又能净化空气，保护环境，人们常用其枝叶煮水洗身消毒去邪，故有'百鬼不近'的说法。"[1] 由此可见，西江流域各族民众在长期的生活实践当中，对不同树种的生长习性了然于胸，因而能够扬长避短，恰到好处地将不同树木种植于庭前屋后的不同方位，为自身营构一个生机盎然、花果飘香的宜居生境。

　　水是生命的源泉，人类择水而居，文明因水而兴。西江流域丰富的水生态环境，孕育了历史悠久的百越文化。西江干流如同大动脉一般横贯广西全境，无以数计的众多支流则如同毛细血管般从四面八方流向干流，形成水资源极为丰沛的江河水网体系。西江流域丰富多样的山水地貌环境，奠定了依山傍水的村落总体栖居格局。西江流域各地各民族大多选择水源丰富、水质优良的地方作为栖居之地，营建安身立命的村落。作为天然的自然生态资源，山林水土是农耕社会最基本的生产生活要素。人们必须在珍惜保护的基础上进行合理的开发利用，才能够成为维系人类生存发展的永不枯竭的生命源泉。在生活实践当中以及传统风水观念的影响之下，西江流域各族民众形成了适应各自栖居环境的水生态文化。

　　对水的生态保护，首先是对水源的保护。茂密的山林通常都是重要的水源地，不仅是江河湖泊的源头和农业耕作的命脉，也是人们生活饮水的源泉与栖居环境的生态屏障。因此，对水源的保护在某种意义上就是对水源林的保护。西江流域山地村落所在地是非常重要的水源地，"山有多高，水有多高"形成了这些地区特有的自然生态景观。龙脊十三寨所在的山区，"万山环伺，五水分流"。[2] 这些水流都源自山上的树林。生产生

　　① 覃彩銮：《广西居住文化》，广西人民出版社1996年版，第69页。
　　② 龙胜县志编纂委员会：《龙胜县志》，汉语大词典出版社1992年版，第15页。

活于纵向山体上的龙脊居民，虽然缺乏诸如江河、湖泊等丰沛且便于利用的水资源，但人们认识到山林是涵养水源的绿色天然水库，因而在开辟梯田和营造村寨的过程中，并未将林木砍伐殆尽，而是对山顶的风水林（水源林）实施封山育林、严加管护的措施。在生产生活的空间布局上，梯田大多分布在山腰以下，村寨分布在半山腰，山顶的森林保存完好，汩汩泉水和涓涓细流从林中潺潺而下，四季长流，不仅滋润着良田万顷，为人们提供纯净甘甜的生活用水，而且稳固了山体土壤，防止了因水土流失对梯田和村寨的破坏作用。因此，山林水源保护所形成的山高水长景观生态，为龙脊村寨营造了山清水秀的优美生境。

栖居环境中的水生态保护在人们的日常生活用水中显得更为细致周到。人们的起居饮食与水息息相关，为了保持和利用清洁的水，人们想方设法、采取各种措施合理利用水资源。西江流域的侗族村寨，都会在水源附近开凿水井。源头活水为这些水井注入了长流不断的清冽，"水源大的，一般用枧筒形，即用一两丈长的青石条凿成枧形，接住水源，打水时，用桶在枧口接水，一两分钟，即可装满一担。水源小的，则用六块大青石板装成水柜，里面一块凿洞。让水渗进柜里，上盖外面张开，以便舀水。水枧、水柜下边，往往凿出两三个水池，也以石板铺底、镶边，上池用以洗菜，下池洗衣裳"①。根据水源大小不同而因水制宜，开凿不同形制的水井以方便人们取水；根据生活用途的不同，在不同方位开凿专用水池以避免水的污染，这些举措都充分体现了人们对水的珍惜和爱护。山地居民很少打井取水，而是采取原始的"自来水"方式，通过架设连接在一起的竹笕管道，将山上的清流直接连通到各家各户。在龙脊山岭之上，引水竹笕从山林水源处顺势而下，蜿蜒曲折地延伸到每家每户，为人们送来长流常新的不腐甘冽。竹笕引水的方式不仅免除了人们上山取水的辛劳，保证了水质的清洁纯净，而且避免了开渠引水所造成的山体破坏，从而最大限度地保护了水土资源，为村落创造了良好的生境。

为了保护栖居环境的水生态，各地各民族还制定了相关的乡规民约，以约束和惩戒对水的破坏行为。在西江流域环江地区的壮族聚居区，为了避免随意扔弃污秽物品所造成的水体污染，"各村在附近偏僻处设有'丢

---

①　陈衣等主编：《八桂侗乡风物》，广西民族出版社 1992 年版，第 143 页。

毒井’，为自然陷阱或人工挖掘而成，专门丢弃死猫、死鼠、死蛇、鸡毛等污秽之物，并说这是‘积阴德’。如污秽乱丢他处，必遭众人指责斥骂，令其打扫。初犯者认错检讨，重犯者，令其摆酒谢罪，因而形成风气，人人自觉遵守”①。经年累月所形成的污物处理方法和良好的社会风尚，使人们能够自觉地使日常生活的污秽垃圾远离村落周边的水体，村边的溪流、沟渠、水井清澈见底，游鱼细石直视可见。永福地区的汉族习惯法规定，“不准在水源头和井里、码头毒鱼、炸鱼，如有违背者，轻则受众人指责，重则由族长、长辈或群众集体处罚”②。融安地区的习惯法规定，“各家厕所要建在偏僻之地，不能使村寨中空气受污染，更不能污染饮水的水源，还规定不能砍伐水源林”③。诸如此类的水生态保护习惯法，盛行于西江流域各地各民族的村落，已潜移默化为广大民众自觉遵守奉行的风俗习惯，在客观上对栖居环境的水生态保护起到了积极的作用，从而在整个西江流域形成了山清水秀的总体栖居生境。

中国传统的风水观念非常注重水对于栖居环境的重要意义，“风水”关于水的看法实际上包含了深刻的生态思想。尤其是在栖居环境距离水源较远或水给人的生活带来不便时，人们往往从风水的角度出发，采取各种应对措施来处理水与栖居环境之间的关系，弥补缺失以达到二者之间的和谐平衡，营构一个更为理想的生活环境。西江流域虽然总体上水资源非常丰富，但具体到不同地方的自然环境，并非所有村落都具有自然天成的优越水生态环境。为此，不同地方的人们在风水观念的影响下，根据各地的实际情况，因地制宜，通过人工改造的方法，将水体同栖居环境中的其他元素恰到好处地融为一体，构建一个宜居生境。

人工营造水环境的方式主要有开渠引水、挖塘蓄水和筑坝造桥等。④离水源较远的村落，为了用水方便，通常采取开渠引水的方法，将山洞或江河之水引入渠道，流经一个或数个村落，给人们的生活用水带来了极大的便利。西江支流湄江从北向南纵贯蒙山全境，众多村落分布于江畔台地

---

① 广西壮族自治区地方志编纂委员会编：《广西通志·民俗志》，广西人民出版社 1992 年版，第 186 页。

② 同上书，第 187 页。

③ 同上。

④ 参见覃彩銮《广西居住文化》，广西人民出版社 1996 年版，第 34—35 页。

的山脚下，距离江边有一定的距离，取水并不方便。因此，人们舍远求近，在村前开凿水渠，将村后山林中的泉流引入渠中，出门即可取用纯净的山泉。由于山林保护完好，水流四季不断，人们不仅无生活用水之虞，而且天旱季节还可供给村前田地灌溉之用。水对人与万物的滋养，使人们在思想意识里树立起水能生财、聚财、吉祥等好运道的风水观念，因而对沟渠倍加珍惜和爱护，定期修缮渠堤，清除渠内杂物，严禁污染水源，通过人工营构的水体完善了栖居环境。

挖塘蓄水是西江流域农村普遍存在的一种水体营建模式。人们一般在村前或村旁选择一块土地，掘地数尺，形成一个凹陷的池塘，以承接水流和雨水。在风水理论中，"塘之蓄水，足以荫地脉，养真气"①。能够营造一个充满生命活力与生气的生态环境。池塘虽好，但不可随意开挖。根据阳宅风水理论，屋前的池塘称之为"风水池"，其地貌、形状和距离极为讲究，直接关系到栖居环境的好坏与否。"按风水要求，在以下三种情况下才需挖塘蓄水：一是房屋前方宽旷，则挖塘使前景聚拢于塘；二是房屋前方来水湍急，则挖塘以缓其水势并静注于塘中；三是房屋前方或左右两侧，有高山逼压或不吉风水，则挖塘引煞化解。对于池塘的形状和离住宅的距离亦有规定：不能上大下小如漏斗状，不能小塘连串如锁链状，不能在宅前挖成方形塘（谓方形塘为'血盆照镜'，不吉），等等。距离房宅要在三五米之外，否则不吉。"② 这些规定和禁忌看似神秘，实则蕴含了深刻的生态思想。池塘不仅可以为村落平添水光山色的自然景观，而且兼有日常洗刷、养殖灌溉、防火降温之利，从而为栖居之所营造了既风光秀美又便利生活的宜居生境。

西江流域水网如织，众多大江大河构成了纵横交错的大动脉，无以数计的溪流则形成了密密麻麻的毛细血管。山峦起伏、溪流潺潺的田野之畔，随处可见"小桥流水人家"的田园村舍。"水不在深，有龙则灵。"对于流经村前的溪流，人们往往从风水的角度出发，加以人工营构，将其转化为风水宝地的重要一环。筑坝造桥是最为常见的方式。风

---

① 林牧：《阳宅会心集》，转引自覃彩銮《广西居住文化》，广西人民出版社1996年版，第34页。

② 覃彩銮：《广西居住文化》，广西人民出版社1996年版，第34页。

水理论认为，筑坝造桥截住水流，可以稳固地气，聚敛财气。实际上，筑坝造桥不只是从精神上迎合了人们的心理需要，而且在生产生活方面提供了诸多便利。通过筑坝，抬高溪流水位以满足日常生活和田地浇灌之用。借助桥梁，无须舟楫或涉水便可往来溪流两岸。作为自然生态系统与人类栖居环境的组成部分，溪流被人们巧加利用，融入诗意栖居空间的有机整体之中。水窄流浅的林溪纵贯程阳八寨，一泓清流如同一条碧绿的飘带将这些村寨连接在一起，一栋栋侗族干栏沿溪而建，一座座风雨桥仿佛一道道彩虹横跨溪流，将溪畔的村落、田园、山峦聚合为一个极富诗情画意的栖居空间，构成一幅美轮美奂的生态景观图景。散落于青山绿水之间的侗族村寨，"犹如一首优美的乐曲，以鼓楼为中心，在其周围，有古朴的寨门，这为前序；有横跨于河溪之上的风雨桥，这是过渡；有小巧幽雅的凉亭，这是慢板；鼓楼则是这首乐曲的高潮；在它身边还有成片的干栏式民居，那是尾声。此外，还有层层叠叠的梯田、银光闪闪的鱼塘、郁郁葱葱的山岭，那是这首乐曲的基调。侗族人民用自己的智慧，借用高山的壮丽，深谷的幽雅，溪水的活泼，林木的秀美，将人文景观置于最佳的审美空间之中。使自然美与人文美、景观美巧妙地融在一起，构成既宏大广阔，又小巧幽雅的艺术境界，因而受到建筑大师们的高度评价，被誉为'花园式的居住环境'"。[①] 侗族村寨的"花园式居住环境"，是一个具体而微的缩影，反映了广西西江流域处处可见的人与自然和谐共存的整体栖居生境。这种良好的栖居生境不仅有赖于先天的优越自然环境，更取决于西江流域各族民众世代相承的对山水林木的珍惜爱护和精心营构。

二　城市栖居生境的营构与保护

　　相对中原地区来说，广西西江流域城市不仅出现得比较晚，对城市栖居环境有意识的营构更是较为晚近的事。在外来人口大规模迁入广西之前，这一地理区域一直被视为未开化的南蛮瘴疠之地。据史书记载，"自岭以南二十余郡，大率土地下湿，皆多瘴疠，人尤夭折"[②]。地处岭南的

---

① 冼光位主编：《侗族通览》，广西人民出版社 1995 年版，第 193—194 页。
② 《隋书·地理志》。

西江流域，大部分属于亚热带和热带气候，常年高温多雨，在人烟稀少的古代，这一地区长期保持着林木密布、杂草丛生的原生态自然环境，因此高温多雨所形成的水蒸气无法蒸发，混合着植物腐烂的气体，久久弥漫于大地上空，形成对人体极为有害的瘴疬之气。这种不利于人们生存的自然环境，使外地人谈之色变，视为畏途。尽管如此，随着失意官宦的贬谪放逐与人口的陆续南迁，西江流域奇异瑰丽的自然景观也逐渐为人们所认识和赞赏。伴随着人口的日渐增多与农业耕作的逐步扩展，原生形态自然环境的"人化"痕迹越来越明显，大地景观的显著变化不仅表现为阡陌交通的田园和村庄的出现，还表现为人口数量更多和空间规模更大的城市栖居环境对自然面貌的改造。

以山水甲天下而享有盛誉的桂林城，除了得益于天下无双的自然山水环境，还受益于历朝历代对城市栖居环境的营构。在桂林城市环境营构的历史进程中，唐代桂管观察使李渤功不可没。人们"今天看到的不少名胜，李渤的确是费了一番心血，从发掘、设计到修建一气呵成。如隐山六洞，隐山离桂州城不远，但在那个时候，隐山脚下一片汪洋，时人称作'西湖'，要上山，需用舟楫，故历来人迹罕至，这大约是隐山名称的由来；李渤发现山上林木葱翠，山下湖水如镜，环境清幽，景物如画，于是他就着手开发，凿石铺路，修建亭台，为洞穴命名，终于使隐山成为桂林有名的胜地……在南溪山白龙洞的石壁上，还可以清楚地看到李渤的《留别南溪》诗：'常叹春泉去不回，我今此去更难来，欲知别后留情处，手种岩花次第开。'这不仅表达了他留恋桂林山水的感情，也反映了他对这胜地的建设工作有着一定的贡献"①。濒临漓江的叠彩山，是唐代桂管观察使元晦开发营造的一处名胜。元晦根据《图经》"山以石文横布，彩翠相间，若叠彩然"，将其命名为"叠彩山"，并依山就势修筑了不少亭台楼阁，成为人们休憩游玩的好去处。有"南天一柱"之称的独秀峰，坐落于靖江王城内，南朝文学家颜延之在山的东麓辟有读书岩，并写下"未若独秀者，峨峨郛邑间"的诗句，以诗得名的独秀峰成为桂林城最早的风景名胜。后人开凿三百零六级石阶，直通峰顶，并在峰顶修建独秀亭，成为一览全城风光的最佳观景台。此外，历代营造的伏波山、象鼻山

_____

① 黄体荣编著：《广西历史地理》，广西民族出版社1985年版，第84—85页。

以及七星公园等风景名胜，更是为城市环境锦上添花。天生丽质的自然山水与匠心独远的人文景观的有机结合，更使城市成为适合人们居住的栖居空间。

山川秀丽的柳州城，在柳宗元任柳州刺史期间，城市环境的营构颇受重视。作为任职一方的地方长官，柳宗元亲自参与了城市环境的建设，其诗作记录了他所从事的具体活动。如《植柳戏题》："柳州柳刺史，种柳柳江边。谈笑为故事，推移成昔年。垂阴当覆地，耸干会参天。好作思人树，惭无惠化传。"该诗描述了作者自己于柳江边手植柳树，并期盼这些树木将来能长成浓荫如盖的参天大树，尽管自谦未曾作出能流传于世的惠及于民的政绩，但所营造的"杨柳岸清风明月"的城市环境却是一项荫及子孙的德政。又如《柳州城西北隅种柑树》："手种黄柑二百株，春来新叶遍城隅。方同楚客怜皇树，不学荆州利木奴。几岁开花闻喷雪，何人摘实见垂珠。若教坐待成林日，滋味还堪养老夫。"这首诗寄寓了柳宗元种植柑树的美好愿望，十年树木，柑树成林，春华秋实，春来绿染城郭，秋至柑果颐人。柳宗元以诗人的眼光和手笔，来营构柳州城的栖居环境，于山水画卷之间平添一片新绿、一种果香，使之更富于市井勾栏的生活气息。时至今日，充满着浓烈市民生活氛围的柳州城，仍然在城市中心精心保留着绿意葱茏的柳侯祠，以表达对长逝诗人所作贡献的敬意和怀念。

随着城市规模的急剧扩张以及工业化的影响，城市环境恶化日益严重，其中，空气污染和水污染成为城市居民所面临的十分突出的环境问题。尽管广西西江流域的城市在总体上规模不是很大，工业化水平也不是很高，但同样面对着不同程度的环境困境。作为广西的工业重镇，柳州所蒙受的工业污染尤为严重，而其直面困难，治理污染，保护环境的举措和成效则更具有标志性的意义。柳州曾经一度因酸雨严重而被冠以"中国酸雨之都"的称号，历史上备受赞誉的山清水秀的栖居环境不复存在。为了恢复诗情画意的山水城市环境，柳州大力治理污染，保护环境，经过长期坚持不懈的努力，如今的柳州已是"山清水秀地干净"（温家宝对柳州的赞誉），成为"山水园林在城中，城在山水园林中"的生态工业城市。柳州城市环境的华丽转身，昭示了"城市，让生活更美好"的可行之路。

本章结语

　　自然造化赐予了广西西江流域山川焕绮的生态环境，自有先民生息于此以来，生于斯长于斯的人们筚路蓝缕，以启山林，依山傍水，结庐而居。在漫长的岁月长河里，从田园到都市，从村舍到高楼，人们的栖居环境随着文明的进程而不断变化。然而，始终不变的是，自然的怀抱永远是人们世代栖息的母体。不管是居址的选择，屋宇的建造，还是生境的营构与保护，取法自然是一条永恒的法则。唯有如此，这一方水土才能成为人们诗意栖居的家园。

第三章　多民族和谐共生的社会生态文化

中国在数千年的历史发展进程中，不仅在地理上形成了一个幅员辽阔、地大物博的自然生态格局，而且在文化上形成了一个多民族和谐共生的"多元一体"的民族共同体的社会生态格局。在相互交融、互通有无、相互借鉴的全方位交流中，中国境内的各个民族共同创造了"和而不同""多元一体"的多姿多彩的社会生态文化，并以文化为纽带，凝聚成具有悠久历史的中华民族。具而言之，中国大一统版图内的中华民族，又是由次一级的不同地域内的不同民族共同体组成的。在中国的自然地理和传统文化所形成的观念当中，以华夏为代表的中原族群，在文化上也以正统和中心自居，而在地理空间上远离中心的东、西、南、北四个方位的众多族群，则被视为与华有别的东夷、西戎、南蛮、北狄。尽管中国历史上一直存在所谓的"华夷之辨"，但华夷之间的差异并未成为民族之间交流融合的隔阂和壁垒。事实上，各民族相互间的你来我往、相互交融一直在进行，迄于今，形成了华夏民族向四方辐射以及四方众多民族向华夏辐辏的多民族互动格局，在漫长的历史演替过程中，发展出多民族和谐共生的社会生态文化。

地处岭南的广西西江流域，在历史地理上属于南蛮的一个重要组成部分，自古以来就生存繁衍着众多民族。在构成中华民族"多元一体"格局的同时，这一地域自身也是一个"多元一体"的多民族聚居的空间。广西西江流域地域辽阔、地形复杂、地貌多样、气候因地而异，多元的自然地理生态格局，孕育了各个特定地域空间的不同族群及其社会文化。随着生存和发展空间的不断拓展，自然的地理阻隔也随之不断打通，不同族群和民族之间在政治、经济、文化等多个层面的全方位交流，必然成为历史的发展趋势。在这个过程当中，既有相互学习和借鉴的一面，也有相互竞争甚至争斗的一面，但其发展主流始终朝向"多元一体"的多民族和谐共生的社会生态格局迈进，就如同西江流域源自不同方向的江河最终汇入西江一样。广西西江流域众多民族在错综复杂的历史发展进程中，一方面作为一个地域空间的民族共同体，向外与以中原华夏民族为代表的族群生成中华民族共同体；另一方面在自身内部不断整合各个族群，内生为一个具有鲜明地域色彩的亚民族共同体，在两个不同层面上形成层序有别的多民族和谐共生的社会生态文化。

第一节　从"百越杂处"到"华越杂居"："多元一体"民族共同体及民族文化的建构

　　远在史前的石器时代，广西西江流域的各个不同地域就已经出现了人类先祖的足迹。漓江之畔的甑皮岩、柳江之滨的白莲洞、邕江流域的河旁台地、百色盆地的右江河谷等西江流域的不同方位，都成为人类先民的发祥地。这些生存于不同地域空间的人们，在各自的栖居地组成了相互依存的生命共同体，被今人冠以"氏族""部落""族群"等各种称谓。这些原始先民共同体，成为此后不同民族逐渐发展壮大的雏形和种子。从发生学的角度来说，广西西江流域的原住民族并非从外地迁徙而来，而是土生土长的"土著"民族，这已被众多的考古发掘资料所证明。费孝通先生指出，中华民族作为一个整体，是多元起源、渐趋融合的"多元一体"格局。就中国的局部地区而言同样如此，西江流域作为一个多民族地区，自古以来就有众多的族群诞生于此，是"百越杂处，各有种姓"的一个重要区域。在长期的发展过程中，形成了一个区域性的"多元一体"的民族共同体，孕育了这一地区特有的社会生态文化。

　　根据民族学的经典定义，民族的一个重要特征是生活在一个共同地域的人们的共同体。特定的自然地理空间产生了特定的民族，"任何民族的生息繁殖都有其具体的生存空间……民族格局似乎总是反映着地理的生态结构"。[①]古人将东起江浙、西至交趾这一长江以南广袤地区的居民称之

---

　　①　费孝通主编：《中华民族多元一体格局》（修订版），中央民族大学出版社1999年版，第4页。

为"百越",以形容其族群之众多,从中不难窥见百越地区自然地貌之多元复杂,每一个相对封闭隔绝的地理生态空间都足以产生一个自成体系的"小型社会"的民族。作为百越的一个重要组成部分,广西西江流域多民族社会生态格局的形成,正是这一地域多元自然地理生态结构的反映。

一　百越考辨

百越之名,最早出自《吕氏春秋·恃君览》:"扬汉之南,百越之际,敝凯诸夫风余靡之地,缚娄阳禺兜驩之国。"据此判断,所谓"百越",指称对象应是长江以南众多以越冠名的民族。贾谊在《过秦论》中写道:"秦王威震四海,南取百越之地,以为桂林、象郡。百越之君,挽首系颈,委命下吏。"将百越明确划定为岭南西江流域,并且已被纳入秦朝大一统的版图。司马迁在《史记·吴起传》和《史记·王剪传》里面分别记载:"吴起相楚,南平百越,北并陈蔡。""王剪竟平荆地为郡县,因征百越之君。"这里的百越当指荆楚以南的岭南地区。颜师古所注解的《汉书·地理志》则说:"自交趾至会稽,七八千里,百越杂处,各有种姓。"此处的百越,不仅在地理上指称长江以南一片横跨东西的幅员辽阔的疆域,而且说明了这是一个种姓众多的多民族聚居地区。考诸这些历史文献,百越在不同历史时期所指对象不尽一致,但不管如何,西江流域及其居民都包含其中,对此应该是没有什么疑义的。

以"百越"指称南方诸多民族,以"百"形容其族群之多,并非实际数目。百越究竟包括哪些民族,难以考据,据罗泌的《路史》记载:"越裳、骆越、瓯越、瓯隍、且瓯、西瓯、供人、目深、摧伏、禽人、苍梧、扬粤、桂国、损子、产里、海癸、九菌、稽余、北带、仆句、区吴,是谓百越。"从数目上来看,罗泌所谓的百越共计二十一个族群。这些数字是否准确无误,实际上只具有统计学上的意义,重要的是它所反映的历史民族状貌,即百越地区自古就是一个多民族繁衍生息的地方。其中,西瓯和骆越通常被认为是居于百越西江流域的民族。

二　西瓯、骆越及其苗裔与外来民族形成"多元一体"的民族格局

尽管西瓯、骆越是居于西江流域的民族,但二者究竟是两个不同的民族,还是实为同一个民族,人们一直意见分歧。分歧原因之一在于对史书句读的不同。司马迁的《史记·南越列传》云："佗因此以兵威边，财物贿遗闽越、西瓯、骆（西瓯骆），役属焉，东西万余里。"此句"西""瓯""骆"三字可以有"西瓯、骆"，"西瓯骆"两种句读，分别指称两个不同的民族和同一个民族。而同书又曰："且南方卑湿，蛮夷中间，其东闽越千人众号称王；其西瓯骆裸国亦称王。"此句"其东闽越"与"其西瓯骆"对举，闽越无疑只是一个民族，而瓯骆则有两种可能性，既可能是一个民族，也可能是西瓯、骆越两个民族的简称。由于西瓯、骆之名始见于《史记》，且句读难以断定，所以产生了西瓯、骆越是否是同一民族的分歧。

认为西瓯、骆越同族而异名的不乏其人，古人如顾野王所编纂的《舆地志》如是记载，"交趾，周为骆越，秦时为西瓯。"今人林惠详认为："骆越，亦称瓯越，或西瓯，在今广东西南及安南。"[1] 但根据更多的历史文献记载，二者应属于百越的两个不同支系。班固的《汉书·两粤传》云："佗因此以兵威边，财物贿遗闽越、西瓯、骆（西瓯骆），役属焉。"此句虽然内容与《史记》雷同，但根据同书的另一句话："蛮夷中西有西瓯，其众半嬴，南面称王；东有闽越。"不仅可以推断前句只有"西瓯、骆"一种句读，而且由此可以推断西瓯和骆（越）分属两个不同民族。《淮南子》记载秦朝攻打岭南时，西瓯君译于宋被杀，"以卒凿渠而通粮道，以与越人战，杀西瓯君译于宋"。郭璞所注《山海经》曰："瓯在闽海中，郁林郡为西瓯。"而《旧唐书·地理志》则对西瓯、骆越的地理范围作了更为详细的勘定，"党州（今玉林市，笔者注）古西瓯所居"；而今天的南宁地区则是骆越属地，"骊水在县北，本牂柯河，俗称郁状江，即骆越水也，亦名温水，古骆越地也"。今人罗香林也认为西瓯与骆越不仅异名、异地，而且异族，"知西瓯与骆，本非联结名词，既非联结名词，则所谓'闽越西瓯骆'，实指三地，而非二地。西瓯与骆，本为越之二支"[2]。对于西瓯、骆越的地望所在，学界一般认为，西瓯"活动的中心只能在五岭之南、南越之西、骆越之北，恰当今桂江流域和珠江

---

① 林惠详：《中国民族史》，商务印书馆 1936 年版，第 124 页。
② 罗香林：《中夏系统中之百越》，独立出版社 1943 年版，第 120 页。

中游（即浔江流域）一带"①。西瓯在"五岭之南，南越之西，骆越之东，大体包括汉代郁林郡和苍梧郡，相当于柳江以东、桂江流域和西江中游一带"②。由此可知，西瓯在历史上的地域分布主要集中于广西西江流域的东部及东北部。而骆越的地界则有狭义和广义之别，前者如《百越先贤志·自序》："牂柯西下邕、雍、绥、建，故骆越地"，主要地域在今南宁及左江流域；后者如今人罗香林先生所说："其居地殆东自广西南宁西南，下及广东雷州半岛及海南岛，以达安南东北部中部。"③ 似一道弧线覆盖了广西、广东、海南以及越南等众多地区。综合上述分析，大致上可以判断，西瓯与骆越主要分布于广西西江流域的东北部、东部及南部地区。

尽管西瓯、骆越分属百越的不同支系，但二者的地理分布并非是泾渭分明的板块和壁垒，处于边际地带的区域往往是双方杂居的地方。唐朝宰相李吉甫的《元和郡县图志》如是记载，"贵州（今贵港市，笔者注）郁林县，本西瓯、骆越之地，秦并天下置桂林郡"。《旧唐书·地理志》云："郁平县（今玉林市西北，笔者注）古西瓯骆越所居。"由此可见，西江流域的桂东南地区是西瓯、骆越交汇融合的地理空间，是"百越杂处，各有种姓"的一个缩影。正是这种杂而不纯的民族分布格局，为"多元一体"的社会生态文化的形成和发展奠定了基础。

然而，"百越杂处，各有种姓"的多元民族格局随着秦朝以来的大一统趋势而逐渐式微，作为族称的"百越"也逐渐归于消失。作为一个区域性的"多元一体"，百越民族的衰亡经历了三个历史阶段，"秦汉的统一、三国时期孙吴武力的征剿和隋唐时代汉文化的广泛传播和影响"。④在这千余年的历史进程中，大部分的百越民族被汉化，成为这些地区汉族的一个重要来源，汉族也最终取而代之成为主体民族。尽管大一统和汉化的趋势不可阻挡，但由于山高险阻、江河纵横的多元地理生态格局，使得

① 蒋廷瑜：《从考古发现探讨历史上的西瓯》，《百越民族史论集》，中国社会科学出版社1982年版，第219页。
② 张一民、何英德：《西瓯骆越与壮族的关系》，《广西师范大学学报》（哲学社科版），1987年第2期。
③ 罗香林：《中夏系统中之百越》，独立出版社1943年版，第122页。
④ 蒋炳钊、吴绵吉、辛土成：《百越民族文化》，学林出版社1988年版，第112—113页。

同化的威力在边远山区鞭长莫及，百越民族的一些苗裔得以世代繁衍下去，发展为今天南方诸多少数民族的主体。就广西西江流域而言，自秦始皇进军岭南，首当其冲的就是西瓯，其领袖译吁宋在抵抗的战争中被杀。秦军长驱直下，以武力征服了岭南百越诸族，并设立桂林、象郡、南海三郡进行管辖，其辖区范围覆盖了西江流域的大部。此外，秦朝还采取移民实边的政策以达到同化的目的。秦始皇"发诸尝逋亡人、赘婿、贾人略取陆梁地，为桂林、象郡、南海，以适遣戍。"① "又使尉佗逾五岭攻百越。尉佗知中国劳极，止王不来，使人上书，求女无夫家者三万人，以为士卒衣补。秦皇帝可其万五千人。"② 尽管如此，西瓯、骆越并未悉数同化，名虽亡而实存，其苗裔在杂处、迁徙的过程中演化为支系众多的民族。其中，壮族、侗族、仫佬族、毛南族、水族等至今分布于西江流域的民族就是西瓯、骆越民族的后裔。

壮族之名定于 1965 年，是对其原名"僮族"的改称，后者始见于《桂海虞衡志》："庆远、南丹溪洞之民呼为僮。"其先民西瓯、骆越名称消亡之后，先后被称为乌浒（"灵帝建宁三年，郁林太守谷永以恩信招降乌浒人十万人内属，皆受冠带，开置七县。"③）、俚、僚（獠）（"俚、僚贵铜鼓"④ "南蛮杂夷，与华错居……曰俚、曰獠……古先所谓百越是也"⑤），直到南宋正式定名为"僮"。今天，壮族不仅成为西瓯、骆越薪火相传的最大苗裔，而且也是中华民族当中除汉族之外人口最多的少数民族。壮族从古至今都繁衍生息于广西西江流域，主要分布于西江流域的西部、中部和南部。

广西西江流域的侗族主要居住于湘、黔、桂三省（区）毗连地区，一般认为从梧州迁徙而去。梧州秦汉时为西瓯聚居地，由于战争及中原移民等原因的影响，这一地区的一部分西瓯人沿西江溯江而上，迁徙到西江上游地带，演化为后来的侗族。在侗族世代相传的古歌《祖公上河》与《祖源》当中，记载了"他们的祖先由梧州沿江向西北方向迁徙的经过；

---

① 司马迁：《史记·秦始皇本纪》。
② 司马迁：《史记·淮南王列传》。
③ 范晔：《后汉书·南蛮传》。
④ 魏征等：《隋书·地理志》。
⑤ 魏征等：《隋书·南蛮传》。

通道、三江和龙胜一带的侗族相传是从古州迁来的"①。三江和龙胜位于西江上游的北部地区，是广西境内侗族最主要的居住区域。

仫佬族主要聚居于西江上游西北部的罗城境内，"魏晋以来，仫佬族被包括在僚、伶的少数民族统称之内……大约迟至明代，仫佬族这个人们共同体就在罗城一带地方形成了。"② 尽管从族源角度来说，仫佬族源于西瓯、骆越，但其发展的过程也是一个与其他民族不断融合的历史进程，"在仫佬族的传说和一些族谱口碑材料中，都讲到自己的祖先是明朝时，自中州望族而来，后与当地女子成亲，子女语言、习俗从母不从父讲仫佬话，因为仫佬语是倒装的，称母亲为姆佬，由称'姆佬'而形成今天的仫佬族"③。在民族融合的过程中，作为土著民族的仫佬族更为强势，外来民族被吸纳其中，成为一个重要组成部分。

毛南族聚居在西江上游西北部的环江境内，也是一个由土著民族融合外来民族而形成的民族。根据毛南族现存的族谱碑文以及民间传说，在环江上南、中南与下南（史称"三南"）地区，"住有颜、莫、覃、谭、卢、蒙、韦、蓝等姓居民，除颜、莫两姓外，其余都称其先祖来自外地。到'三南'与本地女子结合后，生儿育女，繁衍后代，才有后来的同姓氏族小聚居、各姓氏族大杂居的局面"④。本地媳妇外来郎的不同民族之间的通婚，形成了含有多种血缘、多种姓氏的毛南民族。

水族主要分布在西江流域的西北部，具有居住地域广、人口数量少的特征。水族所使用的语言属于壮侗语族，无疑是百越民族的后裔，而且从流传下来的歌谣来看，"保留着许多山川地名，也与今天广西境内的一些山川地名各相一致。根据水族古歌的叙述，水族的祖先最初生活在邕江流域的'岜虽山'，后来被迫离开邕江流域，渡过红水河，经河池、南丹一带，沿龙江溯游而上，迁到今天的水族地区"⑤。据此可以判断，水族应该是源于骆越的后裔，是西江流域的土著民族。

西瓯、骆越民族在不断分化组合的过程中，产生了不同的民族，形成

① 蒋炳钊、吴绵吉、辛土成：《百越民族文化》，学林出版社1988年版，第117页。
② 姚舜安主编：《广西民族大全》，广西人民出版社1991年版，第80—81页。
③ 同上书，第81页。
④ 同上书，第82页。
⑤ 同上书，第43页。

了本土民族"多元一体"的基本格局。尤为重要的是，外来民族的陆续迁入，促进了广西西江流域更高程度"多元一体"民族格局的建构。

今天，汉族不仅在全国范围内分布范围最广、人口数量最多，而且在广西西江流域也是如此。这种状况，无论是在全国，还是在西江流域，都不是短时间之内形成的。就西江流域而言，汉族经历了漫长的历史时期才成为人口数量后来居上的民族。秦汉以前，广西西江流域的居民基本上是属于百越支系的西瓯、骆越民族；秦汉以降，随着大一统版图的南扩，中原汉族逐渐大量迁入这一流域。历史上大批汉族人口的迁入，经历了三个高峰时段以及三种主要方式。首先，秦汉两代对岭南的用兵，开启了汉人大规模迁入岭南的序幕。由于进入岭南的通道基本上经由水路的灵渠和陆路的潇贺古道（秦"新道"），这一地域属于西江流域的东北部，大量南征的士兵及随军人员驻留下来。根据兴安秦城遗址的考古发掘，这个驻守军营的人口应当在十万以上，以当时的人口数量判断，这是一个规模庞大的人口群体。自秦朝以来的历代王朝对岭南的征剿，留下了大量类似的戍边人口。这些外来汉族士兵从最初的征战到后来的落地安家，形成了外来民族与土著民族共居的多民族格局。其次，自魏晋时期南北割裂局面形成以来，每次逐鹿中原的战乱都会导致大量的汉人南迁，其中就有不少迁入偏于一隅的广西西江流域。最后，明清两代，为了解决人口稠密地区的人地矛盾，政府实施移民屯田的政策，地广人稀的广西成为外来汉族移民的重要地区。尽管历代皇朝不断更迭，却并未影响汉族在广西境内的持续壮大，"据统计，自公元2年至1840年，此期间广西的人口年平均增长率为全国年均人口增长率的5倍，这么高的增长率，说明不可能是纯人口自然增长，而是有大批外来人口加入，其中主要为移入的汉人"①。但汉族作为一个外来民族，最终成为人口最多的民族，是经过"代有增加"的漫长历史进程才完成的，"在很长的历史时期内，少数民族仍占广西人口的多数。直到民国十七年（1928年）据广西民政厅的统计，广西全省人口1080多万人，仍大致是'汉四蛮六'。新中国成立后，广西汉族与少数民族人口才成了'倒四六'的比例，汉人将近占全区人口的2/3"②。历经数

① 姚舜安主编：《广西民族大全》，广西人民出版社1991年版，第74—75页。
② 同上书，第75页。

千年的发展，汉族落地生根成为广西人口最多的民族，与其他众多少数民族形成多民族和谐共居的民族格局。

根据大部分史书的记载，瑶族源于古代荆楚之地的武陵蛮和长沙蛮，莫瑶从中分化出来，成为一个独立的民族。秦汉以降，随着岭南道路的开通，瑶族开始向南迁徙。毗邻湖南的桂北地区成为瑶族最早迁入的地域，随后逐渐流布广西全境，覆盖了广西西江流域的大部分区域，形成与其他民族杂居相处的分布格局。苗族与瑶族族源相近，源自武陵蛮。有史记载以来，广西境内的苗族大都居住在与湘、黔两省相邻的桂西北地区，同列于《溪蛮丛笑》"五溪之蛮"首位的"苗"的分布范围基本一致。回族移居广西始于宋元两代，大都分布在西江流域的桂林地区，明清两代的外来回民逐渐扩散到境内其他地区，与其他民族杂居相处。"仡佬"族称始见于《溪蛮丛笑》，主要居住在贵州境内，是"百濮"与"北僚"的后裔。广西的仡佬族自贵州迁徙而来，基本上居住在西江上游的隆林境内。

根据以上对广西西江流域各民族分布的勾勒，可以看出这是一个多民族杂居相处的共生格局。这一民族社会生态格局的形成，在很大程度上取决于西江流域多元的自然地理生态格局。李济先生在分析中国民族形成的因素时指出，"河流和山脉是人口流向的自然决定因素。其中，河流的影响尤为重要"[①]。岭南地区山峦起伏、江河纵横，这一自然地貌成为古代"百越杂处"的自然生态基础。在漫长的历史进程中，无论是本土民族在这一地域空间因迁徙而导致的分化组合，还是外来民族进入这一地域的迁徙流布，都受到山势走向和江河流向的决定性影响。西瓯、骆越当中的一部分沿西江溯游而上，如同主血管的血液向毛细血管辐射一样，流布到西江上游各支流的桂西北地区，落地扎根，重新分化组合成不同的民族。外来民族进入广西，大都也是借道西江各水系迁徙到不同地方。汉族入桂，最初经由湘江→灵渠→漓江→桂江这一条自北向南的水路，逐渐遍布西江流域的桂东地区。然后，再由西江溯江而上，通过黔江→郁江→红水河（柳江），扩散到西江流域的桂中地区，通过郁江→邕江→右江（左江），扩散到西江流域的桂西地区。由于是逆流而上，越往上游前进阻力就越

---

① 李济：《中国民族的形成》，江苏教育出版社 2005 年版，第 247 页。

大，因此，汉族由东向西迁徙的人口数量呈现出依次递减的规律。对比一下桂东与桂西地区汉族人口的分布，就不难发现江河流向对人口流动的重要影响。从桂北进入广西的汉族是顺着江河的流向顺流而下，比较容易流布到桂东地区；而从桂东往桂西迁徙的路线，则是逆着水的流向前进，就困难不少。因此，从广西西江流域的民族分布版图来看，桂东地区汉族人口的增长速度很快，后来居上超过了土著民族，成为这一地区人口最多的民族；而桂西地区时至今日，仍然是土著民族壮族占据主导地位。由此可见，西江水系是广西境内众多民族迁徙流动、重新分化组合的大通道，如果没有西江水系四通八达的网络，广西境内就不可能形成多民族交错而居的民族分布格局。西江水系不仅带动了民族的不断流动和重新布局，而且在此过程中使各民族不断地分化组合，形成了各民族之间"我中有你，你中有我"的民族特征。正如费孝通先生所分析的中华民族形成的过程，中华民族"作为一个自在的民族实体则是几千年的历史过程所形成的……它的主流是由许许多多分散孤立存在的民族单位，经过接触、混杂、联结和融合，同时也有分裂和消亡，形成一个你来我去、我来你去、我中有你、你中有我，而又各具个性的多元统一体"①。不仅中华民族"多元一体"的格局是如此形成的，广西西江流域多民族的"多元一体"格局也是如此形成的。进入这一流域的外来民族在长期与本土民族接触、混杂的过程中，既有外来民族融入土著民族而成为后者的一部分，也有后者化入前者而成为前者的一部分，不同民族间的相互化合，使得血统意义上所谓纯粹单一的民族不复存在，所有民族事实上都是"我中有你、你中有我"的难以分割的有机整体。汉族在西江流域的不断壮大并最终成为人口最多的主体民族，除了大量移入和自身的繁衍之外，一个重要因素就是本土民族的大量化入。而外来汉族融入本土民族也不鲜见，在壮族、仫佬族、毛南族等土著民族中都有汉族的融合。自"百越杂处"的民族融合开始，广西西江流域多民族相互渗透、相互融合的"多元一体"民族格局日益壮大和稳固，形成了具有自身地域和民族特征的多民族和谐共生的社会生态文化。

---

　　① 费孝通主编：《中华民族多元一体格局》（修订版），中央民族大学出版社1999年版，第3—4页。

三　"多元一体"的民族文化的建构

如同自然生态系统由不同物种组成一样，"多元一体"民族格局当中的社会生态文化，也由不同层面的文化单元建构而成。自然生态由众多不同物种组成一个系统，社会生态则由众多不同民族形成一个系统。多元的民族因为相同的文化而熔铸为一个和谐共生的整体。如果说岭南的自然生态格局形成了"百越杂处"的地域空间，那么，"多元一体"的社会生态文化则铸就了其无形的文化疆域。具而言之，广西西江流域多民族的社会生态文化包括语言、艺术、图腾信仰等精神生态文化。

语言是人类社会精神生活赖以存在的根基，不仅是人用以表情达意的符号，人与人之间相互进行思想交流的工具，而且是各种人类社会组织形成和发展的精神纽带。从人类社会的历史发展来看，无论是远古的原始部落、氏族，还是继起的族群、民族，这些不同类型的社会组织都有自己的语言。共同的地域空间和共同的语言将不同的个体聚合起来，形成超越个体的群体性人类社会组织。在漫长的人类社会发展过程中，最具代表性的群体性社会组织当属民族。由于据有相对稳定的居住环境以及世代沿袭的语言文化，即便历史上朝廷不断更替、政权不断变换，各个民族的存在却具有极强的稳定性。在民族社会形成的初始阶段，语言的使用和民族分布的地理空间具有高度的叠合性。就广西西江流域所属的百越地区而言，百越民族所使用的语言迥异于中原地区的华夏民族。百越语言既是标识百越民族社会的一个文化符码，也是凝聚百越民族社会的黏合剂。

"百越杂处，各有种姓"是对百越民族社会生态的概括，百越民族"多元一体"的统合在语言上表现为语言使用的共通性。据相关文献记载和学者的考证，相对于中原华夏民族的"汉语区"，岭南百越民族形成了与之不同的"越语区"。尽管因为地域和支系的不同，越语区内的语言使用有所差别，但整体上呈现出相似的特征。其一，在口头语言方面，越语发音音调轻而语速快。"胡人有知利者，而人谓之駤；越人有重迟者，而人谓之诶，以多者名之"。"诶轻利急，亦以多言者"①。其二，同一指称对象，越语同汉语有别。如"短"，越语称"齙矲"（"齙矲，短也……

---

① 刘安：《淮南子·务修训》及高诱注。

桂林之中，谓短蝼"①）；又如"鸡"，越语称"割鸡"（"鸡……桂林之中，谓之割鸡"②）。其三，名词类音缀，含有复辅音和连音。其四，词序倒置，形容词或副词置于名词或动词之后。共同的语言特征所形成的"越语区"，使得百越民族各支系之间的相互交流没有大碍，有助于百越地区社会生态的良性发展，促进了杂居而处的百越民族的和谐共生。反之，语言的隔阂往往导致民族之间交流的困难、乃至误解、敌意的产生，即使借助翻译，语言理解的程度和范围也是极其有限的。刘向所撰的《说苑·善说》里记载的《越人歌》，就很生动形象地反映了这种情况。"鄂君子皙（楚王母弟，官令尹）之泛舟于新陂之中，会钟鼓之音毕，榜枻越人拥楫而歌。歌辞曰：滥兮抃、草滥予？昌桓泽予？昌州州湛。州焉乎秦胥胥。缦予乎昭澶秦逾渗。惿随河湖。鄂君子皙曰：'吾不知越歌，子试为我楚说之。'于是乃召越译。乃楚说之曰：'今夕何夕兮搴州中流。今日何日兮得与王子同舟。蒙羞被好兮不訾诟耻。心几顽而不绝兮知得王子。山有木兮木有枝，心悦君兮君不知。'"楚国令尹鄂君子皙听到越语歌曲，不解其意，需要翻译才能明白。由此可知，当时越语区和其他语言区的民族之间语言差别很大，不借助翻译无法进行沟通和理解。据学者考证，《越人歌》的语言特征与越语区的壮语相近。如《越人歌》采用长短句和脚韵互押的形式，现代壮语也有这些特征；歌中大多数词语能在现代壮语中找到；语法结构与现代壮语基本相近。③ 而且，作为越语区内的壮语，与区内的其他语言大致相通，"闽越、瓯越、南越、骆越语在古代大概是可以互通的，因为古越语的成分直至今天仍然十分明显"④。这说明，在百越杂处的时代，虽然各有种姓，但由于语言相通，各民族之间的相互交流和融合就是一个自然和必然的趋势。百越地区的广西西江流域，居住着西瓯、骆越及其苗裔等百越支系，因共同的语言纽带而形成了一个具有高度认同感的民族共同体。如果以语言作为划分民族的标准，这一流域的许多民族可以划归为壮侗语族，包括壮族、侗族、水族、仫佬族、毛南

---

　　① 扬雄：《方言》卷十。

　　② 扬雄：《方言》卷八。

　　③ 韦庆稳：《试论百越民族的语言》，《百越民族史论集》，中国社会科学出版社1982年版，第289—305页。

　　④ 赵日和：《闽语辨踪》，《福建文博》，1984年第2期。

族。而这些民族正是西瓯、骆越重新分化组合所形成的民族，是这一地区的土著民族，尽管分化为不同的民族，但相通的语言表明他们不仅曾经是一个民族共同体，现在仍然是多民族和谐共生的共同体，未来依然会是如此。即使是外来民族在迁入之后与本土民族的长期融合过程中，双方的语言也相互交汇。汉族、苗族、瑶族等外来民族的语言，与壮侗语有不少相似的词汇。应该说，相同或相似的语言是广西西江流域多民族和谐共生的一道消除隔阂、相互沟通的重要桥梁。

百越民族自古喜爱且擅长歌唱，具有与中原器乐不同的"野音"音乐艺术风格和传统。据《吕氏春秋》记载："客有以吹籁见于越王者，羽角宫徵商不谬，越王不善。为野音而反善之。"越人不喜欢五音俱全的器乐，而对自己的乡野之音喜爱有加。所谓"野音"，应该是广为传唱的乡野民间音乐。史籍所载的《越人歌》不仅反映了越族的语言特征，同时也生动地展现了越族的音乐艺术特色。《越人歌》显示了即兴而歌的音乐风格，"歌之时，系'会钟鼓之音毕，榜枻越人拥楫而歌'，为即兴之作，诚为难能可贵。设若歌者所属人群，没有歌唱的风气，也无歌唱的素质，难以设想歌者俄顷间能唱出此等样歌。所以我们说，歌者不愧为古代越族优秀的歌手，越族也不愧为深有歌唱素养而擅长歌唱的民族"[1]。上至越王，下至船夫，皆好"野音"，且歌者能不假思虑、即兴而歌，可见百越地区歌唱风气之盛行。相对于精心制作的"钟鼓之乐"而言，以《越人歌》为代表的越族音乐"其显著的特点是原始质朴，具有广泛的群众性和突出的民族性，实际上是一种具有浓厚民族色彩的'民歌'"[2]。根据语言学的考证，《越人歌》应该是流传于百越地区的越语歌曲，在某种意义上它开启了这一地区独具民族特色、粗野质朴的民歌和山歌的草根音乐艺术传统。这些直抒胸臆、即兴而唱的音乐，融入人们的日常生活，成为以歌表意、以歌传情的手段，达到了审美日常生活化与日常生活审美化的高度融合，从而促进了多民族和谐共生的社会生态审美场的生成，真正实现了"乐统同"的目的。

在百越地区，全面继承和发扬光大"野音"传统的当属闻名遐迩、

---

① 白耀天：《"榜枻越人歌"的译读及其有关问题》，《广西民族研究》，1985年第1期。
② 蒋炳钊、吴绵吉、辛土成：《百越民族文化》，学林出版社1988年版，第298页。

妇孺皆知的《刘三姐》，最能代表"多元一体"社会生态文化的也非《刘三姐》莫属。尽管在今天的人们看来，《刘三姐》是壮族民间音乐的瑰宝，然而从其传承和传播的过程来看，却完全超越了单一民族的界限，成为广西各民族共同引以为傲的艺术经典。《刘三姐》的流布空间不拘于单一地域生态空间和单一民族社会，"广西、广东、福建、湖南、江西、贵州、云南、台湾等省区中的壮、汉、苗、瑶、侗、水、仫佬、毛南等民族都有关于刘三姐对歌、教歌的民间传说"①。而《刘三姐》的流布之广，在很大程度上与汉语成为歌唱语言密切相关，"刘三姐编唱的歌主要是汉语歌，她改变了《越人歌》需要翻译才能使兄弟民族理解的传统形式。她不仅可以直接同汉族人民对歌，岭南各族人民之间也可以采用这样一种共同理解的歌谣形式交流情感，切磋技艺，发展自己的民族文化"②。通用语言的使用，打破了不同民族之间的文化和心理隔阂，使原生态的壮族歌谣不仅成为各民族可以共同汲取和借鉴的艺术资源，而且成为促进各民族凝聚融合的社会生态文化。无论就艺术发生学，还是就传播形式而言，《刘三姐》都是一个地地道道的原生态民间口传艺术文本，既起源于民间草根社会，也盛行于民间草根社会。壮族民间社会的传统"歌圩"文化，据传为刘三姐所开创，"歌仙"刘三姐发明了山歌，在民间广为传唱，逐渐发展为"歌圩"，成为一种极具狂欢化色彩的民间音乐艺术形式，"如今广西成歌海，都是三姐亲口传"。实际上，作为符号学意义上的"歌仙"刘三姐，是民间音乐的集大成者，"是歌圩风俗之女儿"③。在"歌圩"文化所形成的审美场域内，从最初壮族民众的聚合，发展到民间社会多民族民众自发聚合的音乐盛会，成为不同民族共同建构"多元一体"社会生态文化的艺术机制。广西西江流域是《刘三姐》流传的主要地域生态空间，"境内少数民族众多，与汉族交融互渗，故而桂剧、彩调、歌舞剧、师公戏、邕剧、木偶戏、牛戏、采茶调、侗戏等剧种缤纷共呈，《刘三姐》被形式多样的戏剧搬上舞台"④。多元的地理生态孕育了多元的民族生态，原生形态的山歌艺术文本《刘三姐》，在不同地域生态和民族

① 邓敏文：《中国南方民族文学关系史》中卷，民族出版社 2001 年版，第 324 页。
② 同上书，第 323 页。
③ 钟敬文：《钟敬文民间文学论集》上卷，上海文艺出版社 1982 年版，第 112 页。
④ 龚丽娟：《刘三姐文本传播生态及其规律探索》，《学术论坛》，2010 年第 4 期。

生态的传播过程中，衍生出不同形式的艺术文本。这表明，《刘三姐》这一艺术原型只有渗入各民族的文化当中，才可能被转化为各民族自身喜闻乐见的艺术形式。在《刘三姐》众多不同艺术文本多元共生的基础上，《刘三姐》这一文化符码成为广西西江流域多民族和谐共生的社会生态文化的一个范本。

　　人类社会的构成实质上就是一个多元统一的生态系统，从宏观至微观层面，分别由不同种族、民族、族群与个体所融合共生而成。社会生态不仅如同自然生态，与地域环境息息相关，而且为精神层面的文化信仰所左右。相似的自然环境和文化信仰，在根本上铸就了某一地域的社会生态。人类社会初期，相似的自然生态往往会催生相似的神灵崇拜，而共同的神灵崇拜则具有强大的整合社会生态的功能，从而在世界各地产生了各自拥有自身神灵崇拜的民族、族群和部落。在人类社会的初始阶段，维系各种类型人类群体组织的一个重要方式就是共同的图腾信仰。"图腾"一词源于印第安语"totem"，意为"它的亲属"。实际上，不仅印第安部落，几乎所有早期人类社会的各种社会组织，如世界各地的氏族、部族等都存在类似于印第安人"图腾"概念的思想观念。人的精神生态往往是自然生态的投射，在原始先民的精神意识里面，某种与其生活密切相关的自然物种成为他们理所当然的"亲属"，并成为他们崇奉的"祖先"。因此，图腾信仰在某种意义上就是祖先崇拜。由于共同的图腾信仰，不同的个体聚合起来，形成各种不同的氏族、部落、族群、民族等人类社会群体组织。一般而言，图腾的起源在地域生态和社会生态上具有高度的叠合性，某一地域空间的人们因为相同的自然生态而信奉同样的图腾，进而聚合为一个具有共同图腾信仰的社会群体组织。如"陆事寡而水事重"的人们（壮族）普遍信仰蛇、龙等"水神"，而逐水草而居的游牧民族（匈奴）则多以狼为图腾。由此可知，图腾不仅在同一社会组织群体内发挥着聚合群体、密切关系、凝聚人心等维系社会组织的作用，而对于不同的社会组织群体则具有区分彼此、甄别界限的社会标识功能。岭南地理生态的特殊性，铸就了百越民族有别于其他地域生态空间民族的图腾信仰，其最突出的标识就是广西西江流域盛行的"蛇—龙母"图腾系统。作为社会生态文化的一种表现形式，这套图腾系统成功地将这一地域的各民族联结在一起，形成了长久而稳固的"多元一体"的民族共同体。

　　历史上，作为"南蛮"的骆越族群被称之为"蛇种"，蛇是他们共同崇奉的始祖图腾。骆越先民的属地，上至西江上游的环大明山地区，下至西江中游的古苍梧地区，"蛇—龙母"崇拜成为一种普遍的习俗。不少地方都竖有蛇图腾石雕塑像，或建造龙母庙，平时香火供奉不断，而在特定的节日里，祭祀活动的宏大规模尤为壮观。长期而共同的神灵崇拜，代代相传，相沿成习，于无形中成为形塑社会生态面貌的文化土壤，整合统一族群的精神纽带，逐渐促成和日益强化人们相互之间的族群认同感。"蛇—龙母"崇拜在水神崇拜的基础上，转化为以"水事"生态为共同地域特征的人们的共同祖神崇拜。骆越民族就是在"蛇—龙母"祖神崇拜的基石上日益壮大的。根据考古发掘和史料记载，骆越古国的版图就是骆越民族由点到线、由线到面的一个日益扩展的空间化认同过程。骆越古国的文化中心坐落于环大明山地区，由此轴心经由西江轴线向西江流域辐射，逐渐形成一个以"蛇—龙母"崇拜为认祖归宗对象的幅员辽阔、人口众多的骆越王国。而另一方面，从文化心理积淀的角度来说，一旦骆越民族及其后裔作为一个共同体存在，为了强化族群认同，就会有意识地建构一个全体成员认同的文化符号，并通过各种形式进行巩固和延续，于是就有了历久不衰的建造庙宇、祭祀神灵、举办节庆等各种活动，而这正是"蛇—龙母"崇拜绵延不绝的社会生态根源。

　　龙母崇拜不仅在骆越民族的族群认同上发挥着强大的凝聚作用，而且在更大范围内起到沟通岭南骆越文化与中原华夏文化的桥梁作用。在文化交流的基础上，骆越民族与中原华夏民族日益认同，最终形成中华民族"多元一体"的多民族融合的格局。

　　在骆越民族与华夏民族日趋认同的过程中，中原王朝的历代统治者依靠的不仅是武力征服，更是巧妙地利用了文化的怀柔感化手段。这种恩威并重的"胡萝卜加大棒"政策，在客观上促进了民族的认同与融合。历史上，最早用武力征服岭南的秦始皇，同时也是最早在这一地区实施文化怀柔策略的最高统治者。鉴于龙母崇拜在岭南地区的深远影响，秦始皇采取了顺应民意的做法，给予龙母最高的尊崇和礼遇，以促进民族的认同感，这一举措成为扩大和巩固龙母崇拜的社会生态根源。根据《太平寰宇记》的记载，"秦始皇闻之，曰：'此龙子也，朕德之所致。'诏使者以

元之礼聘媼"①。秦始皇将母慈子孝的龙母事迹，归功于自己的德政，并
对龙母礼遇有加，从而在自己的统治合法性与龙母崇拜之间建立起因果联
系，其结果是一方面巩固了秦朝对岭南的统治；另一方面促进了骆越民族
与华夏民族的认同和融合。正如通过开凿灵渠以联结纵贯岭南岭北的水路
使得秦始皇统一了中国一样，通过将龙母"利泽天下"的水神形象塑造
为"天下归心"的慈母形象，秦始皇促进了民族的统合。此后的历代统
治者沿袭了秦始皇的这一举措，使原本源远流长的龙母崇拜由于中央和地
方政府的褒扬而更为根深蒂固，族群认同和融合的社会生态进一步提升了
龙母的地位和影响。

图7 梧州龙母庙

在"蛇—龙母"崇拜与族群认同、融合的相互关系中，一方面，根
源于自然生态的水神崇拜促进了具有共同信仰的族群的认同与融合；另一
方面，日趋定型和巩固的族群共同体在文化惯性的驱动下，又世代承袭和
强化了对文化传统的体认，而这正是"蛇—龙母"图腾崇拜文化经久不
衰的最为重要的社会生态根源。②

以语言、艺术、图腾信仰等为代表的精神层面的社会生态文化，是各

---

① 乐史：《太平寰宇记》，清文渊阁《四库全书》补配古逸丛书本，第979页。
② 申扶民：《西江流域水神崇拜文化的生态根源》，《哈尔滨工业大学学报》（社会科学
版），2013年第6期。

民族在相互融合、渗透的漫长历史进程中自觉、自发建构起来的，并逐渐积淀为一种稳定的民族文化心理结构，成为维系和促进多民族和谐共生社会生态格局的良性机制。

第二节　从"和揖百越"到"改土归流"：传统民族治理政策的历史演进与多民族和谐共生社会生态文化的发展

中国大一统的历史观念（或曰天下史观）可以追溯到传说中的三皇五帝时代。"天下有不顺者，黄帝从而征之，平者去之，披山通道，未尝宁居。"① 最早的中国地域空间仅指华夏民族所居住的中原地区，中国之外的"四方"之地，东夷、西戎、北狄、南蛮等民族所居住的地域则均属尚未开化的化外之地，需要通过各种方式进行征服和收编，使之成为天下的一部分，"普天之下，莫非王土"。

据史书记载，广西西江流域所属的岭南南蛮之地，早在尧舜时代就已成为天下的一部分，"尧命羲叔宅南交"②。说明当时中国的势力范围已南及岭南和交趾。王充的《论衡·书虚》云："儒书言：舜葬于苍梧……圣人以天下为家，不别远近，不殊内外，故遂止葬焉。"这些记载，尽管并无确实的史实可考，却反映了中原地区与岭南地区交往的悠久历史。岭南真正并入中国大一统版图的信史，始于秦始皇对这一地区的征战。秦灭六国，统一天下，实际上并未包括岭南地区，但视为囊中之物，志在必得。"又利越之犀角、象齿、翡翠、珠玑，乃使尉屠睢发卒五十万为五军：一军塞谭城之岭，一军守九嶷之塞，一军处番禺之都，一军守南野之界，一军结余干之水。"③ 兵分五路，大军压境，其并吞之心昭然若揭。当时秦军进攻的主要对象是桂东地区的西瓯，面对强敌入侵，越人奋勇抗击，双方各有胜负，"与越人战，杀西瓯君译吁宋，而越人皆入丛薄中，与禽兽处，莫肯为秦虏，相置俊杰以为将，而夜攻秦人，大破之，杀尉屠睢，伏尸流血数十万，乃发谪戍以备之"④。秦、越双方的最高将领均在交战中

---

① 司马迁：《史记·五帝本纪》。
② 《尚书·尧典》。
③ 刘安：《淮南子·人间训》。
④ 同上。

阵亡，尽管在秦朝的持续用兵之下，越人被击溃，秦军却付出了"伏尸流血数十万"的惨重代价。秦朝最终以武力征服岭南并设立郡治，南海、桂林以及象郡三郡的设置，使岭南正式并入中国大一统的版图。版图的扩大，不仅意味着地域空间的延伸，而且意味着更多民族的融入。尽管秦朝通过穷兵黩武开创了中国地域生态多元统一的历史新纪元，但如何有效治理分布于这块幅员辽阔疆土之上的众多民族，使之合众为一，形成"多元一体"的民族社会生态，却是二世而终的秦皇朝所未能解决的问题。这个悬而未决的历史遗留问题，是对取秦而代之的历代统治者治理天下的一个重要考验。

一　和揖百越：百越民族和谐共生社会生态文化的开创

秦朝在岭南地区设立南海、桂林和象郡三郡，开启了百越民族社会治理的制度框架。从地域生态的角度来看，广西西江流域的百越支系大部分处于这三个郡治的管辖之下。其中，流域东部的贺州、梧州等地，属南海郡管辖；流域中部由桂江以西往红水河并往南延伸至郁江、浔江以北地区，属桂林郡管辖；流域西部以及郁江、浔江以北地区，属象郡管辖。而且，根据历史地理版图，岭南三郡的治理范围很大一部分属于广西西江流域，尤其是桂林、象郡二郡的管辖空间都在广西西江流域（往南延伸至北部湾和越南）。因此，广西西江流域的民族社会生态自古就是岭南地区社会生态的重要组成部分，是反映这一地区社会治理状况的一个风向标。

实际上，早在秦朝攻占岭南的同时，就已开始采取移民实边、华越杂居的社会治理策略。一是通过婚配的方式，从中原调配大量未婚女子作为前方将士的配偶，"尉佗知中国劳极，止王不来，使人上书，求女无夫家者三万人，以为士卒衣补，秦皇帝可其万五千人"①。作为随军家眷，这些来自中原的女子最终在岭南落地安家，繁衍生息，其子孙后代成为这一地区人口的重要组成部分。二是将不同社会阶层的人从中原迁入岭南，"发诸尝逋亡人、赘婿、贾人略取陆梁地，为桂林、象郡、南海，以适遣

---

① 司马迁：《史记·淮南王列传》。

成"①，通过与越人杂居，以实现以华化越的同化目的。由于秦朝统治岭南不过数年随即覆亡，这些措施虽然有所收效，但也随之中断。

真正在岭南采取成功治理政策，并产生深远影响的第一人，是秦朝统治岭南时的旧部赵佗。赵佗乘秦皇朝倾覆之际，合并岭南三郡，建立南越国。在位期间，面对"百越杂处，各有种姓"的族群杂多的社会生态，赵佗推行了"和揖百越"的治理多族群社会的社会生态制度文化。具而言之，"和揖百越"的举措表现如下。

其一，以身垂范，入乡随俗。赵佗本为中原华夏族裔，但作为一个具有远见卓识的统治者，却能摒弃对百越民族的歧视和偏见，入乡随俗，主动融入越人的社会生活。为了表明自己对越人的认同，赵佗完全放弃了以前的中原生活习俗，椎髻箕踞，自称蛮夷大长老，在生活习俗上彻底效法越人。这些举措不仅为赵佗在越人当中赢得了好感和民心，便于推行治理政策，而且上行下效，各级官员也能尊重越人，也为不同族群之间的相互尊重树立了榜样。

其二，倡导华越通婚，以血缘纽带促进民族融合。一般而言，民族是在共同的地缘生态和血缘生态基础上形成的。中原华夏民族迁入岭南之后，虽然融入了百越民族的地域生态空间，但由于血缘不通而同百越民族之间存在无形而强大的隔阂，彼此间的戒备甚至仇视在所难免。为了使外来民族真正融入本土民族当中，赵佗首先在华夏民族和百越民族的上层社会推行互通婚姻的姻亲措施。"相吕嘉年长矣，相三王，宗族官贵为长吏七十余人，男尽尚王女，女尽嫁王子弟宗室及苍梧秦王有连。"② 王室子女与以吕嘉为代表的越族上层家族联姻，不仅结成了政治上的血亲联盟，有利于政权的稳定，而且对各民族的广大民众具有非同一般的示范效应，对打破异族通婚的藩篱产生了深远的影响。不同民族之间互通婚姻的风气一旦形成并相沿成习，极大地促进了民族间的大融合。血浓于水的姻亲关系，使得不同民族之间我中有你、你中有我，在血缘生态上已融为不可切割的一体。尽管岭南地区民族融合的历史趋势是日益汉化，广西西江流域的百越支系在与华夏民族通婚的过程中，

---

① 司马迁：《史记·始皇本纪》。

② 班固：《汉书·西南夷两粤朝鲜传》。

汉化的比重越来越大，汉族反超成为主体民族，实际上却是民族融合的"多元一体"的结果。

其三，在政治上，对内"以夷治夷"，对外与汉相机而动，为多民族和谐共生创造有利的社会生态环境。针对南越国越族占主体的社会生态，赵佗采取越族人治理越族人的策略，在保持自身最高权力的前提下，充分利用越族上层人物治理越族社会，以实现社会和谐稳定、长治久安的统治目的。以吕嘉为代表的越族世家，长期享有名副其实的权力，对稳定越族民众的社会心理具有十分积极的作用和意义。这种治理策略在某种意义上开创了分权式的民族自治的先河。偏居一隅的岭南王国，虽然同中原之间存在山川险阻的地理生态条件，却并未能阻挡住取秦而代之的汉王朝的觊觎之心。强邻环伺的外部社会生态，促使赵佗一方面在军事上加紧防备，在山川险要之处修筑关隘、驻守重兵；另一方面在外交上表现出与汉修和的姿态，从而为百越社会的和谐稳定创造有利的外部环境。面对这种情况，汉朝统治者知道强取并非上策，于是汉高祖刘邦派遣陆贾南下游说赵佗，与之纵论天下大势、对之晓以利害得失，最终说服赵佗归顺汉朝，"愿为外臣，时内贡职"①。赵佗接受汉朝的封号，成为南越王。来自汉朝的威胁因此而得以缓解，为百越民族社会的发展争取了宝贵的和平外部环境。即便汉朝对越政策几经反复，由于一直坚持对汉朝的两手政策，赵佗统治期间，岭南地区大体上维持着和平稳定的社会局势。汉朝皇后吕雉听政时期，对越推行民族歧视政策，"高后自临用事，近细士，用谗臣，别异蛮夷，出令曰：毋予蛮夷外粤金铁田器，马牛羊即予，予牡毋予牝"②。吕后企图采取禁止中原地区先进农业器具和牲畜输出岭南的措施，以阻碍岭南地区的社会发展，这些举措激起了赵佗的戒心和不满，断绝了与汉朝的藩属关系，自立朝廷，称南越皇帝，公开与汉朝分庭抗礼。赵佗为了维护岭南地区各民族的利益，而对有损人民利益的汉朝统治者表现出毫不妥协的强硬姿态，不仅有助于巩固自身的权力基础，提升自身的统治威望，而且于危急关头凝聚了岭南地区各民族齐心协力、同舟共济的民族共同体精神，促进了"多元一体"民族社会生态格局的发展。在汉文帝统治期

---

① 郑樵：《通志·南粤》卷一百九十八。
② 班固：《汉书·西南夷两粤朝鲜传》。

间，由于满足了自己所提出的要求，赵佗废除帝号，恢复此前的南越王称号以示归顺。但汉景帝时期所爆发的"七王之乱"，却又坚定了赵佗割据岭南的决心，虽然表面上俯首称臣，暗地里却保存了南越皇帝的玉玺，并传诸后世。赵佗在位期间，励精图治，在内外政策方面采取灵活变通、随机应变的务实策略，为岭南民族社会的发展营造了一个良好的社会生态空间。

其四，锐意经营岭南，推进民族地区社会经济的发展。尽管岭南地区自然生态条件十分优越，百谷自生，人们获取生活资源并不困难，但在农业生产技术方面与中原地区存在较大的差距，从而阻碍了社会经济的进一步发展。为了改变相对落后的社会经济状况，赵佗大力引进和推广中原地区的先进生产技术，输入"金、铁、田器、马、牛、羊"①等器具及牲畜，从而有效地促进了岭南地区农业的发展。根据考古发掘，广西西江流域的贵港等地出土了大量南越国时期的铁器农具，如镰、锸、斧、凿等。由此可以判断，作为南越国属地的广西西江流域，由于铁器农具和牛耕的普遍使用，社会经济获得了很大的发展，铁器牛耕所到之处，不仅使丛林荒野化为千里沃土，极大地重塑了自然生态，而且随着先进的农业技术从流域东部向西部的推广，以及大量人口的流动和迁徙，加速了各民族之间的交流和融合、分化和重组，使社会生态朝向多民族和谐共生的"多元一体"格局发展。

其五，推进文化教育，移风易俗，以文化一体化实现民族一体化。在尊重岭南越族传统习俗、入乡随俗的同时，赵佗大力推行中原先进的文化礼仪，移风易俗，以求改变岭南地区的文化落后面貌以及陈规陋俗。引荐中原礼俗和兴办学校，"冠履聘娶，华风日兴，入汉以后，学校渐纮"②。小到日常生活的鞋帽穿戴，大到男女之间的婚配嫁娶，都日益趋向于中原华夏民族的风俗礼仪，实施汉文化教育的学校也日渐扩大。针对越族尚武好斗的习气，"稍以诗礼化其民"（《安南志略》），从而"粤人互相攻击之风益止"。废除严刑酷法，参照汉制，"除其故黥劓刑、用汉法，比内诸侯"。这些举措虽然是为了巩固南越国的政权，但在客观上也促进了岭

---

① 班固：《汉书·两粤传》。
② 黄佐：《广西通志》卷四十。

南地区越族文化的发展以及汉越民族的交流和融合。

　　总而言之，赵佗所创立的南越国，尽管是一个割据一方的独立王国，与汉朝始终貌合神离，但赵佗所采取的"和揖百越"政策，非但没有导致岭南与中原的分裂以及民族社会的矛盾，反而在实质上促进了岭南地区各民族之间的融合，以及岭南民族对中原先进生产技术和文化的认同和接受。这无疑为此后岭南地区内部乃至其与中原地区之间的民族大融合的社会生态格局奠定了坚实的基础。

　　汉朝在灭掉南越国政权、统一岭南之后，在治理岭南的策略上，基本上沿袭了"和揖百越"的政策。汉武帝在平定岭南之后，对原有的岭南三郡进行了重新区划，设置了南海、苍梧、郁林、合浦、交趾、九真、日南、儋耳、朱崖等九郡，并设立交趾刺史部，总领九郡，岭南地区也因此称为交州。从地理生态上来看，当时的广西西江流域大部属于苍梧郡和郁林郡，少部分分属零陵郡和牂牁郡。值得注意的是，重新建制的岭南地区的行政中心一度从番禺（今广州）迁至苍梧（今梧州），"汉既定南越之地，置交趾刺史，别于诸州，令持节治苍梧"①。地域生态中心的转移，说明汉朝统治者对岭南地区社会生态的倚重发生了变化。对于广西西江流域的多民族社会治理，汉武帝基本上延续了赵佗的"以夷制夷"策略，"以其故俗治，毋赋税"。这一举措在文化上尊重了越族的传统习俗，在经济上减轻了人们的负担，对民族社会生态的和谐稳定提供了制度上的保障。西瓯、骆越所居住的偏远地区，经济、文化方面的发展滞后于岭南其他地区，为了改变这种状况，维持地域生态和社会生态的平衡发展，有汉一代都十分注重对越族落后地区的开发经营。据史书记载，"九真俗以射猎，不知牛耕，民常告籴交趾，每致困乏"②"后交趾所统，虽置郡县，而言语各异，重译乃通。人如禽兽，长幼无别。项髻徒跣，以布贯头而著之"③。广西西江流域西部地区（当时在行政区划上与越南北部地区多有重合）生产落后、民众之间语言不通、礼仪缺失、穿戴粗陋，这种社会生态无疑不利于大一统的治理，于是朝廷"徙中国罪人，杂居其间，乃

---

① 班固：《汉书·地理志》。
② 范晔：《后汉书·循吏列传》。
③ 范晔：《后汉书·南蛮西南夷列传》。

稍知言语，渐见礼化"①通过移民实边，汉越杂居，以达到教化的目的。

先后驻守西瓯、骆越的汉朝官员，均采取了一些具体措施来促进民族地区的社会经济文化发展。任延、锡光任太守时，"教其耕稼，制为冠履，初设媒聘，始知婚嫁。建立学校，导以礼化"②，在生产、生活、习俗、文化等方面对越人进行全方位的引导和教化。任延在九真太守任上，"乃令铸作田器，教之垦辟，田畴岁岁开广，百姓充给。又骆越之民无嫁娶礼法，各因淫好，无适对配，不识父子之姓，夫妇之道。任乃移书属县，各使男年二十至五十，女年十五至四十，皆以年龄相配。其贫无礼聘，令长吏以下各家俸禄以赈救之，同时相娶二千余人。是岁风雨调节，谷稼丰衍"③。这些举措有效地促进了当地社会的发展，为了表达对任延德政的感激之情，"骆越人生子多取'任'为姓"④。锡光任交趾太守时，"教导民夷，渐以礼义，化声侔于延"⑤。锡光延续了任延的治理策略，因此在越人当中取得了与任延一样的好名声，"岭南华风，始于二守矣"⑥。继任的马援进一步深化了社会治理，"为郡县治城廓，穿渠灌溉，以利其民。条奏越律与汉律骇者十余事，与越人申明旧制，以约束之，自后骆越奉行马将军故事"。⑦ 在任延、锡光、马援等人数十年的锐意经营下，广西西江流域的西瓯、骆越地区开始受到中原华夏文化日益深入的影响。不仅在器物层面引进中原地区先进的农业生产技术，加速了经济的发展，而且在思想文化领域被华夏文化所渗透，对越族的教化产生了潜移默化的影响。社会经济文化发展的一体化趋势，不仅有力地促进了岭南地区和中原地区在地域生态上的统一，而且推动了百越民族与华夏民族"多元一体"社会生态格局的形成。

二 羁縻制度：民族自治社会生态文化的深化

随着历代皇朝统治势力对边陲少数民族地区的不断扩展，统治方式也

---

① 范晔：《后汉书·南蛮西南夷列传》。
② 同上。
③ 范晔：《后汉书·循史列传》。
④ 陈国强等：《百越民族史》，中国社会科学出版社1988年版，第238页。
⑤ 范晔：《后汉书·循史列传》。
⑥ 同上。
⑦ 范晔：《后汉书·马援列传》。

逐渐从一元向多元方向发展。由于各少数民族社会的经济、文化发展具有不同于华夏民族社会的自身特征，并且总体上落后于中原汉族地区，因而不可能采用类似于汉族地区的政策治理少数民族地区。因此，如何有效治理少数民族地区便成为历代统治者所面临的一个重要问题。自秦朝在岭南设立郡治以来，中央王朝对这一多民族地区所采取的治理措施渐趋成熟和完善。汉朝在延续赵佗"和揖百越"政策的基础上，进一步深化了"以夷治夷"的民族自治制度，奠定了羁縻制度的治理框架。

汉朝在少数民族地区利用当地的土著贵族统治本民族，是为"羁縻"。考"羁縻"之义，据汉代史书记载，"羁，马络头也；縻，牛蚓也"[1]，"马云羁，牛云縻，言制四夷如牛马之受羁縻也"[2]。以羁縻牛马之桀骜不驯来形容对少数民族的管制，尽管在语意上不无贬抑少数民族的文化偏见和民族歧视色彩，但在政治上却是一种行之有效的治理少数民族地区的民族政策。尽管秦汉两代已在岭南设立郡治，采取"以其故俗治""毋赋税"等含有羁縻之治的治理措施，以求在民族地区"羁縻毋绝"[3]而实现天下一统的政治目的，然而真正使羁縻制度臻于完备的成熟阶段则是在唐代。唐代在继承前代治理岭南地区政策的基础之上，形成了比较完善的民族治理的羁縻制度。概而言之，包括四个方面的重要举措。

（一）在建制方面，在保留原有土著部落的基础上，设置羁縻州县。各羁縻州县的地域生态划分，基本上以各部落的社会活动范围为界限，"即其部落列置州县"[4]。在广西西江流域，百越后裔所分布的地区普遍设立了羁縻州县。唐朝所设置的黔州都督府、桂州都督府、邕州都督府以及安南都护府所辖的羁縻州，覆盖了广西西江流域中西部地区的大部分疆域。其中，黔州都督府所辖十一州大致相当于今河池地区，桂州都督府所辖七州大体相当于今来宾、柳州地区，邕州所辖二十六州和安南都护府所辖八州基本上相当于今百色、崇左地区。这些羁縻州都是以越族部落所分布的地域空间设立的。各越族部落人口数量和分布空间大小存在较大差异，因此羁縻州县设置的数量和地域大小也因部落因素而存在较大差别。

---

① 司马迁：《史记·司马相如传·索隐》。

② 应劭：《汉官仪》。

③ 司马迁：《史记·司马相如传》。

④ 宋祁、欧阳修等：《新唐书·羁縻州》。

由于越族支系和部落众多，形成了羁縻州数量多而疆域小的基本特征，譬如，"在仅占壮族先民分布区约三分之一的地区同时置有羁縻州 57 个。地小人口少而州多，其规模自然较小。表现为领县少，57 个羁縻州中有44 个没有领县；有些州无治所或极简陋，往往寄治山谷"①。这种现象的形成，恰好说明了唐朝统治者对民族社会生态多元性的高度重视和充分尊重，以其部落设立羁縻州县，实际上就是尊重和保留各部族社会生态的独立性和完整性，让各部族在各自的地域生态空间主导自己的生存和发展模式。这种具有浓厚部族自治色彩的羁縻治理制度，不仅为各部族社会自身的发展提供了制度上的保障，而且为各部族之间"和而不同"的和谐共生的民族社会生态格局的形成和发展奠定了制度基础。相比较而言，唐朝统治者在广西西江流域的东部地区采取了完全不同于羁縻州制的正州制。正州制是中原地区和其他大多数地区所采取的一般治理制度，唐代在西江流域的东西部采取两种分而治之的制度，正是基于不同社会生态面貌的考量。尽管东部地区也是多民族居住的区域，但社会经济文化相对发达，民族间的融合与汉化程度较高，因此采用与中原地区一致的治理方式更有利于巩固统治和民族认同。有唐一代，在广西西江流域根据不同的民族社会生态情况，而采取相应的不同治理制度，有效地促进了民族地区的社会发展与民族和谐。

　　（二）在社会生活方面，尊重和保留羁縻地区民族传统的风俗习惯和社会制度。对于羁縻州县，由于"别立君长者各有风俗，法制不同"②，因此"化外人同类自相犯者，各依本俗法；异类相犯者，以法律论"③。唐中央政权采取灵活务实的民族政策，允许羁縻少数民族享有相对独立自主的社会自治权，根据本民族自身的风俗习惯和社会制度，制定具有自身特色的民族律法，以处理本民族社会的内部事务和维持本民族的社会秩序。只有在同外族发生纠葛时，才以唐朝通行的法律进行处置。相比之下，未实施羁縻制度的一般州县则受到中央王朝大一统制度的严格治理，不能实施任何特殊的治理措施。唐朝中央政府针对不同地区和民族，采取

---

① 张声震主编：《壮族通史》（中册），民族出版社 1997 年版，第 431 页。

② 《唐律疏议·刑名》卷六。

③ 同上。

严宽相济的治理策略，尤其是对民族地区所采取的"怀柔"政策，取得了有效的"感化"效果，使西江流域羁縻地区的少数民族既能与周边的汉族和谐相处，又能对整个社会产生高度的认同感。

（三）在经济方面，采取减轻徭役、降低赋税的"轻徭薄赋，与民休息"政策。一方面，由于羁縻地区的自然生态条件不利于农业生产和耕作，人们一般仅能维持基本生活所需，因此经济上普遍较为贫困；另一方面，出于巩固统治和笼络民心的考虑，统治者对羁縻地区的索取相对轻微。由于主客观的原因，唐代在羁縻地区采取减轻徭役、降低赋税的"轻徭薄赋，与民休息"政策。根据史书记载，"若岭南诸州则税米，上户一石二斗，次户八斗，下户六斗。若夷獠之户，皆从半输"①。尽管西江流域羁縻地区的少数民族（夷獠之户）也要以实物的形式纳税，但在数量上减免了一半，这在很大程度上减轻了人们经济和生活上的负担。与苛捐杂税相比，轻徭薄赋的政策客观上有利于少数民族地区的休养生息和社会稳定，对于巩固边疆多民族地区的社会生态格局产生了积极影响。

（四）在具体管治方面，采取"以蛮治蛮"的民族自治政策。唐代在广西西江流域所设置的羁縻州县，居民多为壮族先民。在具体管治方面，中央政府尊重并信赖这些地区的土著民族，对土著首领委以重任，放手在其社会内部进行自我治理。这种"以蛮治蛮"的民族自治政策，在最大限度上避免了外部社会生态因素对本土社会生态良性发展的强行介入和干扰，既为羁縻地区的少数民族社会政治、经济和文化等方面的自我完善和发展提供了较为宽松的政治生态空间，同时也换取了多民族大一统社会的长治久安。

有唐一代，中央政府在广西西江流域壮族先民居住集中的左、右江和红水河流域，不遗余力地推行羁縻制度，从而"把壮族先民地区统一在中国版图内，在保留壮族先民内部原有的政治、经济结构不变的情况下，又从政治、经济、文化诸方面给以影响。对于社会发展落后于内地的壮族先民来说，这种统一对其社会发展在一定的历史阶段是有利的。而其对边疆的稳定，对边疆民族内部凝聚力的增强，从而对国家的稳定作用则愈见

---

① 《旧唐书》卷48《食货志》上。

明显"①。因此，羁縻制度的实施，对于多民族和谐共生的社会生态文化具有深远的影响和意义：首先，在政治层面，羁縻而治满足了国家统一和民族自治的利益诉求，既巩固了中央王朝的统治，又促进了西江流域少数民族地区的和谐稳定；其次，在经济和文化层面，羁縻制度为西江流域少数民族地区与中原地区经济和文化的相互交流提供了可靠和有效的制度框架，增强了双方不可分割的纽带关系。

三　改土归流：传统民族自治社会生态文化的式微

土司制度脱胎于羁縻制度，是后者的延续和发展。作为治理边疆少数民族的一项政治制度，土司制度始于宋代，终于民国，历时达千年之久，对中国多民族统一的社会生态格局以及少数民族地区的社会发展产生了深远而复杂的影响。

广西西江流域的土司制度发端于宋王朝对侬智高起义的镇压，主要在壮族地区实施。唐代在西江流域所推行的羁縻制度是土司制度的雏形，宋代对此加以完善，大体上确立了土司制度的治理策略。"自唐武德、贞观之时，国威大震，四夷宾服……唐室因就此诸族的故地，建置都督府以及州县以治之，此府州总称之曰羁縻州。羁縻州者，虽有州县之名称，而刺史县令皆以其酋长渠魁为之，而其内部之行政，中央殆少加以过问，后世之土司制度彷佛之。"②宋朝因袭唐朝羁縻制度，在西江流域少数民族地区设置州、县、峒三级治理机构，任命土族首领进行治理。到了元代，土司制度得到进一步完善和推行。西江流域普遍设立了各级土司机构，据《元史》记载，各类土司机构（安抚司、总管府等）共计十余个。明朝时期，随着社会经济的发展，少数民族的人口大幅增长，分布范围遍及西江流域，"广西瑶、僮居多，盘万岭之中，当三江之险，六十三山倚为巢穴，三十六源踞其腹心，其散布于桂林、柳州、庆远、平乐诸郡县者，所在蔓衍。而田州、泗城之属，尤称强悍。种类滋繁，莫可枚举"③。针对这种民族社会生态情势，明朝政府在这些地区设置了大量各级土司机构，

---

① 张声震主编：《壮族通史》（中册），民族出版社 1997 年版，第 425 页。

② 顾颉刚、史念海：《中国疆域沿革史》，商务印书馆 1938 年版，第 198—201 页。

③ 《明史》卷 317《广西土司一》。

"计有土府4、土州41、土县8、长官司10、土巡检70多个、土千户5，土知府、土知州、土知县、长官司长官、土巡检、土千户等大小土官320余人"①。由此可见土司制度在明朝的兴盛状况。明末清初，土司制度盛极而衰，改土归流成为大势所趋。

宋元明三代在广西西江流域一以贯之地推行土司制度，根本出发点是为了维持和巩固版图的统一和社会的稳定。在此期间，地处边疆且民族众多的西江流域社会情况日益复杂。经过几代王朝的励精图治，一方面，由于社会的发展而促进了不同民族之间的交流融合，有利于边疆的稳定与多民族的和睦共处，奠定了国家统一的基础；而另一方面，放任土族首领对本民族地区的治理，又滋长了其各自为政、独霸一方的倾向，久而久之，既造成族内矛盾，又引发族际纷争，继而对整个国家与社会的统一稳定形成威胁。纵观土司制度，可以窥见其利弊双参的特征。首先，从土司制度的积极意义来看，此前羁縻制度下中央政府与民族地区政权仅属于名义上的藩属关系，中央政府基本上不干涉羁縻地区的内部事务，而土司制度则强化了中央政府对土司地区的直接统治，主要通过对少数民族的户籍管理和征收赋税以贯彻国家一统的意志，以及通过兴办学校传播中原文化以实现文化上的认同。此外，"中央王朝以土官治土人，是一贯的方针，视为成功之上策。相反，以外来的汉族流官治理土民，则难以制服，动乱不已"②。因此，土司制度下的这些举措有利于巩固地区的稳定与国家的统一。其次，从土司制度的弊端来看，其一，土官"世领其土，世长其民"，形成土官的家族世袭制和既得利益集团，其中，岑、黄、莫等姓氏土官家族的势力盛极一时，岑氏土官统治着右江中、上游地区，黄氏土官统治着左江流域大部分地区，莫氏土官统治着西江流域西北部地区③。这些家族长期统治一方，势力坐大，擅权专断，使底层土民深受其苦。"生杀予夺，尽出其酋""供水陆之产，为之力作，终岁而不得一饱""类以此为服人威，何以其酷也"④，从而导致民众不堪忍受，抗争时有发生，土司地区动荡不安，社会生态趋于恶化。其二，土司一般都拥有自己的武

----

① 张声震主编：《壮族通史》（中册），民族出版社1997年版，第615页。

② 同上书，第629页。

③ 同上书，第619—620页。

④ 周去非：《岭外代答》卷3《峒丁》条。

装力量，即"土兵"。多者达数万之众，虽然平时能发挥保土安家、维持
社会稳定的作用，但一旦与中央政府或相邻地区产生矛盾冲突，往往拥兵
自重，起兵反叛或争霸地方，严重影响民族地区的社会稳定与国家的统
一。其三，经过长期经营，土司地区逐渐形成割据一方的"独立王国"，
相互提防的防范心理滋长，尤其是土、汉之间的民族隔离现象尤为明显，
出现"汉不入峒，蛮不出境"的禁令。这种缺乏民族互信的民族隔离措
施，尽管短期内能维持一种相互封闭隔离的稳定局面，形成一种看似平静
和谐的民族社会生态，长此以往却积累起民族间的隔阂和对立的隐患，一
旦社会形势发生突变，这些民族地区的社会生态便会愈发严峻和混乱。

图 8　广西莫氏土司衙署

　　鉴于土司制度的积久成弊，"改土归流"逐渐成为中央政府治理民族
地区的新政策。实际上，早在明朝初年，广西西江流域的"改土归流"
就已启动。但在整个明朝统治期间，改土归流与土司复辟的拉锯战贯穿始
终。这种反复现象在左、右江流域和红水河流域尤为突出，"改流的地方
不少，被改流的土司，有的处在交通方便的地方，有的处在闭塞的边境。
改土归流是一场激烈的政治斗争，有的改流后又恢复了土官的统治；有的
流官表面上取得了胜利，其实际统治大权仍然掌握在土官、官族或土目的

手中；有的地方改流后社会经济和文化有所发展，有的地方改流后出现反复和动乱，社会经济遭受破坏。改流后流官统治得到巩固者尚属少数"①。由此可见，尽管土司制度存在各种弊端，却尚不足以完全取消它，正如黑格尔所说的，"凡是合乎理性的东西都是现实的，凡是现实的东西都是合乎理性的"②。由于"以夷制夷"的民族治理政策具有悠久的历史合理性与现实合理性，自秦汉时期的"和揖百越"，到唐宋时期的羁縻制度，再延伸到元明时期的土司制度，其核心内容都是"以夷制夷"。在千百年的历史进程中它已被证明是一种行之有效的民族治理策略，形成中央政府、地方政权乃至普通民众所共同认同的制度依赖路径。因此，明朝政府虽然已经意识到土司制度所存在的弊病，但因为在不适当的历史阶段采取不适当的"改土归流"的替代政策，最终的结果是动其皮毛而未伤其筋骨，土司制度在整个西江流域的少数民族地区依然保持着难以撼动的强势劲头。

取明而代之的满清朝廷，尽管自身也属于少数民族，却比明朝推行更为强势的"改土归流"政策。在广西西江流域，"从顺治年间起清朝就在庆远、太平、思恩、南宁、镇安、泗城等府属土司地方设置绿营兵，改变了宋元明历朝对壮族西部地区都由土官、土兵卫护防边的状况。随着国力的增强，土官、土兵影响的削弱，使对处于半独立状态的土司制度进行变革的客观条件成熟了"③。随着社会经济的发展，土司地区与外部地区的经济、文化、商贸交往日益频繁，闭关自守的土司制度已逐渐沦为阻碍地区和民族间交流与融合的藩篱，在中央政府的强力主导下以及普通民众的强烈要求下，改土归流取得了决定性的成果，至清末西江流域的大部地区完成了"改土归流"，且基本上未出现恢复土司的反弹情况。在汉族流官的治理下，由于采取了较为开明的政策，原土司地区的经济和文化都得到了较大的发展，民族间的关系趋于和谐稳定，社会生态格局呈现出良性的发展态势。民国年间，随着清朝统治的结束，"改土归流"也进入最后的尾声。从民国元年（1912 年）到民国二十年（1931 年），历经 20 年的时

---

① 张声震主编：《壮族通史》（中册），民族出版社 1997 年版，第 667 页。
② ［德］黑格尔：《法哲学原理》，范扬、张企泰译，商务印书馆 1961 年版，第 2 页。
③ 张声震主编：《壮族通史》（中册），民族出版社 1997 年版，第 668 页。

间，整个广西西江流域的"改土归流"最终完成。作为传统民族治理政策的土司制度，彻底退出了历史舞台。

从"和揖百越"到"改土归流"，期间历时两千载，经历数代王朝的存亡兴替，但广西西江流域所实施的民族治理政策却一以贯之地延续下来，并不断完善和发展，在历史长河的漫长实践中，形成了这一流域多民族和谐共生的地域社会生态文化，以及在此基础上与祖国其他地区和民族形成中华民族大一统的多民族和谐共生的社会生态文化。统一的中华民族和统一的中国，正是在多民族和谐共生的社会生态文化基石上形成和发展壮大的。随着传统社会向现代社会的转型，传统的民族治理政策完成了自己的历史使命，需要新的民族政策在新的历史时期承担起新的历史使命。

第三节　民族区域自治：民族治理政策的现代转型与多民族和谐共生的社会生态文化

民族区域自治制度，是中国共产党建政后在大陆所推行的民族地区治理的基本政治制度。1949 年的《中国人民政治协商会议共同纲领》规定："各少数民族聚居的地区，实行民族区域自治，按照民族聚居的人口多少或区域大小，分别建立各种民族自治机关。"这一制度的实施，主要是受到内外因素的影响。就外部的世界潮流来看，近代以来的现代国家基本上都是民族国家，强调民族自决和民族自治，尤其是苏联的民族自治政策对中国的民族政策产生了深远的影响，中国的民族区域自治制度基本上是参照苏联模式制定的。就内部因素而言，中国的民族自治有着悠久的历史传统，自秦朝统一中国以来，就形成了多民族和多地域大一统的政治和社会生态格局，因族而异、因地制宜的自治制度已被历史证明是行之有效的。因此，民族区域自治制度是一项既符合现代社会发展趋势，又继承了历史传统的新型民族治理制度，具有新的历史时期的新特征。首先，中国的民族区域自治，是在单一制的国家结构形式下实施的，是国家统一领导下的自治，各民族自治地方都是国家不可分离的一部分，各民族自治机关都是中央政府领导下的地方政权，都必须服从中央政府的统一领导；其次，中国的民族区域自治，既是民族自治也是地方自治，是民族因素与区域因素的有机结合，是政治、经济、文化等诸社会因素的有机统一。

　　自古以来，广西西江流域就是多民族聚居的地区，历朝历代都根据当时当地的具体社会生态情况，采取了具有针对性的民族区域治理政策，对促进多民族的和谐共生以及祖国的统一产生了积极的意义和影响。因此，这一流域也自然成为新的民族区域自治制度贯彻执行的重要地区。自实施民族区域自治制度以来，广西西江流域的政治、经济、文化生态全面展现了多民族和谐共生的社会生态文化面貌。

一　民族区域自治与政治生态

　　在中华人民共和国成立之前的 1947 年，中国第一个省级民族区域自治地区内蒙古自治区正式建立，新中国成立之后，新疆、广西、宁夏、西藏等 4 个省级民族自治区相继成立。这 5 个自治区的共同特征，就是以该地区人口数量最多的少数民族命名，凸显了少数民族在政治上当家作主的地位。其中，全国少数民族人口数量最多的壮族，成为广西壮族自治区成立的民族基础，而占据广西大部面积的西江流域则成为自治区成立的地域基础。广西壮族自治区的成立并不是一蹴而就的，而是经历了一个逐渐发展、探索并最终定型的政治生态过程。

　　首先，族称的正名问题需要解决，名正才言顺。尽管历史上广西西江流域存在过各种民族区域治理模式，设置过羁縻州县、土州等地方建制，但都是分而治之，缺乏一个具有明确而统一族称的主体民族。即使元朝已在广西设立行省，却未设置省级民族治理机构。因此，如今要在这一区域设置省级民族区域自治行政区，必须首先确认一个人口数量最多的少数民族。实际上，广西西江流域的百越民族在长期的融合过程中，已形成了一个人口众多的民族共同体，只是缺少一个统一的符号学意义上的能指名称而已。如漓江流域、柳江流域和红水河流域的壮人自称"布壮"，西江流域中部和西北部的壮人自称"布越""布依"，左、右江流域的壮人则自称"布土""布侬"。一直到 20 世纪，"50 年代初期，在中央民族访问团的帮助下，在壮族地区开展了建立民族区域自治的工作，同时开展了民族成分识别，根据共同语言和生活习惯等特征，广西、云南、广东等省境内有各种自称的壮人自愿统称为壮族。这是壮族名称的第一次统一"①。统一的族称不仅在精神层面上增强了壮民族共同体的凝聚意识，而且为民族区域自治奠定了可靠的民族基础。

其次，广西壮族自治区的建制并非一步到位，而是经历了一个由点到面的渐进式摸索、发展过程。在这个过程当中，最先建立的是县级民族自治区。1951 年，广西西江流域东北部的龙胜地区成立了以壮族、侗族、瑶族、苗族等少数民族为民族基础的龙胜各族自治区（1955 年改名为自治县），标志着广西迈出了民族区域自治的第一步。龙胜各族自治区（县）的成立，不仅具有开创性的象征意义，而且具有实质性的民族平等、民族自治以及民族共治的社会现实意义。各族自治，不仅意味着自治区域内的所有民族都享有平等的治理权利，拥有高度的自治权利，而且意味着各个民族团结协作、共同参与治理民族共同体所构成的社会。这个良好的开端，为发展多民族和谐共生的社会生态树立了一个标杆。在此基础上，更大范围和更高级别的自治区域成为新的创建目标。鉴于壮族是广西境内人口最多的少数民族，广西省政府开始着手筹建一个以壮族为民族主体的自治区。"据 1953 年统计，在桂西地区有 840 多万人口，其中壮族 525 万人，占 62%，是壮族的聚居区……先在这一地区建立以壮族为主的民族区域自治地方，是贯彻《共同纲领》和《中华人民共和国民族区域自治实施纲要》的规定，推断这一地区政治、经济、文化发展的大事，也是这一地区壮族人民的共同愿望。"② 因此，广西省政府制定了《桂西壮族实行区域自治筹备工作方案》，确定在桂西地区成立以壮族为主的民族自治区，称为"桂西壮族自治区"，接受广西省政府领导。1952 年，桂西壮族自治区正式成立（1956 年改名为桂西壮族自治州）。桂西壮族自治区管辖 3 个专区共 34 个县，地域上相当于今天的河池、南宁和百色地区，既是广西的西部地区，也是西江流域上游的柳江、红水河与左、右江流域，这些流域自古以来就是壮族聚居的大本营。桂西壮族自治区境内有 11 个民族，分别为壮族、汉族、瑶族、苗族、侗族、彝族、毛南族、仫佬族、水族、仡佬族、回族。其中，壮族人口最多，占全区人口的七成左

---

① 张声震主编：《壮族通史》（下册），民族出版社 1997 年版，第 1128 页。
② 同上书，第 1130 页。

右，汉族次之，占两成左右，其他少数民族占一成左右。从自治区的民族构成及其人口比例来看，完全符合民族区域自治制度的相关规定，充分体现了对少数民族政治权利的尊重，贯彻落实了少数民族自治及各民族共治的民族政策。根据当时的统计数据，"少数民族干部占全区干部总数的63%。在全自治区121名正副县长中，少数民族干部占80%。在全区872名正副区长中，少数民族干部占73%"①。由此可见，少数民族在政治上的当家作主真正落到了实处，占有完全的主导地位。为了保证各民族在各个不同层面都能享有相应的政治权利，自治区还设立了民族自治县和民族乡，确保在县、乡级行政区域内占人口多数的少数民族享有主导地位的政治权利。桂西壮族自治区在民族区域自治的具体实施过程中，较好地实现了不同层面政治生态的均衡布局和发展，既消除和避免了历史上长期存在的带有民族歧视色彩的大汉族主义，也有效化解了地方民族主义对其他民族的排斥和敌视，还使人数较少的少数民族的各项权利得到了充分的尊重和保障。这样，自治区内的所有民族在政治地位和权利方面一律平等，各个民族都能充分享有当家作主的主人翁地位，从而逐步消除了民族间的猜忌和隔阂，促进了各民族间的互信和交融，进而形成多民族和谐共生的社会生态文化。桂西壮族自治区的成功经验，为广西全境建立民族区域自治区奠定了坚实的基础。

最后，广西壮族自治区的筹建和定型。尽管桂西壮族自治区的建立标志着以壮族为主体的各少数民族在政治上享有了当家作主的权利，但在地域和人口方面还有所局限，尚未得到充分的发展。从当时的情况来看，"壮族是我国少数民族中人口最多的民族，居住地区也很集中，自治州一级的自治地方显然和壮族在祖国大家庭中的地位不相称。尤其到1957年为止，全国已建有内蒙古自治区、新疆维吾尔自治区，西藏已建立了自治区筹备委员会，在这种情况下，建立省一级的壮族自治区就更加成为广西壮族人民和其他民族人民的迫切愿望。因而壮族和其他少数民族表现出了极大的热情"②。由此可见，建立省一级的壮族自治区已成为大势所趋，具备了坚实可靠的民族民意基础。虽然建立省级壮族自治区已成为各族人

---

① 张声震主编：《壮族通史》（下册），民族出版社1997年版，第1135页。

② 同上书，第1140页。

民的普遍共识，但在筹建自治区的具体问题上却存在"分"与"合"两种不同的方案。"分"的方案主张在保留广西省建制的基础上，将广西一分为二，东部由广西省管辖，而西部壮族聚居地区则建立省级壮族自治区。其理由是东、西部分别是以汉族和壮族为主体的民族聚居区。"合"的方案则主张沿袭历史上的广西行省建制，将广西省的建制改为广西壮族自治区。其依据主要基于三个方面的考量：其一，民族生态和地域生态的历史传统。自古以来，岭南地区的广西西江流域就是百越民族的聚居地，在漫长的历史进程中，百越民族相互交融而逐渐演化为以壮族为主体的广西世居少数民族谱系，并形成了多民族和谐共生的地域民族共同体，历代建制在民族生态和地域生态方面都高度叠合。因此，建立广西壮族自治区是对历史传统的继承和发扬。其二，有利于协调区域社会经济的发展。根据当时的人口和地域情况，壮族人口占广西人口的 36.8%，聚居区面积占广西版图的 60%；汉族人口占 58.4%，聚居区面积占 30%；其他少数民族人口占 4.8%，聚居区面积占 10%。从这些数据可以看出，作为这一区域的两大主体民族，汉族和壮族的人口与其聚集区的面积比例恰好相反，前者人多地少，后者地广人稀。如果在以汉族为主体的东部地区建立广西省，而在以壮族为主体的西部地区建立省级自治区，不利于协同发展。反之，如果将汉族和壮族的人口与土地结合起来，则能够相互之间取长补短、互惠互利，有利于促进区域社会经济的发展。其三，有利于促进民族团结与合作、增进民族互信。广西西江流域的东部地区，自汉族迁入之后，文化和技术得到更大的发展，水平相对较高，但自然资源相对短缺。而西江流域的西部地区，各种自然资源非常丰富，但文化和技术相对落后。双方的优劣势刚好形成互补，因此，将汉族与壮族等其他少数民族的人口和土地面积结合起来，建立一个统一整体的行政区域，不仅有利于帮助少数民族发展经济，而且在支持和帮助少数民族发展的过程中，能够促进各民族之间的团结与合作，增进民族互信。两相比较，"合"的方案更具合理性，在广西原有的建制基础上改建广西壮族自治区被最终确定。1958 年，广西壮族自治区正式成立，标志着这一地区各民族相互合作、多民族和谐共生的历史新篇章翻开了新的一页。

　　广西壮族自治区的成立，是"合则两利，分则两害"的多民族国家政治生态的一个缩影，"不论是从全国来看，还是从一个省来看，都需要合……汉族人口众多，经济文化比较发达，但地大、物博都在他们（少数民族）那里。从全国来说是这样，广西也是这样。将来发展工业，扩大农业，都要大力开发少数民族地区，都需要把地大、物博和人口众多、经济文化发达结合起来……合则两利，分则两害"[①]。

二　民族区域自治与经济生态

民族区域自治除了在政治上保障自治地区的各族人民当家作主之外，还要在经济上促进民族地区的经济发展。为此，国家《宪法》与《民族区域自治法》都以法律的形式确定了民族自治地区发展经济的自治权，以及国家对民族自治地区经济建设所应当承担的职责。经济是否发展和繁荣，是检验民族区域自治制度的试金石，"实行民族区域自治，不把经济搞好，那个自治就是空的"[②]。如果说政治生态是影响经济生态的外部制度因素，那么自然生态则是影响经济生态的内在物质因素。从自然生态的角度来考察中国的民族区域自治，可以发现一个基本的自然生态特征，即大都地处边远、交通闭塞、自然资源丰富而生态脆弱。这从根本上制约了民族自治地区的经济发展。放眼全国的经济生态格局，东部地区经济的发达与西部地区经济的落后形成了强烈的反差，这不仅是地域经济生态的不平衡，也是汉族地区与少数民族地区经济生态的不平衡。而从民族自治地区内部来看，同样存在汉族聚居区与少数民族聚居区经济发展的落差。因此，如何有效地促进民族自治地区经济的发展，逐渐缩小其与发达地区之间的差距，不仅事关民族区域自治制度是否经得起考验，更是事关民族和谐、社会稳定与国家统一的重大课题。

就全国 5 个民族自治区而言，广西壮族自治区尽管在版图上也属于远离中心的边陲地区，但在自然生态方面却是唯一沿江、沿海的非内陆民族自治区。作为一个行政地理单元，广西全境 86% 的面积属于西江流域，因此，广西西江流域成为广西实施民族区域自治的基本地域基础以及自然生态基础。而作为区域自治民族基础的壮族及其他少数民族，虽然分布流

①　周恩来：《民族区域自治有利于民族团结和共同进步》，载《中国共产党主要领导人论民族问题》，民族出版社 1994 年版，第 152 页。

②　《邓小平文选》第 1 卷，人民出版社 1989 年版，第 167 页。

域全境，但主要集中在西江流域的西部和上游地区。从自然生态的角度来看，这些地区多为岩溶山地和云贵高原边缘山地，山高水深，交通闭塞，自然生态脆弱却又蕴藏着丰富的自然资源。这种自然生态从根本上决定和制约了经济生态和经济的发展，在全国的经济生态格局中，广西属于经济欠发达地区，主要原因就是受制于西部的自然生态。为了促进民族地区的经济发展、增进民族团结和维护社会稳定，中央政府和自治区政府采取政策优惠、资金支持和技术指导等多种措施，全力帮扶民族地区的经济建设，并卓有成效。根据相关数据统计，从 1952 年至 1978 年，广西 GDP 增长速度为 5.7%，增速全国排序第 25 位；从 1978 年至 1990 年，广西 GDP 增长速度为 7.2%，增速全国排序第 25 位；从 1990 年至 1999 年，广西 GDP 增长速度为 12.1%，增速全国排序第 11 位。[①] 由此可见，广西经济一直得到持续发展，尤其值得注意的是，自 20 世纪 90 年代以来，广西经济进入持续快速发展的轨道，增速不仅在 5 个民族自治区是最高的，而且在全国都比较靠前。这表明，民族区域自治下的广西经济生态逐渐趋于良性发展状态，良好的经济态势改善和提高了各族人民的生活水平，经济差距的逐步缩小和经济权利的日趋平等极大地促进了多民族和谐共生的社会生态文化的发展。

尽管民族区域自治制度对民族地区的经济发展给予了各种政策优惠和支持，在很大程度上促进了经济的发展，但由于受到自然生态条件的制约，主要依靠外部的"输血"功能并不能从根本上解决阻碍民族地区可持续发展的瓶颈问题。只有激发和开掘民族地区自身内在的活力与潜力，通过自身的"造血"功能，才能真正从根本上解决经济发展问题。尤其是在国内地域经济生态格局不平衡，以及全球化市场经济的发展趋势下，民族地区经济发展严重滞后的现状显得尤为突出。如果这一问题长期得不到有效解决，不仅会引发经济生态格局的进一步失衡，而且将严重影响到民族的和睦关系、社会的和谐稳定以及国家的巩固统一。为此，国家从 1999 年开始实施西部大开发战略，根本出发点就是要加速西部民族自治地区的经济发展，缩小与东部发达地区的差距。西部大开发的一个重要举措就是开掘民族地区的自然资源，将其转化为经

---

① 温军：《民族与发展：新的现代化追赶战略》，清华大学出版社 2004 年版，第 156 页。

济发展的优势。广西作为西部开发的重要地区之一，其丰厚的自然资源经过十几年的开发利用，经济状况发生了显著的变化，呈现出蒸蒸日上的繁荣局面。在广西西江流域的经济生态格局中，以壮族为主体的少数民族聚居的西江上游和西部区域的经济有了全面的提升。西江是全国水利资源富矿，尤其是上游的地势落差蕴含了极具潜力的电力资源，红水河上游已建成发电的龙滩电站不仅是西部大开发战略中"西电东送"的标志性工程，而且是仅次于三峡电站的第二大电站，其所输送的电能不仅为两广地区的经济发展提供了源源不断的能源和动力，促进了经济的发展，更具意义的是，从根本上改变了电站所在地区长期以来的积贫积弱面貌，能源优势所转化的经济效益全面提升了人们的生活水平。随着红水河流域梯级电站的全面开发利用，这一流域的经济状况以及各族民众的生活水平将发生质的飞跃。西江上游右江流域的百色地区，曾经一度以贫困的革命老区著称，也随着百色水利枢纽工程及平果铝的建设和开发，丰富的自然资源化为经济强劲发展的引擎，如以前贫穷的平果如今已成为广西最富裕的县之一。近年来，广西着手实施打造西江黄金水道的经济发展战略，力图通过西江这一贯通广西大部区域的大动脉将广西西江流域整合起来，在资源、产业、物流等领域统筹规划，激活区域经济全面协调发展的大棋局，再与北部湾经济区相对接，从而在广西全境实现江海联动的经济发展生态格局，为民族区域自治的成功实践奠定坚实的经济基础。

图 9　龙滩电站机房

以今天的发展情况再来全面审视广西西江流域的经济生态格局，一个最显著的变化就是流域的上下游、东西部之间的差距日益缩小，而且后发地区在某些方面的经济发展优势和潜力更为突出。由于经济生态格局的基本平衡，经济权利上的基本平等，广西各族人民都普遍享受了经济发展所带来的收益，因此民族关系和谐、社会秩序稳定的广西是实践民族区域自治制度的成功典范。

三　民族区域自治与文化生态

民族不仅是人们生存空间上的地域共同体，生理上的血缘共同体，而且还是精神上的文化共同体。人类历史上的每一个民族，都在自身的历史发展过程中创造了独具民族特色的民族传统文化和民族文化传统。在某种意义上可以说，相较于地域认同与血缘认同，作为精神纽带的文化认同更具有标识民族身份的功能和意义。尤其是随着地域空间的打破，人员迁徙的自由以及民族交融的频仍，民族不再是传统意义上安土重迁的某一特定区域内世代繁衍生息的人们共同体，而是逐渐演化为地域空间上错杂而居、血缘上族际融合的群体。在这种情况之下，唯有对某一文化的认同才是验证民族身份最可靠的依据，才是凝聚民族向心力的有效手段。如今散居世界各地的海外华人，虽然身在异国他乡，但在心理上都认同中华文化，是龙的传人和炎黄子孙。因此，从民族与文化的相互关系来说，正是一定的文化生态决定了一定的民族生态的形成和发展。文化之所以具有凝聚和整合民族的决定性作用，是因为"文化发展的一个基本规律是文化的积累性和变革性。每一代人都会在继承前人文化知识的基础上，增加新的知识内容，这是文化的积累性；同时，文化又会随着社会经济、政治的变革发生变化和更新，这是它的变革性。当我们考察历史上文化的积累和变革时，我们会发现一些相对稳定、长期延续的内在因素，它们在文化积累中一再被肯定，在文化变革中也仍然被保留着，我们把这样的东西称为'传统'"①。经久不变的传统文化和文化传统，是聚合民族共同体的文化黏合剂。

民族区域自治制度所规定的民族平等权利，包含了各民族享有自由传

---

① 张岱年、姜广辉：《中国传统文化简论》，浙江人民出版社 1989 年版，第 3 页。

承和发展本民族文化的权利。民族区域自治地区的各民族尤其是少数民族，在历史长河中积淀和传承下来的民族传统文化，不仅能增进民众对本民族独特历史文化的强烈认同感以及对民族共同体的归属意识，从而促进民族内部的和谐关系与凝聚力，而且作为多民族文化共同体的组成部分，对于文化生态的多样性具有不可替代和不可或缺的独一无二性，各民族文化在相互借鉴和取长补短的过程中，不仅促进了文化的融合与文化的发展，而且通过文化桥梁的纽带作用促成了多民族和谐共生的社会生态文化的形成、发展和巩固。因此，中华民族共同体所共同建构的中华文化，作为无形的精神家园，与有形的疆土一样不容分割、不容侵害，每一个民族都有义务对本民族的文化版图守土有责，都享有传承和发展本民族文化的平等权利。

实施民族区域自治制度的广西西江流域，居住着 12 个世居民族，其中 11 个是少数民族，在本民族漫长的历史发展进程中都创造出了光辉灿烂的民族传统文化。历史上，各个朝代的统治者对这一流域基本上采取"以其故俗治"的政策，较为尊重当地土著民族的风俗习惯和文化传统。因此，西江流域各民族的传统文化源远流长，以迄于今。今天，尊重和保障各民族的文化平等权利，保护、传承和发展各民族的传统文化已成为贯彻实施民族区域自治制度以及建设民族地区和谐社会的重要内容。

其一，保障各民族使用和发展本民族语言文字的平等、自由权利。民族语言文字是民族内部交流的重要工具以及维系民族共同体的纽带，其本身就是民族构成的基本元素。因此，使用和发展本民族语言文字是民族享有自治权利和民族平等权利的一个重要体现。广西西江流域居住着 11 个世居少数民族，每一个民族都有本民族的语言。其中，壮族作为中国人口最多的少数民族，不仅具有历史悠久的语言，而且早在宋代以前就创造了方块壮字（土俗字），并在民间广为流传和使用。但在"书同文"的大一统王朝时代，壮字由于不具有官方认可的合法地位而缺乏规范化，因而存在各种变体和地区差异性，从而没有形成和发展为统一规范的壮字。这种状况极大地阻碍了壮族人民内部之间的思想文化交流。民族区域自治制度对各民族自由使用和发展本民族语言文字提供了法律和政策上的保护和支持，壮字的发展获得了千载难逢的历史机遇。在各方的努力下，1957 年通过的《壮文方案》开始在壮族地区全面推行使用，壮族从此拥有了本民族统一规范的合法文字。经过几十年的普及尤其是壮文教育，壮文取得了令人瞩目的成就，"壮文学校先后培训了县、乡、村主要领导干部和中小学教师、大中专毕业生等壮文骨干 1.8 万多人……从 1981 年至 1988 年止，共有 54 个县的部分中小学和 5 所中专、两所大学办了各种形式的教学试点班，在校学生 25480 多人……实践证明，学校使用壮文教学有利于加强壮族地区的基础教育，加快开发壮族学生智力和提高壮族民族素质。据 1986 年年底的统计，有 53 个县（市）50 多万人参加壮文扫盲学习，其中有 25 万多人达到扫盲标准，多数人能用壮文学习文化科学知识，为生产生活服务"①。壮文的推广和普遍使用，促进了壮族地区社会的发展，切实体现了壮族人民当家作主的权利。除壮族之外，西江流域其他少数民族同样享有使用和发展本民族语言文字的平等权利，推动了本民族地区的进步和发展。因此，"做好少数民族语言文字工作，对坚持民族平等、团结和促进各民族的共同繁荣，具有重要意义"②。

其二，尊重各民族保持或改革本民族风俗习惯的权利。风俗习惯是在人们长期的生活过程中逐渐形成和发展起来的民族风俗、节日习俗和传统礼仪等，既具有世代相袭的传承性，又具有随时代变迁而发生变化的变革性。由于人们生存地域生态的差异，形成了"百里不同风，千里不同俗"的各种风俗习惯。不同民族因各自居住环境的不同，而形成各自独具民族特色的风俗习惯。风俗习惯是各民族生活的重要组成部分和展现形式，在世代传承的过程中演化为凝合民族共同体的纽带，因而为各族民众所珍视和崇尚。因此，尊重各民族的风俗习惯是民族平等权利的重要内容，中华民族历史上就有入乡随俗、尊重他人习俗的优良传统，民族区域自治制度更应当将其发扬光大。广西西江流域各民族尤其是少数民族，在本民族悠久的历史进程中形成了特色鲜明、源远流长的风俗习惯。自古以来，这一流域的民族就形成了相互尊重各自的风俗习惯，甚至相互借鉴以实现本民族移风易俗的历史传统。作为稻作民族的壮族，在长期的劳作生活中形成了一些与稻作活动密切相关的风俗习惯，如对蛙的图腾崇拜和祭祀活动在民间社会一直十分盛行。壮族的民间艺术实际上就是风俗习惯的表现形

---

① 张声震主编：《壮族通史》（下册），民族出版社 1997 年版，第 1164—1165 页。
② 国务院 32 号文件，1991 年 6 月 19 日。

式。壮族是一个能歌善唱的民族，无论劳动、生活，还是日常交往，通常即兴而唱、以歌对答，各种形式和内容的山歌广为传唱，"歌仙"刘三姐的经典唱段已超越民族的界限，成为中华民族艺术的瑰宝。"三月三"是壮族人民的盛大节日，在此期间，人们举办各种活动以示庆祝，如吃五色饭以祈祷五谷丰登、赶歌圩以歌传情交友、祭先祖以慎终追远。壮族的这些风俗习惯并非限于族内的封闭系统，而是对外开放包容的，因此每逢节庆活动，都有不少其他民族的民众参与其中。通过这些其乐融融的民俗活动，增进了各民族之间的兄弟情谊，促进了民族地区和谐社会的形成。此外，其他少数民族的一些风俗习惯同样能加深各民族之间的情感。如西江流域三江、龙胜地区的侗族有热情好客的传统，每当村寨联谊或客人来访时，都要举全村之力操办隆重的"百家宴"大宴宾朋。各家倾力而为，拿出最好的酒菜摆上桌桌相连的流水宴席，人们不仅开怀畅饮、遍尝美味佳肴，而且敞开心扉、推心置腹，从而使"百家宴"不只是大快朵颐的饕餮大餐，更成为人们心灵交汇的精神飨宴。正如侗族民众所相信的那样，"吃百家饭，联百家心，驱百种邪，成百样事"。由此可见，尊重各民族的风俗习惯，不仅是民族平等权利的体现，而且有助于建构民族地区和谐共生的社会生态。

其三，尊重和保障各民族宗教信仰自由的权利。宗教信仰是存在于世界各民族当中的一种普遍文化现象，一些民族甚至是全民信仰宗教的民族。对于不少民众来说，宗教信仰是其心灵的寄托和精神的归宿，在生活中具有不可或缺和不可替代的价值与意义。因此，尊重和保障宗教信仰自由是维护信教民众权利的一项重要内容。就中国而言，民族地区正是各种宗教长期盛行、信教民众众多的区域。尽管相对于国内其他的民族地区，广西的宗教氛围没那么浓厚，信教民众没那么普遍，但还是具有一定的民众基础。广西西江流域的大多数民族信奉祖先神灵和多神教。如师公教是壮族民间社会普遍信仰的一种宗教，集祖先崇拜和多神信奉于一身。其中，布伯、米六甲和莫一大王等被膜拜为壮族渊源的先祖，土地、灶王、社王、天神等则被敬奉为主宰人们生存的自然神灵。尤其是与人们生活密切相关的自然物，在壮族民间受到顶礼膜拜，如牛神、禾神与蛙神崇拜非常盛行。瑶族信奉盘瓠、密洛陀，苗族崇拜祖先，侗族尊崇萨岁、祭祀山鬼，毛南族崇拜草、木等植物以及猪、牛、鸡、蛇等动物。西江流域少数民族宗教信仰的多元生态结构，反映了其生存环境自然生态的复杂性和丰富性。因此，对各民族宗教信仰的尊重，不仅有利于多民族社会的和谐共生，而且对保护生态环境、促进民族地区人与自然的和谐发展具有重要意义。

　　其四，弘扬和发展民族文学艺术，传承和保护民族文化遗产。各民族在长期的历史发展进程中，以生动形象的方式创造了反映本民族历史文化传统的文学艺术。民族文学艺术是本民族人民共同的历史记忆和精神纽带，同时，各民族文学艺术之间的相互借鉴和交融，既促进了民族艺术的发展，同时也通过艺术的桥梁作用，增进了民族间的情感融合与和谐共处。因此，弘扬和发展民族文学艺术是贯彻民族自治制度的一个重要维度。广西西江流域的各族人民，不仅在历史上创造了璀璨的文学艺术，而且在民族区域自治制度下，进一步发扬光大了传统的民族文学艺术。壮族创世史诗《布洛陀》，主要流传于红水河流域和右江流域，以歌唱的形式流传至今，民间节庆时的表演非常隆重。壮族英雄史诗《莫一大王》流传于红水河流域，反映了壮族领袖莫一大王的英勇事迹，在民间社会广为传唱。壮族神话《布伯的故事》，在西江流域的壮族聚居区家喻户晓。壮族传统文学艺术的现代转换，创造了非常成功的范例，其中影响最大的当属《刘三姐》。"歌仙"刘三姐的故事萌发于唐代，不仅在民间耳熟能详、广为流传，而且在西江流域的各种方志中也多有记载。刘三姐的故事成为诗歌、戏剧等各种艺术形式的题材，深受广大民众的喜爱，尤以1960年拍摄的电影《刘三姐》闻名遐迩。电影《刘三姐》以音乐风光片的艺术形式，将优美动听的山歌对唱与旖旎多姿的自然风光完美融合为一体，在社会生态上超越了壮族族别的界限，在自然生态上超越了广西西江流域的界限，走向全国，走向世界，成为人们了解和认识广西社会文化与自然风貌的最佳名片。进入21世纪，张艺谋执导的实景山水剧《印象刘三姐》，再次焕发了经典艺术的永恒魅力。壮族民间艺术《刘三姐》的现代转换，以艺术经典的方式印证和诠释了"越是民族的就越是世界的"。其他民族传统艺术如侗族大歌、苗族芦笙等在今天也得到了弘扬和发展，传播范围也超出了民族地区，饮誉海内外。随着国家对文化的高度重视及文化战略的实施，各民族文化遗产的传承和保护得到大力扶持。广西西江流域各民族漫长的历史文化积淀，留下了丰厚的文化遗产。如今，已有一大批各民族的文化遗产入选国家级文化遗产名录。其中，壮族文化遗产有布洛陀、刘三姐歌谣、壮剧、壮族歌圩、壮族嘹歌等；侗族文化遗产有侗族大歌、木构建筑等；瑶族文化遗产有盘王节、服饰、长鼓舞等；仫佬族文化遗产有依饭节，苗族文化遗产有坡会……对各民族文化遗产的传承和保护，既是对传统文化的继承，对文化多样性的保护，也是对各民族精神文化生活的自由和平等权利的尊重。各民族文学艺术和历史文化生态结构上的多元性和多样性，以互补共生的合力推进了中华各民族"多元一体"文化共同体的建构。

本章结语

　　广西西江流域多元并存的自然生态环境，催生和形塑了这一流域多元共生的多民族社会生态文化。自百越民族在这块土地上繁衍生息以来，历经"和揖百越""羁縻而治""改土归流"以及"民族区域自治"等多种不同社会政治制度的治理，纵贯数千年历史时空。在此漫长的历史进程中，尽管朝代数易，制度屡变，但对这一多民族地域"因故俗而治"的传统治理政策一直得以延续下来，并随时代变化而不断改进和发扬光大。由于尊重各民族的社会习俗、文化传统等各方面的权利，不仅在这一区域形成了多民族和谐共生的社会生态文化，而且作为一个地域性的社会文化共同体，进而与中华其他民族建构起更高层面的"多元一体"的中华民族文化共同体，形成和发展起具有悠久历史传统的多民族和谐共生的社会生态文化。

第四章 礼仪风俗中的生态文化

从发生学的角度来审视，礼仪源于人类先民祭祀神灵的活动。根据《说文解字》对"礼"的解释，"履也，所以事神致福也，从示从豊，豊亦声"。人们通过某种活动敬奉神灵，以求获得赐福。郭沫若考辨了"礼"的源流演化，认为"礼之起，起于祀神，故其字后来从示，其后扩展而为对人，更其后扩展而为吉、凶、军、宾、嘉的各种仪制"①。中国古代的"五礼"，涵盖的内容林林总总，其中最重要的就是位居首位的"吉礼"。"吉礼"是一种祭祀天地各种神祇和先祖亡灵的礼仪活动，主要包括对日月星辰诸天神、山川林泽、虫鱼鸟兽诸地神，以及氏族始祖的祭祀。由此可见，礼仪在原初的意义上基本上是先民对置身于其中的自然万物的信仰、敬奉和膜拜的仪式，是人与自然生态关系的一种折射。风俗则是一定地域范围内人们世代相袭、共同遵守的行为规范或模式，是在特定自然生态环境和社会生态环境的共同影响之下形成的，既反映了某种自然生态关系，也反映了某种社会生态关系。在礼仪与风俗的相互关系中，二者存在不少叠合的部分，其中，礼仪对风俗的影响尤为显著。风俗当中的很多内容是由礼仪扩展和派生出来的，是礼仪在人们的社会生活中由神圣趋向世俗化的结果和产物。反之，一旦礼仪渗入风俗之后，世代相袭的风俗使得远古时代的图腾仪式依然留存至今。

人与自然万物所形成的宇宙生命共同体，以及人类自身所形成的社会生命共同体，都是休戚与共、错综复杂的生态系统，人与万物各安其位，处于各自的生态位格，相互链接成立体网状的生态关系网络，并由此孕育生成人类社会异彩纷呈的文化景观生态。无论是礼仪，还是风俗的生成、

---

① 郭沫若：《十批判书》，东方出版社 1996 年版，第 96 页。

发展和演变，都离不开特定的自然生态和社会生态环境。纵观不同时代、不同地域和不同民族的人类社会，各种礼仪和风俗同异相参，无一不源自各自自然生态与社会生态的异同。在此意义上，作为人类文化重要组成部分的各种礼仪风俗，都是自然生态和社会生态文化的不同表现形态。作为一个地理空间，中国幅员辽阔，自然生态环境千差万别；作为一个社会共同体，中国民族众多，社会生态丰富多样。由此催生了不同地域、不同民族多姿多彩的礼仪风俗。自古以来，广西西江流域就繁衍生息着百越民族及其后裔，温暖湿润的气候、纵横交错的江河、层峦叠嶂的山峰、富饶肥沃的土地……一方水土养一方人，这些先天的自然生态条件不仅提供了百越民族安身立命的物质基础，而且成为滋生地域文化的精神沃土。这一流域所萌发、传承和积淀下来的礼仪风俗，既是特有的自然生态和社会生态共同作用下的产物，也是其生态的文化表征形式。

第一节　始祖神灵的膜拜：图腾祭祀礼仪中的生态文化

"我是谁？我从哪里来？"这是人类先民揖别自然界其他存在物之后的反身自问，标志着人类具有了朦胧的自我意识。先民对自我身份的追问，意味着在生态系统当中，人类不只是具有一般自然存在物的纯粹生物学意义上的生态适应性，而且初步建构起人类所独有的文化生态适应性。人类不仅需要在本能的肉体生命存在方面适应自然生态环境，即生物学层面的"物竞天择，适者生存"，而且需要在思想观念层面的精神生命也适应自然生态环境，即文化生态适应性。人类需要在思想观念层面对寄身于其中的自然进行理解和解释，在自身与自然之间建立起一种纽带关系。其中最为迫切的是，先民需要对自身的渊源与自然之间存在何种关联作出解释。由于在人类蒙昧初开的初始阶段，"天地与我并生，万物与我为一"的生命共同体意识非常突出，人们推己及物，将自然万物视为与人一样具有生命和思想情感的存在物。这就是人类学家通常所说的"万物有灵"思想。这种思想致使人们从自身之外的自然物当中去寻找生命的根源所在。相对于自然界那些更为恒久和更具生命力的存在物来说，人们相信它们具有自己所缺乏的神性和灵性。"山林、川谷、丘陵，能出云，为风雨，见怪物，皆曰神。"① 在这样一种力量对比悬殊的生态关系中，人只能依附于自然而生存，并在思想观念中将自然神化，从而产生了自然神灵的崇拜。自然神灵崇拜所形成的依附和归属心理，逐渐使人产生自身源于神灵的观念，于是，将某些自然存在物奉为始祖的图腾崇拜就出现了。图腾崇拜产生于"物我合一"的"互渗律"思维机制，"在原始人的思维的集体表象中，客体、存在物、现象能够以我们不可思议的方式同时是它们自身，又是其他什么东西"。② 通过"互渗律"的原始思维，人与自然存在物的生态位格同一化，二者可以相互渗透，在先民的原始逻辑里，自然万物理所当然就成为了生命来源的始祖，二者之间存在着一种神秘的生命纽带关系。图腾崇拜"第一次表明了人超越于动物的主体性，表示了人对自然和自身的认识，表明了人和自然的同一性。人是孤立的，通过图腾观念与动物、植物直至风云日月组成血缘关系"③。看似荒诞不经的原始思维和图腾崇拜，却正好如实地反映了人类社会起始阶段普遍存在的历史状态，即在整个大自然生态系统所形成的生命共同体当中，人在生态链上完全受自然界所支配，人在自然界的存在犹如尚在襁褓中的婴儿完全依赖母亲而生存，因此，人类万物有灵的原始思维奉自然物为始祖的图腾礼仪，正是人类依存性的生态适应性的一种文化表现形式。

考古发掘资料表明，广西西江流域不仅是中华文明的发祥地之一，而且在世界范围内也是较早出现人类文明的地区，百越先民拉开了这一流域文明的序幕。西江流域特有的自然生态环境，化育了百越民族源远流长的图腾祭祀礼仪，以表达对始祖神灵的顶礼膜拜。历史上，史书典籍对百越之民喜好祭祀的礼仪多有记载。

一　"人蛙同一"的蛙图腾：壮族始祖崇拜礼仪中的生态文化

作为百越民族之一的壮族，是广西西江流域百越族群中人口最多的主体民族。由于分布于西江流域的各个不同区域，自然生态环境也各不相同，壮族人民面对因地而异的自然存在物而与之形成了各种亲疏远近的关

---

① 《礼记·祭法》。

② ［法］列维－布留尔：《原始思维》，丁由译，商务印书馆1981年版，第69—70页。

③ 张法：《对"崇高"的一些思考——从东西方哲学角度看"崇高"范畴》，《外国美学》1987年第4辑，商务印书馆1987年版。

系，从而产生了多种图腾并存不悖的图腾谱系。"壮人曾崇敬过的图腾天象方面有太阳、月亮、星星、云彩、雷电、雾霭、暴雨等；动物最多，有鳄鱼、蛇、野鸡、鸟类、犬、蛙类、牛、犀牛、熊、虎、鹿、猴等；植物有森林、榕树、竹、木棉以及其他怪树；其他还有怪山、怪石、怪岩、山泉、伏流、河流、深潭等。"① 这种泛图腾崇拜表明，自然生态系统中的所有存在物，只要与壮族的生存生活存在关联，都有可能成为他们崇敬的图腾。于是，与人们关系最为密切的自然物，就会成为影响最为深远的图腾典型。

在其悠久的历史进程中，壮族与稻作农业的关系最为紧密，是稻作民族的突出代表。稻作活动直接关系到壮族的繁衍生息和生死存亡，因此，稻作能否获取丰收便成为一个生死攸关的关键问题。而要确保稻作丰收，取决于两个方面：一是生产对象稻种的品质好坏和土地的肥腴贫瘠；二是生产主体的人口寡众。在稻作农业的初始阶段，由于地广人稀以及耕作技术的低下，耕作主体的数量多寡显然更为重要。只有在耕作活动中投入大量劳动力，实施广种薄收的耕作模式，才可能获得更多的粮食。在此情况下，人自身的生产即繁殖后代便成为头等大事。在长期的劳作生活中，人们发现栖息于稻田中的蛙具有强大的繁殖力，一只母蛙所产下的无以数计的蝌蚪，是一位人类母亲所难以望其项背的。在稻作生产的生态环境中，蛙以其出类拔萃的生殖能力给人们留下了最为直观而深刻的印象，"从表面上看，蛙的肚腹和孕妇的肚腹形状相似，一样圆浑而膨大，蛙口与女性的阴户亦相似；从内涵来说，蛙的繁殖能力很强，产子繁多，一夜春雨便可育出成群的幼体，因此，蛙作为女性生殖器的象征，深深领受过远古人类的膜拜"②。蛙的外形及其生殖能力引发人们原始思维以类相感的联想，于是将蛙神化、奉为始祖的图腾仪式就逐渐萌发、发展起来。通过图腾崇拜的仪式活动，蛙在稻作生产中与人所形成的生态关系被转换为一种直接的血缘亲属关系，人们希冀对蛙的"认祖归宗"能够获取如同蛙一般的神奇生育能力，以实现人丁兴旺、瓜瓞绵延的目的。

壮族民间称蛙为"娅圭"（意为"蛙祖母"），很明确地将其作为始祖

---

① 梁庭望：《壮族风俗志》，中央民族学院出版社1987年版，第78页。
② 赵国华：《生殖崇拜文化论》，中国社会科学出版社1990年版，第181—182页。

来尊崇。壮族先民将原本异己的蛙视为同类或者说将自身引为蛙的同类，并且在辈分上将蛙尊奉为祖先，而自己甘做蛙的子孙后辈，人与蛙可以相互转化，融为一个共同体。这一看似荒诞不经的现象恰好就是图腾文化的一个重要特征，"一切图腾形式的社会都容许这样一些包含着图腾集团的成员个体与其图腾之间的同一的集体表象"①。在壮族传统的"蛙婆节"礼仪祭祀活动中，人们将蛙当作德高望重的祖先来祭拜。整个祭仪活动包括寻蛙婆、祭蛙婆、唱蛙婆和葬蛙婆四个环节。在寻蛙婆的环节中，第一个找到蛙的年轻男性被认为是雷神的女婿，即蛙婆的郎君，通过与雷神、蛙婆的姻亲关系，以求获取如同蛙一般的强大生育能力。在祭蛙婆、唱蛙婆和葬蛙婆等环节的活动中，蛙如同大家族逝去的老祖母一样，尽享无上哀荣。这一极具图腾崇拜色彩的活动逐渐转化为经久不衰的节庆活动，至今仍盛行于红水河流域的天峨、东兰、巴马、凤山等壮族聚居区。此外，西江上游的红水河流域，不少地方供奉着蛙婆的塑像，状貌多为孕妇的形象，其生殖崇拜的意图显而易见。"天峨县呵暮乡桥头屯西边雕有一座蛙婆石像。石像主体高 0.8 米，宽 0.6 米，正面端坐，双脚像两只张嘴的蛙首，手臂呈蛙皮纹样，脑后是椎髻，腰系花带，双乳硕大，腹部微凸，显然是位孕妇。……当地壮人的蛙婆节就在蛙婆石像面前举行，蛙婆年年都葬在石像胯下的洞里。平时有些妇女也向石像祭拜，以求早生贵子。"②蛙作为自然界的一种生物和生态链上的一个环节，通过仪式化的膜拜而被奉为主宰族群繁衍的"祖母"，将其旺盛的生殖力转嫁到人的身上，根本目的是为了在稻作农业生产中，希求以人丁兴旺的强大生产力来获取五谷丰登。

在将蛙作为祖先祭祀的礼仪活动中，铜鼓是一种极为重要的礼器。在壮族民间，铜鼓通常就被称之为"蛙鼓"，说明铜鼓的制作和使用可能起源于对蛙的图腾崇拜。铜鼓是壮族先民最卓越的艺术创造之一，不仅历史悠久，而且使用极为广泛。就地域分布而言，铜鼓"以左江—邕江—郁江—浔江两岸及其以南地区最为密集"。③由此可见，铜鼓在广西西江流

① ［法］列维 - 布留尔：《原始思维》，丁由译，商务印书馆 1981 年版，第 70 页。
② 丘振声：《壮族图腾考》，广西教育出版社 1996 年版，第 147—148 页。
③ 蒋廷瑜：《铜鼓艺术研究》，广西人民出版社 1986 年版，第 30 页。

图 10　天峨蛙婆庙

域被人们普遍使用。那么，何以会出现这种情况？有学者指出："我国的铜鼓艺术是与稻作农业联系在一起的，它是源于稻作农业的一种艺术。"[1]这一论断是有充分理由的，最具说服力的就是铜鼓上的蛙形象。蛙的形象而非其他物种形象被装饰于铜鼓之上，既非纯属偶然，也非蛙较其他动物形象更为美观，而是因为蛙被奉为稻作农业生产主体的始祖。因此，饰有蛙形象的铜鼓被人们当作礼器，用于祈祷祖先的护佑，以求人丁兴旺。"蛙婆节"的图腾仪式上，铜鼓是最重要的礼器，"每一项活动内容，都离不开铜鼓。无论是请蛙婆、游蛙婆、祭蛙婆，还是葬蛙婆，都是以铜鼓为先导"[2]。铜鼓的多寡取决于祭祀的兴盛与否，红水河流域东兰县的"蛙婆节"闻名遐迩，享有"铜鼓之乡"的盛名，"据不完全统计，东兰长江乡具有 300 多面铜鼓"[3]。从这些铜鼓上的蛙形象构造特征来看，许多鼓上铸有叠蛙塑像，几只蹲踞的蛙层叠而上，其姿态多为交媾状，看似色情的构型实则寓意生命的繁衍。因此，以铜鼓礼器为载体的蛙崇拜，也是反映稻作文化生态的一种符码。

在广西西江流域，蛙图腾的祭仪活动除了至今仍流行于民间的"蛙

①　覃乃昌：《壮族稻作农业史》，广西民族出版社 1997 年版，第 97 页。
②　丘振声：《壮族图腾考》，广西教育出版社 1996 年版，第 134 页。
③　同上书，第 135 页。

婆节"之外，还以生动直观的历史记录方式保存了先民对蛙的顶礼膜拜仪式，其中最典型的当属左江流域的崖壁画。不仅崖壁上的影像被当作祖先崇拜，而且崖壁画本身就是图腾祭祀活动的一种形象再现。崖壁画（岩画）"不仅具有祭祀的性质，记录了原始初民的崇教祭祀仪式，而且本身就具有祭祀法器和巫术的功能"①。左江岩画群中最能体现这种祭祀性质的莫过于花山崖壁画。画面上布满了大小不一、形状各异的图像。观其姿态，表现的是一种群体舞蹈的图腾祭祀活动。花山崖壁上的图腾祭祀仪式，通过对蛙的顶礼膜拜和动作模仿，祈求获取自身之外更为强大的自然繁殖能力，以达到生育众多的目的。

二　蛇图腾及其变体：趋利避害的生态文化建构

历史上的广西西江流域，属于南蛮腹地。此地的骆越先民也因此而被视为未开化的蛮人。他们的族源自然不同于中原的华夏先民，根据许慎《说文解字·虫部》的解释："南蛮，蛇种。"② 由此可见，蛇是南蛮族群的共同祖先，蛇成为他们共同的始祖图腾。为何蛇与蛙一样会成为骆越先民崇拜的对象？究其根源，还是在于人们所生存的生态环境。从这一地域的自然地理条件来看，由于"陆事寡而水事重"，"于是民人披发文身以像鳞虫"③。这说明，骆越先民的栖居空间是以"水事"为重的水居环境。在这样的生态环境中，人们的劳作活动大都与水有关，江河之畔的耕作或江河之中的捕捞活动，都使人置身于水环境当中。除人之外，蛇（鳞虫）也是生存于江河水域的一种重要生物，并且它的存在对人身安全构成了潜在甚或实际的威胁。在这种情况之下，人们为了化险为夷，通过图腾崇拜，将蛇由不祥的危险之物转化为护佑的始祖神灵。人们在日常生活中将自身"拟蛇"化，或"披发文身以像鳞虫"，或"断发文身以像龙子"，通过身体上的局部特征肖似蛇，不以"像鳞虫""像龙子"为耻，反而奉蛇为祖先。看似屈尊纡贵的行为，实则出于自我保全的策略，消解来自自然界的威胁，化生态链上的凶险环节为安全壁垒。从人类生态学的角度来

---

① 宋耀良：《中国史前神格人面岩画》，上海三联书店 1992 年版，第 289 页。

② 许慎：《说文解字》，九州出版社 2001 年版，第 789 页。

③ 刘安：《淮南子》，华夏出版社 2000 年版，第 7 页。

说，这是人类在生物圈中的文化生态适应的一种典型体现。这种一厢情愿的企图不一定会产生实际的效果，但至少在人们的心理层面筑起了一道安全屏障，这对于先民而言比什么都要重要。

根据考证，广西西江流域的蛇图腾发端于以大明山为核心的区域。大明山是西江上游的重要水源地，水系发达。考古发掘资料表明，环大明山地区是骆越先民活动的一个重要据点，出土的蛇图腾石雕证明了骆越民族是崇拜蛇的。沿袭至今的民俗生态也从不同侧面反映了蛇图腾文化的深远影响，如这一地区的壮族人忌讳捕杀蛇和以蛇为食，是视之为崇奉对象的；壮族民间的"三月三"歌圩也源于蛇图腾崇拜，大明山脚下武鸣县马头镇廖江流域，是广西西江流域历史最为悠久、规模最为宏大的歌圩之一，每逢节日，祭祀活动的盛况蔚为壮观。因此，无论是从历史文献、考古发掘，还是从经久不衰的民俗活动来考察，骆越先民及其后裔的蛇图腾文化，都源自"水事重"的生态环境。

广西西江流域的蛇崇拜有一个显著的特征，那就是由最初的蛇转化为龙，最后上升为对人格神龙母的崇拜。流传于西江上游骆越古国核心地带的大明山地区，以及西江中游古苍梧郡的龙母传说都是由蛇的故事开始的。根据民间传说，大明山下的一位"娅迈"（壮语，"寡妇"之义）在野外发现一条快被冻僵的小蛇，遂生爱怜之心，将它带回家喂养。小蛇逐渐长大，屋里容不下它了，"娅迈"只好砍断它的尾巴，并给它取名"特掘"（壮语，"秃尾巴"之义）。"特掘"的身躯越长越大，食欲也越来越旺盛，"娅迈"已难以养活它，就把它送到河里放养，变为"掘尾"龙。"娅迈"去世时，掘尾龙突然出现，将她安葬于大明山。此后每年的三月初三，掘尾龙都会回到大明山为"娅迈"扫墓。当此之时，天降甘霖，正好滋养了春天耕种的作物。人们认为这是"娅迈"无私的母爱得到了掘尾龙的感恩回报，洒下甘霖，滋润着这片它生长的故土。人们因此而对"娅迈"感恩戴德，尊奉为龙母，并建龙母庙祭祀，"娅迈"也由此而被拟神化，成为骆越民族的崇拜对象。至今，环大明山地区仍留存有不少龙母庙或龙母庙遗迹，它们大都位于发源于大明山的河流之畔或两河交汇之处。这当然不是偶然的地理巧合，而是一种必然的文化现象。因为河畔的土地正是人们最密集的生活与耕作区域，风调雨顺是作物能否丰收和人们能否衣食无虞的关键所在，而这都取决于龙母的恩泽，所以人们就会在此建庙供奉衣食之母的龙母。

　　根据多数史料的记载，西江中游的龙母事迹，最初流传于今广东境内和西江流域的悦城境内，龙母祖庙至今还屹立于西江与悦城河交汇之处。刘恂在《岭表录异》中记载了龙母故事的原型，"温媪者，即康州悦城县媪妇也，绩布为业，尝于野岸拾菜，见沙草中有五卵，遂收归，置绩框中。不数日，忽见五小蛇壳，一斑四青，遂送于江次，固无意望报也。媪常濯浣于江边。忽一日，见鱼出水跳跃，戏于媪前。自尔为常。渐有知者。乡里咸谓之龙母，敬而事之"①。这则龙母故事与大明山龙母故事的相同点就是龙母都是年老的寡妇。这一地区另一有代表性的龙母传说来自《太平寰宇记》，"昔有温氏媪者，端溪人也。居常涧中捕鱼以资日给。忽于水侧遇一卵大如斗，乃将归，置器中，经十许日，有一物如守宫，长尺余，穿卵而出，因任其去留。稍长五尺，便能入水捕鱼，日得十余头。稍长二尺许，得鱼渐多。常游波中，滢洄媪侧。媪后治鱼，误断其尾，遂逡巡而去。数年乃还。媪见其辉光炳耀，谓曰：'龙子复来耶？'……媪殒，瘗于江阴，龙子常为大波至墓侧，萦浪转沙以成坟，人谓之掘尾龙"②。这个故事的掘尾龙则与大明山的掘尾龙相似。

　　从西江流域的三个龙母传说来看，大明山龙母故事的龙母和掘尾龙分别与后两者当中的一个具有相似的对应关系，从中似乎可以推测，大明山龙母传说可能是后者的原型，即西江龙母文化可能是顺着江河的流向从上往下传播的。根据考古发掘的资料，环大明山地区曾是骆越古国的活动中心，以"蛇—龙母"崇拜为代表的骆越文化曾盛极一时，而包括今天广西梧州地区和粤西南西江流域处于骆越古国的势力范围，骆越文化也必然波及和影响到这些地区。当然，文化传播的结果会因为各种原因而发生变异，龙母传说的不同版本就是一个例证。相比较而言，古苍梧地区龙母图腾文化受水生态影响更为显著。由于流经这一地区的西江水系更发达、水域更宽广、水量更大，龙母崇拜中所蕴含的"水事"生态因素更为明显。西江中游沿江而下，凡有江河汇流之处，大都建有龙母庙。居民无论是以耕作为业，还是以捕鱼为生，无不对龙母虔敬有加。民间盛行摸龙床、饮

---

① 刘恂：《岭表录异》，广东人民出版社 1983 年版，第 11 页。
② 乐史：《太平寰宇记》，清文渊阁《四库全书》补配古逸丛书景宋本，第 979 页。

圣水等礼俗，甚至造船都模仿"掘尾龙"，谓之"龙掘尾"。在人们心中，龙母就是一位"利泽天下"的女神。

"蛇—龙母"崇拜之所以成为骆越文化的核心标识，迄今历久不衰，根本原因就在于其始源于水，兴盛于水，延绵不绝于水，"水事"生态奠定了"蛇—龙母"图腾崇拜枝繁叶茂的根基。[①]

三　其他图腾崇拜礼仪中的生态文化

除了上述流传较广、影响较大的图腾崇拜之外，西江流域其他一些民族的图腾也反映了生态环境对其礼仪风俗的影响。

广西的瑶族大多分布于西江流域，包括流域东部的富川、恭城和金秀，以及西部红水河流域的巴马、大化和都安等地。这些瑶族虽然居住的地域不同，但自然生态环境却存在一个共同的特征，那就是基本上生活在高山地带，因此素有"无山不成瑶"之说。瑶族普遍盛行狗（犬）图腾，一般每隔三或五年在盘王庙里举族祭拜盘王。早在汉代，应劭的《风俗通》就记载了"盘瓠"的故事，盘瓠就是以狗为图腾的瑶族祖先。晋代干宝的《搜神记》记录了祭祀盘瓠的情形，"用糁杂鱼肉，呵槽而号，以祭盘瓠"[②]。至于盘瓠何以会受到瑶族祭拜的渊源，各种史籍如《山海经》《搜神记》《后汉书》，以及流传于各地瑶族民间的盘瓠传说存在不同版本的解说。虽然各种说法不尽相同，但都有一个相似的故事梗概：（1）某国王有外患，出示募人平乱，能平乱者，愿以公主妻之。（2）狗应募为国王杀死敌国首领。（3）国王为实践诺言，以女妻之。（4）狗与公主婚后入山居住。（5）狗的子孙自相婚配而蕃衍成族。[③] 由此可见，瑶族自视为狗的后裔，奉狗为共同的祖先而加以礼拜。

至今，这种祭仪仍流传于西江流域各地的瑶族民间社会，龙胜、恭城、融水、金秀、贺州等地较为盛行。其中，最能反映狗图腾原始形态的是龙胜瑶族地区的礼仪活动。"龙胜的盘胖、照夜、大算、琉璃、里江、

① 申扶民：《西江流域水神崇拜文化的生态根源——以蛙崇拜与蛇—龙崇拜为例》，《哈尔滨工业大学学报》（社科版），2013年第6期。
② 干宝：《搜神记》。
③ 李绍明等主编：《中国各民族原始宗教资料集成》（土家族、瑶族、壮族、黎族卷），中国社会科学出版社1998年版，第180—181页。

同列寨……等地瑶族过旧历年，除夕祭祖前，要用小木槽或大碗盛些节日饭菜，放在饭桌下面，由家长或老年人匍匐下去咬一口，并模仿狗叫两声，全家老少从桌下穿过或绕桌走一圈，然后祭祖，家人才能进餐。""龙胜的大村、柳田、新禄寨等地瑶族习惯以房族为单位专给年满六十老人祝寿用而制置的寿槽和寿棒。前者以传音效果好的巨木挖削而成，长一丈，宽、深各一尺，似喂牲畜的长方形木槽。后者以质地坚硬的若拳头一般大小的圆木修制，长五尺，一端较粗略扁，像搅拌槽食的棍子。击槽是象征搅拌食物喂牲畜的模样。……老人诞辰之日早上，儿孙要移寿槽和寿棒至老者大门外边备用。这天，不仅要设宴待客，还要请本房青壮年男子十人击槽祝寿。每人手持一根寿棒，分列于槽两侧，一会儿敲击槽底，一会儿敲击槽内壁，一会儿敲打槽口边。个个配合默契，奋力敲击，彼起此落，发出阵阵洪浑明朗的'嘣嘣嗒嗒！嗒嗒嘣嘣！'的成节奏的响声。击槽者与围观的众亲客不时发出象征狗叫的'飞汪！汪飞！'的欢呼声。敲击六轮结束，主家亲人送鱼肉、糍粑、米酒至槽边款待。击敲者接过食物要先在槽口上扬三圈，表示从槽中取出。然后个个面朝寿槽围拢蹲地吃喝，又不时发出'汪飞！飞汪！'的欢声。"① 这种视同狗出的瑶族祭仪，从族源的层面上证实了瑶族先民的狗图腾崇拜。

尽管根据史籍和民间传说的显性记载，人狗婚配而衍生瑶族是经不起科学验证的，但从瑶族生生不息的历史来考察，却能从社会生态的层面发掘出更具合理性的狗图腾根源。在远古时代部族之间为争夺生存空间的战争中，狗成为瑶族先民克敌制胜的利器，为瑶族的存亡续绝立下了汗马功劳。为了感念狗的大恩大德，瑶族先民在原始思维的思想观念上建构起人狗血缘相通的狗崇拜文化图腾。实际上，因争战有功而被奉为图腾的事例绝非瑶族所仅有，搂诸史乘，中国历史上的诸多部族都不乏以征战动物为图腾的传统。而从缺乏文献记载的日常生活经验层面来考察，狗在日常生活当中的重要性可能是其成为图腾更为关键的因素。"南岭无山不有瑶"，瑶族世代栖居于深山密林之中，这种特定的自然生态环境决定了瑶民以采集和狩猎为主导的生计生活模式。在日常劳作活动中，训练有素的狗不仅

---

① 李绍明等主编：《中国各民族原始宗教资料集成》（土家族、瑶族、壮族、黎族卷），中国社会科学出版社 1998 年版，第 186 页。

是人们穿行于山林的可靠向导、护卫主人的忠诚卫士，而且还是劳作活动的重要参与者，尤其是在狩猎活动中，猎犬往往就是捕获猎物的第一线"劳动者"。因此，很难想象，如果日常生活缺少狗的存在，瑶族如何能长久地生存和世代繁衍下去。于是，对狗的依赖逐渐导致人们在心理上将狗引为同类，进而奉为本族群的祖先。就此而言，狗图腾实际上是瑶族先民应对山居自然生态环境的一种文化反馈机制。

广西西江流域的侗族主要居住在与湖南、贵州毗邻的三江地区，这一地区的侗族普遍将神话传说中的姜良、姜妹作为始祖加以崇拜。尽管姜良、姜妹属于人格化的始祖神灵，但从他们自身的根源来说，却具有鲜明的自然图腾色彩。根据侗族关于人类起源的神话，"大地上的树桩生出菌子，菌子生出蘑菇，蘑菇化成河水，河水生出鱼虾，虾子生出额荣，额荣生七节，七节生松恩、松桑。松恩、松桑生出十二子：雷、虎、熊、龙、蛇……和姜良、姜妹。姜良、姜妹不愿与禽兽为伍，就用计把它们赶走。他们等雷、虎、龙等献技后，就放火烧山，烧得它们无处躲藏。雷飞上了天，虎进了深山，龙下了大海，蛇钻进了岩洞，猫、猪、鸡、鸭就跟随姜良、姜妹"①。从这则神话中可以看出，人类的诞生是自然生态链上一系列自然物种不断衍化的结果。虽然这种衍化不符合真实的自然演化规律，却以一种神话思维的前科学观念形象地反映了人类脱胎于自然的生命共同体意识。并且在多种生物共存的生态系统中，姜良、姜妹具有很强的生态选择和生态适应能力，避开对自己不利的物种，选择于己有利的物种。因此，姜良和姜妹被视为能为人们消除灾难、赐予幸福的先祖，备受侗族的尊崇和膜拜。无独有偶，类似于侗族人类起源的图腾神话也见于世界其他地区和民族。根据特纳尔对波利尼西亚神话的叙述，"火与水结婚，它们生出了大地、岩石、树木和种种万物。乌贼与火恶战，乌贼被击败。火与岩石战，岩石获胜。大石与小石战，小石胜。小石与草战，草获胜。树木与爬虫战，树木被打败，爬虫胜。爬虫腐烂生蛆，它们由蛆变成了人"②。这则神话同样揭示了人类的自然根源，自然生态系统中相生相克的物种生

---

① 《中国各民族宗教与神话大辞典》编审委员会编：《中国各民族宗教与神话大辞典》，学苑出版社1993年版，第100页。

② ［法］列维－斯特劳斯：《野性的思维》，李幼蒸译，商务印书馆1987年版，第266页。

态链"是按照人类发生史来排列的，并为人类的出现提供了准备"①。由此可见，世界各地各民族所流传的人类起源神话及其始祖图腾礼仪活动，无不反映了在自然生态系统的演进过程中、各种自然存在物相互作用产生了人类这一事实。

一方面，广西西江流域各地不同的自然生态环境，是各种不同图腾神话和图腾崇拜活动产生和形成的沃土；另一方面，整个流域大致相似的生态环境又催生了不同民族的共同图腾崇拜，如蛙图腾不独为壮族所信奉，稻作农业的生态环境使得其他百越民族普遍敬仰蛙图腾；山居环境是瑶族、苗族等山地民族共同崇拜盘瓠的自然生态根源。因此，从远古绵延至今的图腾神话及图腾礼仪绝非先民向壁虚构的臆想产物，而是深深植根于人们生于斯、长于斯的天地万物所构成的生态环境和生态系统之中的精神果实。图腾礼仪不仅是对自然之母的生命礼赞，而且通过程式化的祭仪活动凝聚人心、认祖归宗，因共同的精神纽带而孕育出具有高度认同感的部族、民族等社会生态组织。

第二节　丰产之神的敬奉：生产活动礼俗中的生态文化

对于人类而言，不仅诸如"我是谁？我来自哪里？"的身份问题非常重要，而且更为重要和更为现实的是，人如何安身立命、维系自身的生存和繁衍。毫无疑问，人类只有依靠劳作获取肉体生命所必需的食物才能生存，人类的历史才能不断向前演进。正如恩格斯所说，"历史中的决定因素，归根结底是直接生活的生产和再生产。但是，生产本身又有两种。一方面是生活资料即食物、衣服、住房以及为此所必需的工具的生产；另一方面是人类自身的生产，即种的蕃衍。"② 其中，生活资料的生产既是人类肉身赖以存活的前提条件，也是人类自身繁殖的物质基础。由于人类既起源于自然生态系统的进化，又生存于自然生态系统之中，因此自然成为人类须臾不可脱离的衣食父母，自然界的各种存在物或直接或间接地成为

① ［法］列维－斯特劳斯：《野性的思维》，李幼蒸译，商务印书馆 1987 年版，第 266 页。
② ［德］恩格斯：《家庭、私有制和国家的起源》，载《马克思恩格斯选集》第 4 卷，人民出版社 1972 年版，第 2 页。

人类的生产或生活资料，对人类的生存产生不同程度的影响。在人类从事生产劳作活动的初始阶段，生产技术水平十分低下，自然的人化程度也非常有限。尤其是采集和渔猎等攫取性的劳作活动，完全仰赖山林、水域等生态系统自身的产出，即便出现了耕作性的生产活动，收获的多寡在很大程度上也取决于自然生态系统的运作而非人力。生产活动对自然的长期依附，使得原始先民对自然力量产生了敬畏感，特别是与生产活动直接相关的各种自然因素，更是被人们所神化。于是，祈福主宰丰产神灵的各种自然崇拜礼仪便应运而生了。不同的自然祭拜活动，折射了不同的自然生态因素对人类生产劳作活动的影响。

一　土地祭仪中的生态文化

在自然生态系统的运转和演进当中，土地无疑是万事万物所由产生和发展的根基。在土地的生态功用中，"保证植物生长是保证人和动物的生命前提。土壤保证了食物、饲料、可更新能量和原材料的供应。……土壤中存在大量有机体，是一个生物原生地和基因存储库。相比其他的群落生境，土壤所包含的物种数量和种类都是最多的。人类生命与生物多样性紧密相依，而土壤是这种多样性的一个关键环节"①。正因为土地的这种极端重要性，它在各种文化中都享有极高的地位。在古希腊神话中，地母盖亚（Gaia）是大地之神，是万物所由出的根源，以至于西方人常形象地将地球称为盖亚。在印度最早的典籍《吠陀》中，土地"是地母神、大地母亲和世界的营养之源，是无边无际宇宙生命的载体，它承载、创造和滋养着世间万物。"② 而在中国传统文化中，作为构成世界五种元素"金、木、水、火、土"之一的"土"，在五行当中具有"土载四行"的根本性地位，因而成为化成万物之母。对于土地生养万物的"土德"，儒家代表人物孔子有过具体而形象的阐释，"夫土者，掘之得甘泉焉，树之得五谷焉，草木植焉，鸟兽鱼鳖遂焉"。③ 许慎更是从字源的角度解释了"土"的内涵，"土，地之吐生万物者也，'二'象地之上、地之中，'丨'，物

① ［法］拉巴·拉马尔、让-皮埃尔·里博主编：《多元文化视野中的土壤与社会》，张璐译，商务印书馆2005年版，第5页。

② 同上书，第47页。

③ 《古今图书集成·坤舆典》，民国影印本，第57页。

出形也"。① 由此可见，土地化育万物的功用在中国传统文化中是得到了彻底体认的。尤其是在"土爰稼穑"的中国传统农耕社会，土地上升为事关社会安危、国计民生的头等大事，"民以食为天"，只有肥土沃壤才能保证五谷丰登、国泰民安，因此，土地成为以农立国的中国传统社会普遍祭祀的社稷神灵。

　　与华北地区一望无际的平原地貌相比，地处岭南的广西自然地貌呈现出山多平原少的特征，"山地、丘陵面积占广西总面积75.6%，平原只占14.6%，土地垦殖率为10.7%"②。尽管如此，广西尤其是西江流域历史上一直是重要的农作区。由于具有优越的气候条件，广西"全境年平均气温在16℃—23℃之间，日均温≥10℃，积温为5000℃—8300℃，持续日照数240—360天；各地年降水量1000—2800毫米。是我国热量丰富、雨量充沛的省区之一"③。因此非常适合各类农作物的生长。特别是作为地利条件的土壤为各种农作活动提供了物质基础，"在热带亚热带的生物气候作用下，广西土壤大部分发生脱硅富铝化作用，形成了大面积铁铝土，……总面积1201.7万多公顷，占全区土壤总面积的73.4%"④。这种土壤的生产潜力非常大。因而，虽然广西山多地少，但由于天时地利的先天优越自然生态条件，世代繁衍生息于这片土地上的人们充分发掘了土地资源的潜力，创造出与自然生态环境高度适应的农耕文化。在这个过程当中，源自先民的土地祭仪活动源远流长，深刻地揭示了人地之间的生态关系。

　　考古发掘的资料表明，远在新石器时代，广西西江流域已经出现了对土地的祭仪活动。如在右江大龙潭文化遗址出土的大石铲"在形制、大小、轻重、硬度等方面存在较大的差异，有的长仅数厘米、重不及20克，有的则长达70余厘米，重数公斤；形体扁薄，一碰即破，有的刃缘厚钝，甚至为平刃，表明它们大多无实用价值，因而认为，除很少一部分石铲可能用于农业生产外，绝大多数应是礼器"⑤。这表明，西江流域的先民不

---

　　① 许慎：《说文解字》。

　　② 广西壮族自治区地方志编纂委员会编：《广西通志·自然地理志》，广西人民出版社1994年版，第45页。

　　③ 同上书，第125页。

　　④ 同上书，第293页。

　　⑤ 蒋廷瑜：《广西考古四十年概述》，《考古》，1998年第11期。

仅很早就开始从事农耕生产活动，而且在劳作过程中萌发了对土地的崇拜。石铲类似于石祖，是一种具有丰殖象征意义的祭祀礼器。在祭祀土地的活动中，"壮族先民有意识地将石铲插立于土中，当是有目的的文化形式，即在视土为具有生殖力的女性象征的观念支配下，人们将作为男根象征物的石铲插立于土中，是企图通过二者交合来模拟人类的交合，从而祈求人丁繁衍、五谷丰产"①。在先民互渗律的原始思维里，人与自然之间是可以相互渗透和相互转化的，因此先民相信通过模拟男女交媾的象征仪式活动，可以将人类的生殖力转化为土地的丰殖力，从而获取生产的丰收。人类经由对土地的耕作而收获这样一种生态因果关系，在农耕活动中却以对土地的虔诚礼拜体现出来。

　　由于女性是直接繁衍后代的母亲形象，因此，最早的土地崇拜对象通常以地母或土地婆的形象出现，寓意着丰产的神灵。在这种人地类比的互渗关系中，"种子的成长被视同女性之怀孕，女性之多产，正可以象征农业之丰饶。正如地上万物被视为是地母所孕生一样，女性具有无穷之可能性，可化无为有，化小为大，化少为多，生生不息。……女性既是农业丰饶不可或缺之中介，也是农耕礼仪的参与执行者，或者可以这样说：女性是丰饶与多产之根本要素"②。受这种观念的支配和影响，西江流域的不少地区流行"泼泥"礼仪和"开秧门"的插秧习俗。如右江流域的西林、田林等地的"泼泥"礼仪，每逢插秧季节，"小伙子若路过田间，插秧姑娘会问：'阿哥，吃李果吗？'当小伙子不知如何应答时，姑娘会向他甩来一把把田泥。小伙子可以逃避，也可以奋起还击。双方互相甩泥后，便在田头对歌。临别时，小伙子要唱一支谢果歌：'李果甜，李果香，阿妹李果像蜜糖，今天吃了难忘记，明年结果再来尝。'"③ 在这个看似嬉戏玩闹的活动当中，其实暗喻了土地崇拜的象征意义。充满朝气和生命活力的青年男女互掷田泥，以一种象征性的两性交合使田地受孕，从而结出李果（在南方话语中，"李"和"泥"谐音，李果寓意泥果，即泥土所生长出来的粮食）。姑娘甩泥和"献果"，就是农耕礼仪的体现，小伙子对李果

---

①　廖明君：《壮族自然崇拜文化》，广西人民出版社 2002 年版，第 120—121 页。

②　吴继文：《玄鸟降临》，王孝廉、吴继文编：《神与神话》，台北联经出版社 1988 年版，第 368—369 页。

③　张继焦：《中国少数民族礼仪》，中央民族大学出版社 2000 年版，第 129 页。

的赞美和期盼，则是对岁岁丰年的祈求。那坡、靖西、田林等地盛行"开秧门"的习俗，"春插时一般要先请村中年长子孙多的老年妇女先下田扯五把秧并带头插几兜秧苗，随后，其他妇女方跟着下田插秧。在此，非但插秧一定得由妇女担任，而且还一定要由年长子孙多的老年妇女先下田，目的就是为了确保让女性的生殖力去激发土地的生殖力，以使农作物获得丰收"①。无论是"泼泥"仪式，还是"开秧门"仪式，都是由女性（年青姑娘或儿孙满堂的妇女）参与并主导，其功利目的昭然若揭，即在人地之间建立一种交相感应的生态纽带关系，将人类母性的生殖力传导给生长万物的土地，获取农作物的丰收。

随着农耕活动的发展，垦殖土地作为一种高强度的活动，使男性成为耕作活动的主体。根据《说文解字》对"男"字释义，"从田从力。言男用力于田也。"作为一个会意字，"男"字寓意男子用力在田间耕作。由于男性的耕作决定着土地的肥瘠和作物的丰歉，于是土地祭祀的角色和性别也逐渐发生了变化，土地神灵由单一的女性演变为两性并存。如西江流域的武鸣地区，"每年六月初六都要举行对'田公地母'的祭祀。届时，村寨里各家各户都要到田边杀鸡、烧纸钱，并插上小白旗，祭拜田公地母，祈求他们护佑禾苗，使之能苗壮成长"。②而在一些地区，男性土地神更受尊崇。西江流域西部地区的耕作土地大多为散落于喀斯特峰丛中的田峒，人们对土地的祭祀以"做田祭"的方式来表达对田峒神的崇奉。"相传田峒神是天帝的儿子，受天帝派遣主管人间田峒，主宰着五谷的丰歉。习惯上，对田峒神的祭祀，为一年一小祭三年一大祭，一般在农历十一月举行，小祭三日，大祭七日，整个祭祀过程分为供拜、颂经、舞拜、扫荡、会餐五个阶段。认为通过如此隆重的祭祀敬拜，就可获得田峒神的保护与赐福。"③ 如果说田公地母的土地崇拜意味着土地的雌雄合体，因而自身具有孕育万物的生殖力，那么，对男性土地神的独尊，则表明人（男性）对土地的耕作在农作生态系统和环节中发挥着日益重要的作用，对作物的丰收与否具有举足轻重的影响。

① 廖明君：《壮族自然崇拜文化》，广西人民出版社 2002 年版，第 124 页。
② 潘其旭、覃乃昌主编：《壮族百科辞典》，广西人民出版社 1993 年版，第 335 页。
③ 同上。

　　除了民间社会自发的土地祭祀活动之外，由官方组织的土地祭仪也是一个源远流长的传统。在以农业为立国之本的传统社会，上至统领天下的帝王，下至管辖一方的地方官员，都非常重视对土地的祭拜，并亲自参与土地祭仪活动。对此，历代史籍多有记载。"稷降播种，农殖嘉谷。"[①]"后稷教民稼穑，树艺五谷。五谷熟而人民育。"[②] 后稷的耕作行为只是一种象征性的符号，实际上是祭祀土地的一种礼仪。并且，"后稷"之名本身就与农业密切相关。究其字源义，"后稷"包含"后土"和"黍稷"两个词语的涵义。所谓"后土"，"是自初民社会所祭地母神演来，因为地母能生五谷，……称地母为后土"[③]。所谓"黍稷"，则是农作物的泛指。因此，"后稷"本义应为"土地上生长的农作物"。尔后衍化为人名和官名，后稷本名弃，被舜命为后稷，实为"农师"，成为农耕业的始祖；西周时，后稷成为主管农事的官职。由后稷所开启的官方土地祭仪，在"普天之下，莫非王土"的中国传统社会一直传承下来。

　　广西西江流域的官方土地祭祀活动也屡有记载，如右江流域上游的凌云、乐业地区，过去盛行由官方主持的"春祭犁圈"的土地祭祀活动，"立春之日，在田边搭盖彩棚。县官乘轿率属吏至棚内，换上花色祭服。由礼生陪到田间开始春耕：县官使犁，在田里犁个大圆圈，众吏随后撒种于犁铧翻起的新土上。撒完，回到棚内，观舞狮娱乐。次日为抬春日，举行拜春牛仪式。于彩棚旁用稻草扎成一头春牛，涂上泥巴，再用彩纸裱糊，黄色表示五谷，白色表示棉花。县官手持彩鞭作鞭牛状，边鞭边唱：'一打风调雨顺，二打国泰民安，三打万民乐业，四打五谷丰登，五打牛头落地……'唱完，礼生举斧砍春牛，以牛抬春。接着，群众争抢制春牛的稻草、泥糊、裱纸等，抢得或即携归家，放入牛栏内，或即撒进田里，以祈牛群繁衍，五谷丰稔"[④]。在"春祭犁圈"的仪式中，县官使犁和鞭牛的象征性动作，既是对土地的祭祀，也是农作生产程序中人与土地之间生态关系的形象展现，人们通过牛耕和播种，开掘出土地潜在的生产

　　① 《尚书·吕刑》。
　　② 《孟子·滕文公上》。
　　③ 丁山：《中国古代宗教与神话考》，龙门联合书局1961年版，第147—148页。
　　④ 《中国各民族宗教与神话大辞典》编审委员会编：《中国各民族宗教与神话大辞典》，学苑出版社1993年版，第760页。

能力，获取生存所需的粮食，从而形成农业社会人们高度依赖土地的生态关系。类似的土地祭祀活动也曾经流行于罗城仫佬族地区，"立春的头一天清晨，各村寨的人都早起，云集在县城东郊的春牛亭观看县太爷'开土迎春'。届时，由一名官员递给县太爷一束香，拜三拜，一拜神仙，二拜土地，三拜百姓。然后挽起裤脚，脱掉鞋袜，下到水田里，接过牛犁和长鞭，对着围观的老百姓，大喊一声：'立春已到，农夫下田'。并在牛身上劲抽三鞭，打第一鞭时说：'风调雨顺'；打第二鞭时说：'物阜民安'；打第三鞭时说：'天下太平'。接着在水田里犁三犁，村长跟在后面把自己带来的谷种撒一部分到田里，以示耕种开始"①。在县太爷的示范与号召下，"第二天立春日，各家各户分别举行开土仪式。各位村长把剩下的谷种，分发给每家每户。各家拿到谷种后，先拿到香火台上和酒肉一起祭祖先，尔后牵着牛到自家的田里犁三犁，把谷种撒到田里。这时，村长要逐家逐户察看一下，同时告示村民，要抓紧时间耕种"②。土地作为人们的衣食之源，在传统农业社会成为以父母官自居的地方官员施政的一项重要内容。官员选择万物萌生的春天，通过象征性的耕地仪式宣告春耕生产的开始。风调雨顺的天时激活了土地耕作的地利，人们只有遵循天时地利的自然生态规律，进行农耕劳作，才能物阜民安，实现天下太平的人和社会理想。因此，中国传统文化所强调的"天时地利人和"，正是农业社会思想观念的一种内在因果关系的逻辑推导，即在遵循自然生态规律的基础上，就可以实现社会生态理想。

　　广西西江流域各地各种不同形式的土地祭祀活动，实际上体现了一种朴素的大地伦理观。尽管人类是通过对土地的耕作而获取了生活必需品，但从根本上来说，土地作为万物生长的根基，是整个生态系统形成和运行，以及各种生物各安其位并联成环环相扣的生态链、纵横交错的生态网络的先决条件。因此，土地祭祀礼仪表明了人们对土地的虔诚感恩和敬畏心理，体现了人们对自然生态规律潜移默化式的自觉遵循，与"人法地，地法天，天法道，道法自然"的自然规律相契合。

---

① 张继焦：《中国少数民族礼仪》，中央民族大学出版社2000年版，第116页。
② 同上书，第116—117页。

二 祈雨礼仪中的生态文化

古希腊哲学家泰勒斯认为"水是最好的",因为"水是原质,其他一切都是由水造成的"。[①] 世界上所有生命的形成、存在和发展,都离不开水。作为主宰人类生存繁衍的基本元素,生产活动中水的重要性是人们最为关心的事情之一。地表径流是人们获取水资源的基本途径,但由于地理环境以及气候等诸多自然生态因素的影响,水资源的供求往往处于一种不均衡的状态,久旱则干涸,久雨则洪涝。水资源的旱涝失衡,对人们的生产生活造成了严重影响。因此,远在早期人类社会,对水的崇拜便成为一种普遍的文化现象。在源远流长的历史发展过程中,中国一直是一个农耕社会,历朝历代都以农业立国。农业的命脉根源于水,农业的丰歉与否取决于风调雨顺与否。农业对水的依赖,在很大程度上就是对雨水的依赖。天上行云布雨,降下甘霖,农作物才能生长和丰收。对于这一自然生态因果关系,在原始先民的"万物有灵"思维当中,却表现为雨水神灵无边法力的结果。在这种思想观念的支配之下,人们对雨水神灵顶礼膜拜,通过各种祭祀礼仪活动以表达对神灵的敬奉。其中,最为典型的当属祈雨礼仪。

古人认为,"国之大事,在祀与戎"。[②] 在传统农耕社会,祈雨的祭祀礼仪备受重视。早在商周时代,就开启了祭祀雨水神灵的先河。据《周礼》记载,"司巫掌握群巫之政令,若国大旱,则帅巫而舞雩"。"舞雩"即"雩祭",是人们为求雨而举行的祈雨礼仪活动。周朝将"雩祭"定为雩礼,并且成为国家层面的盛大祭典。每年五月举行的祭典,由天子主祭,称为"大雩帝"。自此以降,作为祈雨礼仪的雩礼在中国农耕社会日益巩固和发展,内容和形式也日趋多元和复杂化,成为兴盛不衰的重大农业祭典。由于幅员辽阔,中国各地的自然地貌和气候条件等生态环境存在较大的差异,因此而导致祈雨礼仪的多元化。如龙是中国人普遍信奉的雨神,而除此之外,不同地域的不同民族都有自己所崇拜的雨神。在广西西

---

① [英]罗素:《西方哲学史》上卷,何兆武、李约瑟译,商务印书馆1963年版,第51页。

② 《左传·成公十三年》。

江流域，自古以来人们普遍将雷和蛙敬奉为主宰雨水的神灵。

（一）祈雨礼仪中的雷崇拜。地处岭南的广西西江流域，气候上属于亚热带地区，炎热潮湿，雷雨频仍。电闪雷鸣通常预示着雨水的降临，这种自然现象被人们神化，认为天上的雷神在主宰着滋养农作物的雨露甘霖。于是，为了祈求五谷丰登，将雷视为雨神的祈雨礼仪就产生了。

广西西江流域是传统的稻作农业区，雨水直接左右着水稻的播种、长势和收成。每年开春之际，春雷阵阵宣告一年一度农耕生产的开始。"春初时雷始发声，农则举趾而耕，故曰雷耕。"[1] 所谓雷耕，实际上就是根据春天雨水丰沛的自然生态规律而进行的耕作，但在人们"拟神"化的思维观念中，雷是雨水和耕作的主宰者，因此祭祀雨神的化身——雷，便成为一项全民参与的重大礼仪活动。壮族祭祀雷神的巫经里有这样的祭词，"万家同乐祭雷神，布雨兴云助太平，滋培万物育群众"。[2] 人们对雷神的崇拜，看似荒诞不经，却是对当地生态环境的一种折射，"粤西大地，由于山地多平地少等特殊的自然条件，成为一个自然灾害多发区，特别是旱灾更加频繁。据历史记载，从 1470 年至 1949 年的 480 年间，粤西境内有 231 年发生了旱灾，全境范围的特大旱灾有 25 年，平均每两年就有一个旱年。1950 年至 1992 年，几乎年年有旱，严重干旱的年份 11 年"[3]。广西西江流域多灾多难的自然生态环境，诱发了人们改变这一状况的强烈愿望，干旱使得农作物歉收，人们生活难以为继，由于自身无法改变这种窘境，便转向雷神求助，祈盼天降甘霖，救民于饥渴之中。因此，祈雨礼仪中的雷神崇拜，与其说是子虚乌有的神灵崇拜，不如说是人们改变不利自然生态条件的渴求。

祈雨祭典中的雷崇拜不仅以鲜活的当下形态流传于民间社会，而且以远去的历史记忆形态留存了先民社会的祈雨盛况，从而揭示了地域和民族文化的渊源有自和一脉相承。在广西西江流域，位于西江上游的左江流域岩画群，以生动形象的画面再现了先民社会祈雨仪式的宏大场面。左江流域是稻作农业的发源地之一，雨水直接影响到稻作生产活动，是决定稻谷

① 屈大均：《广东新语》卷一，中华书局 1985 年版，第 17 页。
② 丘振声：《壮族图腾考》，广西教育出版社 1996 年版，第 58 页。
③ 同上书，第 64 页。

丰收与否的关键因素。因此，左江流域出现规模宏大的祈雨岩画群决非偶然，而是有着深层的必然性，那就是稻作生态环境的现实原因。

岩画群所附丽的画布就是左江江畔的悬崖峭壁，垂直平整的崖壁成为岩画的天然画布。山水相连的江畔台地是适合稻作农业的肥沃土壤，而江边的崖壁由于其近水楼台的亲水性而成为人们表达祈雨愿望的理想场所。人们不仅于耕作之际的特定时空举行祈雨礼仪，而且通过岩画的记录方式将之永固化和恒久化。因此，超越时空的遥远距离，人们仍然能够对岩画的内容进行符码解读，"在壮族的神话观念中，蛙神是雷神和水神（蛟龙）交媾所生的孩子；雷神是上界之主宰，掌管着雨水，与旱灾极为有关，水神蛟龙则是下界的主宰，掌管江河湖海之水，与涝灾有关。由此我们明白：将蛙神绘于临江（尤其是江河之拐弯处，被认为是其母蛟龙栖身之地）的崖壁上，天旱时，它可以回上界报告雷王，请求下雨；洪水泛滥成灾时，它又能迅速地通报母亲切莫再兴波作浪，佑护两岸壮人村寨的安宁"[1]。透过神话思维的面纱，不难发现岩画祈雨仪式中所蕴含的生态文化因子。人们在长期的劳作活动之中观察到一个带有规律性的普遍现象，即天上乌云密布、电闪雷鸣之际，地上的青蛙就会发出如同擂鼓般的蛙鸣声，随后天上便会降下丰沛的雨水。雷蛙感应、雨水降临这一自然现象尽管在先民的神话思维里无法做出科学解释，却能够直觉出其中的因果关联。蛙由于身体和生理感官上的特殊敏感性，能预先感知到天气的变化，捕捉雨水来临的征兆。这种符合自然生态规律的现象反映到先民的神话思维里，外化为祭祀雷神的祈雨礼仪活动，实际上是文化生态上模仿自然现象和规律以达到目的的表现形式。

岩画规模的宏大和图像的造型，均显示了祈雨仪式的内容和意图。原始先民时代的岩画，通常都具有祭祀神灵的性质。在中国，"祭祀岩画以广西左江崖壁画为最"。[2] 左江岩画群当中最具代表性的花山岩画，以其恢宏气势和图像众多著称。其中一幅不足 900 平方米的画壁上，图像密集度高达 2000 个左右。这些图像虽然大小不等，但都呈现为亦蛙亦人的

① 罗勋：《试谈铜鼓、崖壁画与壮族神话的内在联系》，《中央民族学院学报》，1991 年第 1 期。

② 陈兆复：《中国岩画发现史》，上海人民出版社 1991 年版，第 288 页。

图 11　花山岩画

"蛙一人"造型，上肢伸开屈肘上举，下肢叉开屈膝半蹲，既像蛙跃跃欲跳姿态，又如人祈求祷告情状。尽管这些造型符号并未显示出丝毫的雷神迹象，但作为能指，所指向的却是上界的雷神，"是在向雷神呼唤，向雷神欢呼，祈祷，或通报信息"①。雷神作为缺席的在场者，通过下界的蛙传达雨水的信息，而祈盼雨水的人则通过外形上与蛙的肖似，以向雷神表达祈雨的愿望。人们相信，由人、蛙、雷所构成的祈雨因果链，能有求必应，保证农作活动风调雨顺，五谷丰登。"蛙一人"图像造型的上方，通常都有内含星芒的圆环形图像，对于其所对应的所指，历来众说纷纭。而从祈雨仪式及相关的历史文献来考察，这些圆环形图像当属祭祀雷神的礼器铜鼓。据屈大均《广东新语》对铜鼓的记载，"粤人击之以乐神。其声閤鞳铿鍧。若行雷隐隐"②。铜鼓"每逢风雨辄有声。诸蛮于深溪邃峒之间。循其声之所自。往往求得铜鼓"③。铜鼓上一般都饰有蛙的造型，击鼓之声象征着蛙鸣，以此通达上界的雷神，祈求赐降雨露甘霖。在击鼓歌舞的仪式中，人们齐声高唱铜鼓歌，"打鼓响一声，万村得太平，不受水旱灾，不受虎狼侵。打鼓响二声，五谷得丰收，一穗三百粒，十粒有半

---

①　丘振声：《壮族图腾考》，广西教育出版社 1996 年版，第 75 页。

②　屈大均：《广东新语》卷十六，中华书局 1985 年版，第 436 页。

③　同上书，第 437 页。

斤。……打鼓响十声，报给万众人，来年风调又雨顺，万家笑盈盈"①。
唯有风调雨顺的好天气，才有五谷丰收的好收成，而这只能求之于主宰雨
水的雷神。由此可见，左江流域的祈雨岩画群以文化符码的形式，反映了
稻作农业生境中的诸多生态因素及其生态关联。

（二）祈雨礼仪中的蛙崇拜。作为雨水神灵而被广西西江流域的先民
顶礼膜拜的蛙，与人们的稻作生业模式须臾不可分离。稻作活动因水而存
在，在长期的稻作过程中，人们发现水稻的生产和蛙之间似乎存在着某种
神秘的因果关系，后者主宰着稻谷的丰歉与否，因而逐渐树立起蛙的神灵
地位。水稻耕作自古以来就是广西西江流域的一项重要生产活动。温暖的
气候、丰沛的水源、肥沃的河谷平地等生态环境的天时、地利因素，为水
稻的生产提供了得天独厚的条件，是稻作文化得以产生和发展的生境。

在稻作农业的生态链当中，水是一个关键性的生态因素。顾名思义，
水稻因水才有稻。水的存在，既是天时的产物，又是地利的结果。天上行
云布雨，地上江河纳水，滋润土壤，孕育万物。稻因水而生长，人因稻而
生存，三者处于生态系统的不同生态位，在"水→稻→人"这条生态因
果链上，水是根源。而水的根源又在哪里？在漫长的稻作活动中，骆越先
民给出了自己的解释，那就是蛙。在他们看来，蛙声、雷鸣以及雨水之间
存在着某种神秘的内在关联，于是，在万物有灵的原始思维里，蛙被幻化
为主宰雨水的神灵。根据壮族的神话传说，蛙是雷神的儿女或使者，代表
天上的雷神在地上掌握着滋养万物的甘霖。为了祈求天降甘霖，五谷丰
登，人们一方面将雷神人格化，天空是硕大的肚子，云朵是憋在肚子里的
尿，电闪雷鸣是撒尿的动作，下雨便是尿流到了地面。因此，在稻作生产
中，因需要雨水而祈祷雷神的祈雨仪式就应运而生了。另一方面更为具象
化和更为人们所熟悉的蛙，在各种礼仪活动中备受尊崇。作为雷神派驻人
间的"雨水使者"，蛙成为以歌求雨的祈雨仪式中的唱诵对象，"大年初
一敲铜鼓，请蛙蚂进村同过年。让它（蛙蚂）坐上大花轿，全村男女庆
新年。……从此年年降喜雨，从此月月雨绵绵。人畜安宁五谷丰，欢乐歌
舞落人间"②。壮族人民以最重要的礼器铜鼓，来恭请蛙蚂过最重要的节

---

① 潘世雄：《铜鼓入土原因论》，《广西民族研究》，1985 年第 2 期。
② 同上。

日新年，从经久不衰、流传广远的歌谣来看，这绝非一时一地的偶然现象，而是具有深厚民族心理积淀的文化表现。蛙之所以在壮族人民当中享有至上的礼遇，究其缘由，乃是因为蛙使得"年年降喜雨""月月雨绵绵"，才有"人畜安宁五谷丰"的好年成。祈雨仪式中各种版本的"蛙蚜歌"主要流传于西江上游的左、右江与红水河流域，而这些地区正是最早培植水稻以及以"那"命名最密集的区域之一。多种形式的蛙崇拜文化正好与这些稻作文化的历史地理相对应，说明了以水稻耕作为根基的稻作文化，是在以蛙为神灵表征的水生态环境的滋养下发展起来的。①

　　无独有偶，类似的祈雨仪式存在于世界各地。根据弗雷泽的考察，"青蛙和蟾蜍跟水的密切联系使它们获得了雨水保管者的广泛声誉，并经常在要求上天下大雨的巫术中扮演部分角色。一些奥里诺科印第安人，把蟾蜍奉为水之神或水之主人，从而惧怕杀死这种生物。还曾听说当旱灾来临时他们就把一些青蛙放在一口锅下面，而且还要鞭打它们。据说艾马拉印第安人常制作青蛙或其他水栖动物的小塑像，并将它们放在山顶上作为一种求雨的法术。英属哥伦比亚的汤普森印第安人和一些欧洲人则认为杀死一只青蛙可以导致下雨；为了求雨，印度中部一些地区卑贱种姓的人们将一只青蛙绑在一根棍子上并盖上'尼姆树'（the nim tree，Ayadirachta indica）的绿色枝叶，然后带着它走家串户同时唱道：'啊，青蛙，快送来珍珠般的雨水，让田里的小麦和玉蜀黍成熟吧！'卡普人和雷迪人是马德拉斯的种植者和地主中的大姓，当缺雨时，这两个族姓的妇女们便捉来一只青蛙，将其活生生地绑在一个用竹子编的新簸箕上，撒上些树叶拿着它挨门挨户地去唱歌：'青蛙夫人想要洗澡。啊，雨神！哪怕给她一点点水也好！'在这些卡普妇女唱歌时，屋里的女人便把水洒在青蛙身上并给一些施舍，相信这样一来将很快带来倾盆大雨"②。尽管不同地区不同民族的祈雨仪式不尽相同，人们对待青蛙的态度也存在较大的差异，但具有一个基本的相通之处，即都将青蛙视为雨水的掌控者或使者，是农业生态环境中的关键环节，直接影响到农作物的生长和收成。

---

　　①　申扶民：《西江流域水神崇拜文化的生态根源——以蛙崇拜与蛇—龙崇拜为例》，《哈尔滨工业大学学报》（社科版），2013 年第 6 期。

　　②　［英］弗雷泽：《金枝》（上），徐育新等译，大众文艺出版社 1998 年版，第 68—69 页。

广西西江流域祈雨礼仪中的蛙崇拜，具有鲜明的地域和民族特征，这在与祈雨祭典密切相关的岩画和铜鼓艺术中表现得非常明显。

位于广西西江上游的左江流域，是岩画分布最为密集的地方。据《续博物志》记载："二广深豀石壁上有鬼影，如澹墨画。船人行，以为其祖考，祭之不敢慢。"① 从两广现存的岩画来看，该书所载应当归属于左江流域，而其中最具代表性的当属花山岩画。花山岩画画面宏伟，作为画面载体的巨幅悬崖峭壁矗立于明江之畔。画面上布满了大小不一、形状各异的图像。其中，为数众多的一种造型几乎雷同，只是在形体大小、身体朝向方面有所不同。观其姿态，表现的是一种群体舞蹈的祭祀活动。形体高大、正面挺身的舞蹈者，上肢张开曲肘上举，下肢叉开屈膝半蹲；形体较小的舞蹈者侧身面向前者，亦步亦趋地模仿前者翩翩起舞。从舞蹈动作来看，这些形象正是人蛙互渗的蛙图腾表现形式。花山岩画所处的左江流域，恰好是最早种植水稻和以"那"命名最集中的地区之一。因而，以蛙崇拜为主要表现内容的岩画在这一区域最密集，具有逻辑合理性与历史必然性。花山崖壁上的"人蛙"形象，作为骆越先民的艺术，通过对蛙神的顶礼膜拜和动作模仿，以求稻作生产的风调雨顺。因此，以花山崖壁画为代表的蛙图腾艺术，以一种形象的方式诠释了稻作文化依存于自然的生态根源。

饰有蛙形象的铜鼓被人们当作法器，用于祈祷神灵的护佑，以求五谷丰登。即便是研究铜鼓的外国学者，也深谙蛙鼓的神灵象征意义，"铜鼓饰以蛙的图像，通常都与水，特别是与咆哮着的急流中的水神联系，当铜鼓被击打时，发出隆隆的雷声，激动人心。铜鼓也象征着主宰丰收的自然神，能保证农业丰收，居民繁衍。蛮人把铜鼓埋在土中，是希望天上的雷与地下的水接触，使水流得更快，土地得到灌溉"。② 蛙鼓作为祈雨的重要法器，被人们在稻作活动中广泛使用。

在广西西江流域的祈雨仪式中，对雷和蛙的祭祀通常是交织在一起的。在人们的眼里，二者均是主宰雨水的神灵，与稻作农业构成了一条"雷→蛙→雨水→水稻"的因果链条。因此，祈雨仪式实质上反映了雨水

① 李石：《续博物志》，中华书局1985年版，第108页。

② 蒋廷瑜：《铜鼓艺术研究》，广西人民出版社1986年版，第85页。

与稻作农业之间的生态因果联系，是稻作文化生境的文化表现形式。

第三节　族风民俗的传承：社会生活风俗中的生态文化

每一个民族的风俗，都是在一定的时空当中形成的，具有鲜明的时代性、地域性和民族性。风俗是聚群而居的社会共同体在长期的共同生活中，逐渐形成的用以指导生活、规范和调节人际关系的一整套成文或不成文的规则，既反映了特定族群的社会生态，又在一定的历史阶段和地域空间维系着社会生态的运转。广西西江流域民族众多，栖居于不同地域生态环境中的不同民族，尤其是少数民族在本民族的社会历史发展进程中，形成和发展了各自独具民族特色的风俗，在世代传承的过程中，折射出本民族社会生态的各个面相。

一　社会组织习俗与社会生态

在数千年的农耕社会中，广西西江流域各民族都形成了聚族而居的乡村社会生态格局，村寨成为族群共同生活的基本地域和社会空间，构成一个个"小型社会"。为了维系这些"小型社会"的良性和有序运转，各个族群都建立了各自的村社组织，通过制定各种规章制度，用以规范人们的行为，这些规则一旦被人们所认可和遵循，相沿成习，便演化为世代传承的族风民俗，从中可以窥见不同族群的社会生态面貌。

（一）寨老制与壮族社会生态。中国传统农耕社会在性质上属于宗族式的宗法社会，作为社会组织规则的族风民俗的贯彻和推行，必须在具有众望所归的权威人物的领导和维持下才可能为民众所遵循，族群领袖因而便成为反映族风民俗的一面镜像。因此，在某种意义和程度上，通过对某一族群居于领导地位的人物在社会生活中所起作用的考察，就可以了解该族群的基本社会生态情况。

作为广西西江流域人数最多的少数民族，壮族宗族社会大多是在寨老的领导和组织下，有条不紊地发展和运作的。从寨老的推举和职责当中，能够比较全面地反映出壮族的社会生态状况和特征。寨老既非官职，也非地主，因此其产生既非任命，也非世袭，而是来自民众的推举和公认。一个人要想成为寨老，只需具备阅历丰富、诚实正直、古道热肠、擅长调解等资质，而不问家庭出身和等级，如此方能深孚众望而具有公信力。由此可见，壮族的宗族式"小型社会"并非等级森严的权力金字塔型社会，而是具有较高自治能力的较为自由、平等的社会。从社会生态系统的角度来看，族群共同体中的每一个成员都处于较为平等的社会生态位。寨老通过民主推举产生之后，其职责包括：一是排解家庭纠纷；二是排解寨上居民之间的纠纷；三是对外交涉。① 小至家庭关系，大至寨际关系，社会生态各个层面的各种关系均由寨老进行调解，以维系社会的有序运转。多数情况之下，寨老的调解和裁决是行之有效的。之所以如此有效，是由于寨老制度的"群众路线"。寨老产生于平民之中，在日常的劳作生活中与其他民众的社会角色完全一样，只是在出现纠纷的特殊情况下，充当社会矛盾的调停者，倾听各方的意见，深入了解矛盾的来龙去脉，然后采取晓之以理、动之以情的方式对当事方做出公正而不伤和气的裁断与调和，使双方心悦诚服，化干戈为玉帛，不计前嫌，重修和好关系。久而久之，寨老的权威地位就树立起来了，不仅成为保障村寨内部民众之间讲信修睦、村寨之间与邻为善的无冕领袖，而且在精神文化层面演化为一种族群社会生态文化，使寨老这样一个具象化的符号，表征着一个族群社会生态稳定持久的族风民俗。

（二）石牌制与瑶族社会生态。广西西江流域的瑶族人数虽然不及壮族，但由于支系较多，居住地域环境各不相同，因而形成了较为多样化的社会组织及习俗。比较典型的有"石牌""密诺"以及"破补"等组织形式和习俗性的制度。

石牌制是瑶族社会组织习俗当中非常有代表性的一种形式，主要盛行于西江中游的大瑶山地区，仅从史书记载来看，都至少在这一地区存在了数百年，在世代传承的进程中已成为维持该族群社会生态结构的一种风俗习惯。作为瑶族的族群社会组织形式，石牌根据地域空间的大小分为总、大、小三个等级，石牌的冠名则主要依据村寨数目、家庭户数以及组建的时间和地点。一般而言，由单村独寨、单门独户形成的石牌几乎没有，基本上都是由几个乃至几十个村寨、几十户乃至几百户家庭组成。如以村寨

---

① 广西壮族自治区地方志编纂委员会编：《广西通志·民俗志》，广西人民出版社 1992 年版，第 159 页。

数目命名的石牌有"七十二村石牌（包括全瑶山）、二十四村石牌（以罗运为中心，北至罗但，南至六巷）、十村石牌（金秀沿河以下十村）、九村石牌（六俄、白牛等村）、五十三村石牌（共和乡和忠良乡所有盘瑶村）"，① 以户数命名的石牌有"千八百石牌（金秀、长二等村）、五百四石牌（六拉等村落）、三百九石牌（金秀沿河十村）、四百八石牌（罗香、罗运等村）、一百九石牌（罗香七村）、七十一石牌（六拉、昔地）、六十六石牌（金秀、白沙）"。② 透过这些大小不等的抽象数字，可以发现瑶族以少总多、合众为一的抱团式社会生态结构，体悟瑶族极具内敛向心力和凝聚力的社会生态文化。石牌制的推行，成功地将地理生态空间分散的瑶族村社转化为社会生态空间层次递进的族群统一体，形成不同层面的族群社会生态系统。

　　作为瑶族族群的基本社会组织，石牌的运作机制以石牌律为社区成员共同遵循的社会规则。所谓石牌律，就是瑶族"把有关维持生产活动、保障社会秩序和治安的原则，制成若干具体规条，经过参加石牌组织各户户主集会通过之后，把它刻在石碑上，或写在木牌上、纸上，向群众公布，或通过口头传播开去，使全体居民共同遵守"。③ 人们通过协商，将共同达成的村规民约镌刻在石碑上，立石为证，使之流传久远，成为相沿成习的习俗。在石牌律得到彻底执行和普遍遵守的情况下，石牌的社会生态呈现出和谐、有序、稳定的结构特征。而一旦社会生活中出现各种矛盾冲突，作为应对措施的石牌律就会马上被启动，以维护社会生活的正常运转。石牌律的解释权由具有公信力的石牌头人掌握，一般情况下头人根据石牌律所作出的裁断都能为人们所认可和接受。由于石牌组织具有大小不等的层次，不同层次矛盾纠纷的调解机制也随之不同，一个石牌内部的纠纷由本石牌的头人调解，当涉及石牌之间的争端时，则由中石牌头人召集争端各方的头人协商解决，如果无法解决，则交由总石牌头人召集所有头人参与裁断。这种解决社会问题的机制非常类似于现代社会的法律仲裁制度，通过不同层级的法院来判决争端。但与法院判决不同的是，最高法院

　　① 广西壮族自治区地方志编纂委员会编：《广西通志·民俗志》，广西人民出版社 1992 年版，第 160 页。

　　② 同上。

　　③ 同上。

拥有下级法院必须服从的最终裁断权，而总石牌"不能硬要中小石牌服从自己的意志，因为不论大中小石牌，都是独立的，没有上下级的关系"①。石牌只有地域空间的大小和人口多寡的区分，而无由此而来的权力等级的差别，所有层次的石牌在社会生态系统中均居于平等的社会生态位。石牌律据以解决社会矛盾的不是以势压人的硬性裁决，而是以理服人，如此方能真正化解人们之间的罅隙，融洽族群内部以及族群之间的社会生态关系。

（三）埋岩制与苗族社会生态。在广西西江流域，苗族社会的基本组织形式是"埋岩"。埋岩类似于瑶族的石牌，根据族群居住地域空间的大小和村寨的多寡，分为大岩（总岩）、中岩（方岩）和小岩三个层次。广西的苗族主要聚居于西江流域东北部的融水地区，与毗邻的贵州苗族在地理和社会生态空间上连为一体。"融水地区过去有一百零五个小岩，分属于二十个方岩，和邻近的贵州苗区合为一个总岩。"② 埋岩是在共同规约基础上形成的族群社会组织，人们将长形石块的一端埋入地里；另一端竖立于地面之上，立石为盟，共同协商，达成一系列有关社会生活的规章制度。

从埋岩的内容来看，主要分为婚姻岩、严禁岩、伦理道德岩以及战争岩等类型。男婚女嫁是苗族社会生活中的头等大事，婚姻岩规定了嫁娶的习俗，苗族的婚俗并非一成不变，而是根据实际情况灵活变通的，婚姻岩随之作出相应的变动和修正。如婚姻岩对聘礼的规定作了多次修改，"原先规定结婚时，男方要送给女方七头牛，后来大家觉得负担太重，便又聚众埋岩，将七头减至三头。执行一个时期后，大家认为三头仍然多了，又埋第二次岩，改为一头。后来觉得以牛送礼宰杀，对生产不利，又埋第三次，规定只送三两六钱银子给妈妈酬谢'养奶'之恩。到清代中叶，妈妈们认为养奶钱太多，辛苦了孩子们，便最后埋下一块岩，改为一两六钱银。至今，融水苗族人民依然按照埋岩规定，以一元六角人民币作为'养奶'金酬谢女方妈妈"③。婚姻关系中的金钱财富是反映社会生态的一

①　广西壮族自治区地方志编纂委员会编：《广西通志·民俗志》，广西人民出版社1992年版，第161页。
②　同上书，第164页。
③　同上书，第164—165页。

个缩影。在传统农耕社会，婚姻聘礼对于一般家庭是一项不小的开销，支出之后会对生活产生较大的影响，严重的会引发家庭内部成员之间的矛盾、乃至亲家之间的和睦关系。"贫贱夫妻百事哀"，一语道尽了人情冷暖。而从婚姻岩的规定来看，苗族在讲究礼仪的同时，能够设身处地地为对方着想，不断地降低婚礼的份额，最终变成一种象征性的礼金。苗族婚俗因世易时移而产生的移风易俗，不仅本身就是社会生态的变迁，而且反映了因体恤而形成的族群和谐关系。严禁岩是维护族群社会秩序和利益的规约，举凡危害社会生活与生产的各种行为均在禁止之列，如对禁止偷盗有非常详细的说明，"不得乱撬别人田水；不得偷别人的田鲤；不得盗别人的猪、牛；不得砍护寨林、风景树，破坏公共古老森林和盗伐鼓社集体林木；不得挖别人的禾仓，盗别人的禾把；不得偷别人的柴草；不得偷别人的香菇；不得偷别人的瓜果、菜、辣椒、棉花、蓝靛等；不得偷别人的装夹、装套等所捕获的鼠、鸟、兽、鱼等"①。这些内容既涉及族群内部的社会生态，又涉及自然生态，既事关群体利益，也事关个体利益，如有违犯，依"岩"惩处。伦理道德岩是规范家庭和族群成员之间尊卑长幼、行为举止的条令，使不同成员在社会生态位上各安其位，不得僭越，以维护社会生活秩序的纲理伦常。战争岩则是保护族群社会生态免于遭受外部侵扰、齐心协力抵抗外侮的举措。苗族人民在长期的生产生活当中，通过建立和参与各种不同层面和形式的"埋岩"，有效地维系了社会生态的和谐稳定、井然有序。

（四）合款制与侗族社会生态。广西西江流域的侗族主要聚居于同贵州、湖南接壤的三江、龙胜地区，自古以来就有歃血为盟的侗款组织。侗款根据聚合的不同层次分为小款、中款、大款和联合大款等四种形式。其中，小款由几个至数十个村寨构成，中款由若干小款构成，大款由若干中款构成，联合大款则是所有大款的联合。通过这些层级递进、紧密联结的款组织，侗族社会形成了一个非常严密的社会生态系统。根据款词记载，三江地区的侗族分属于十三个款（其中三款属于今湖南通道），龙胜地区的侗族分属于八个款。而所有这些款则属于湘黔桂三省交界地带的大款。

---

① 广西壮族自治区地方志编纂委员会编：《广西通志·民俗志》，广西人民出版社1992年版，第165页。

图 12　融水苗族埋岩

图片来源：融水苗族自治县民族博物馆资料图片

不同层次的款都通过召开款民大会的民主协商方式来制定款约，根据款约进行社会管理。

在各种款约中，最重要的是《约法款》中的《法规款》。该款"分为阴阳款，即六面阴规和六面阳规。所谓六面，即东、西、南、北、上、下六个方位，意即把来自任何方面违犯款约的行为，都按情节轻重，分别给予死刑（六面阴）、活刑（六面阳）、重刑（六面厚）、轻刑（六面薄）、有埋（六面上）或无埋（六面下）的处理"①。这些非官方的不成文法，针对具体"违法"情节的轻重，秉持严宽相济的"执法"原则，对款民采取相应的惩处。尽管诸如"沉塘""睡土"等惩罚措施显得野蛮残忍，但在山高皇帝远、王法鞭长莫及的侗族地区，这类相当于部族法的严刑峻法，却在很大程度上发挥了整肃社会风气、维持社会秩序的重要作用。实际上，除了类似于法规的款约之外，还有某些款约具有革除陈规陋习、开启社会新风气的积极意义。由于少数民族历史上长期居住于自然生态较为闭塞的地域空间，由此而形成了相对封闭的社会生态文化。虽然与外界交流的缺乏保存了族风民俗的完整性和延续性，但同时因为缺乏外来文化基

---

① 广西壮族自治区地方志编纂委员会编：《广西通志·民俗志》，广西人民出版社1992年版，第167页。

因的介入，这种自繁殖的文化就会积存下不少弊端。颇具典型性的就是普遍存在于少数民族社会当中的族内通婚、同姓结亲，这种排斥外族、异姓的姻亲模式，尽管在某种意义上由于亲上加亲而有利于社会生态关系的和谐与社会生态结构的稳固，但这一有违多样异质自然生态规律的同质社会生态系统，造成了人身心方面的诸多缺陷。有鉴于此，侗款召开会议，通过"破姓开亲"的新款约，促成了婚姻习俗的变革，这种移风易俗的举措对社会生态结构的改善产生了良好的影响，不仅有利于族群繁衍的优生优育，而且借助姻亲血缘关系促进了不同族群之间的交流和融合，共同构成一个更为多元共生的社会生态系统。

广西西江流域其他民族的社会组织，如毛南族的隆款组织、仫佬族的冬组织等，也通过族群民主协商的方式，制定人们共同遵守的乡规民约，在长期的生活实践中逐渐深入民心，潜移默化为人们日常生活中的行为举止习俗，形塑了族群社会生态的风貌。这些社会组织虽然分属不同民族，名称分殊，结构和功能方面也存在差别，但在凝聚族群共识、维护族群社会秩序和利益等诸多领域所形成的族风民俗，却在精神层面共同建构起区域民族共同体的社会生态文化。

二　婚恋习俗与社会生态

作为人类社会生活中的一项重要活动，婚恋不仅是维系两性关系、组建家庭以及繁衍后代，从而生发各种社会生态关系的基础，而且也是人类社会区别于动物界的根本标识之一。尚未产生婚恋活动的"类人"世界，两性关系完全受生理本能欲望的支配，人面而兽性，未能从根本上脱离动物的本性。只有当婚恋作为文明的一种禁忌形式，从根本上厘定了两性关系的界限，不同于自然生态系统的人类社会生态系统才真正确立起来。

分布于不同地域空间的民族，在漫长的社会历史进程中，形成和发展了各自的婚恋习俗。在长达数千年的传统社会，"父母之命、媒妁之言"一直是以汉族为主体的中华民族世代相袭的婚恋习俗。与这一大传统相对的，则是地处化外之地的各少数民族小传统的婚恋习俗。广西西江流域的骆越民族及其后裔，在受到华夏婚恋习俗影响的同时，也一直延续着自身独特的婚恋习俗，形成了更为丰富多元的社会生态景观。据史书记载，古时骆越先民盛行踏歌为媒、依歌择偶的自由婚恋习俗，即便在婚娶礼法传人之后，西江流域各少数民族的婚恋古风犹存，反映了独具民族特色的社会生态文化。

（一）恋爱习俗与社会生态。"哪个少女不怀春，哪个少年不多情。"恋爱既是青年男女之间因情感而产生的一种社交活动和人际关系，也理应是缔结婚姻关系的前奏和基础。即便在家长包办制下的婚姻，也阻遏不了以爱情反抗礼法的英勇行为。缺乏爱情的婚姻往往是不幸的，不仅给男女双方，而且给家庭乃至社会等不同层面的关系造成严重的影响与后果。反之，因爱情而形成的婚姻关系则会促进家庭和社会生态的和谐格局。"男女授受不亲"的儒家礼教文化导致了病态而畸形的男女关系，与之形成鲜明对比的是，由于地理生态上偏居一隅，广西西江流域的世居少数民族在文化生态和社会生态上较少受到礼教文化的浸淫，因而保持着更为健康和自由的男女关系。不仅历史上没有男女之大防的禁忌，反而存在男女同川而浴的传统习俗，在恋爱关系上更是有着山间谈情、放歌说爱的悠久乡风野俗。

广西西江流域自古以来就是山歌的海洋，歌唱如同吃、喝、住、行一样，融入人们的日常生活，成为生活必不可少的一部分。尤其是在青年男女的恋爱活动中，以歌传情更是成为双方试探彼此之间是否心有灵犀的不二之选。在壮族民间社会，素有"山歌是第一媒人"之说。山歌就是最好的媒妁之言，"清歌互答自成亲"，"男女皆倚歌自择配"已成为包括壮族在内的西江流域各少数民族的恋爱习俗。

歌圩，不同于一般的商品买卖集市；而是壮族民间社会特有的一种充盈着歌声和情感的集会，因歌而圩，歌唱如同一条无形的纽带，将民众集结在一起。对于春情萌动的青年男女来说，歌圩之日便是他们的择偶觅对佳期。在歌圩当中，人们通过各种方式来表达爱意，试探对方。音乐是语言的最高表现形式，充满节奏和旋律感的音乐语言最能打动人的心灵。恋爱中的男女是无师自通的音乐家，能娴熟地运用各种节奏和旋律的歌唱，直接拨动意中人的心弦。因此，在择偶活动中，拥有歌唱的天赋远胜于财富的魅力，"火烧芭蕉一堆灰，我俩连情不用媒，不用猪羊不用酒，一句山歌带妹回"①。以歌声获取姑娘的芳心，白手择偶的现象在壮族传统社

① 广西壮族自治区地方志编纂委员会编：《广西通志·民俗志》，广西人民出版社1992年版，第219页。

会普遍存在。此外，歌圩中还盛行抛绣球、碰红蛋的恋爱习俗。抛绣球习俗历史悠久，唐代柳宗元贬谪柳州时曾赋诗"男女分行戏打毯"，生动形象地记载了这种活动的形式。在男女分行对阵的抛绣球活动中，女方通常掌握抛球的主动权，大胆将绣球向自己心仪的对象抛去，以此剖白自己的情思，接球的男青年如果同样中意对方，则会在球上系上信物抛回给对方，如此一来二去，款曲暗通，郎有情妹有意，双方的恋爱关系就八九不离十了。在三月三的歌圩上，青年男女携带染红的熟鸡蛋，双方对歌之后，以互碰红蛋来决定是否结缘。如果互相属意对方，双方就会用力碰击红蛋，红蛋同时碰破，寓意着今生有缘。如果一方无意，则会尽可能轻碰对方红蛋，红蛋不破，则意味着无缘无分。作为一个自由开放的社交平台，歌圩为壮族青年男女提供了形式多样的恋爱择偶途径，人们通过对歌、抛绣球、碰红蛋等别出心裁的活动来相互结识、增进了解、互诉衷肠，不管最终是否能终成眷属，以情感为基调和主旋律的歌圩文化，无疑是一种富于平等、自由、互尊、互爱精神的社会生态文化。

广西西江流域各地的瑶族也流行以歌择偶的习俗。青年男女利用各种机会对歌谈情说爱，"金秀四村的瑶族每年腊月十五至正月十五日在村里开放的'正月屋'里公开交际，以歌为媒，言情谈爱。此外，每年各村相帮插秧或迎神赛会的日子，也聚集在一起，从唱歌入手，谈情说爱，唱歌时还伴以吹木叶。古巷、古浦等地瑶族多在冬闲或正月里，趁村中有婚姻喜庆或迎神赛会之机，成群结队在村里村外唱歌，寻找恋爱对象"①。自由恋爱是无须刻意安排的，日常生活中的各种时节为人们提供了聚会交往的大好时机，有心人只要不失时机、见机行事，便可于咫尺之间结成良缘。贺州瑶族流行"抢歌寻恋"习俗，"每逢节庆日，青年男女穿着盛装串村过寨，一旦他（她）们被发现，就会发生'抢歌'。如被男青年看中了，还会把女青年'抢入'家中，女青年也不推辞，大大方方进入男家。男方家便殷勤接待，并由男方起歌头，女方予以唱答，一唱一和，若情义相投，男赠女'封包'，女赠男绣花手帕。对歌，从生活、劳动唱到爱情，一般对到双亲唱'结亲歌'为止，男方才送女方回家，一路又唱

---

① 广西壮族自治区地方志编纂委员会编：《广西通志·民俗志》，广西人民出版社 1992 年版，第 220 页。

'离别歌'送别"①。如果男方被女方相中，则会被"抢入"女方家中，对歌程序和内容也大致相似。这种"先兵后礼"的恋爱习俗，既反映了不受封建礼教束缚的对爱情的勇于追求，也体现了不强人所难、以歌传情、以情动人的恋爱平等人格。瑶族社会虽然不存在"父母之命"的婚恋习俗，但父母对子女的择偶也有一定的定夺权。如右江流域德保地区的瑶族存在一种"以歌择婿"的婚俗，男方如果相中女方，必须先通过女方父母的"歌考"，只有顺利通过对歌考试，才能登堂入室与女方互诉衷肠，定下终身。这种婚俗中的父母参与，在根本上不同于父母的擅做主张，而是为儿女的终身大事慎重把关，最终的决定权还是留给恋爱的双方。父母既关爱又尊重子女的婚俗，从一个侧面反映了瑶族充满亲情和平等氛围的社会生态风貌。

在苗族社会，青年男女之间的恋爱通常以"坐妹"的方式进行。不管何时，只要有空闲时间，姑娘小伙们便相约于村前寨畔的桥边、山坡，或者家中，互对山歌，以歌传情达意，情深意浓歌不歇，双方越是情意绵绵，对歌时间越是持久，大有相见恨晚、一唱方休之势，经常通宵达旦才告结束，以歌定情也初战告捷。由于不受时令和场所的限制，通过反复多次的"坐妹"活动，缠绵的山歌最终将有情人联结在一起。

广西西江流域三江、融水地区的侗族社会，人们以"行歌坐夜"的习俗来谈情说爱。所谓"行歌坐夜"，是指男青年在夜晚时分，弹着琵琶、唱着歌曲，去寻觅自己的意中人。而矜持的姑娘则留守闺中，"结伴在一起纺织，等待外村的男青年来坐夜。男青年首先要用歌声扣开姑娘家紧闭的大门，然后姑娘和男青年以情歌互相对答，试探对方的心情、性格与才能。深夜，好客的侗家姑娘打油茶招待男青年。唱得情投意合，互相钟情有意的，就可以互相交换随身携带的物品作信物，直到次日拂晓，双方订下再次约会的时间和地点，姑娘才送男青年出门。再经几次约会，合意的就可私下定情"②。侗族社会"行歌坐夜"的恋爱习俗，给予了青年男女充分的自由，双方可以借助歌声相互了解对方，

---

① 广西壮族自治区地方志编纂委员会编：《广西通志·民俗志》，广西人民出版社1992年版，第221页。

② 同上书，第222页。

以定夺自己的终身大事。

广西西江流域其他少数民族也大都盛行以歌择偶的恋爱习俗，如仫佬族的"走坡"歌会、毛南族的"坐夜"对歌、水族的"坐妹"对唱、彝族的"隔屋对歌"等，都是以歌传情、直抒胸臆，通过歌声互诉爱慕之意，确定自己的人生归宿。概而言之，以歌择偶的恋爱习俗充分展现了广西西江流域社会生态文化当中两性关系自由、平等、相互尊重的显著特征。

（二）婚姻习俗与社会生态。从应然的逻辑角度来说，婚姻是恋爱的结果。从社会生态结构和系统的角度来说，婚姻是组建家庭、繁衍后代、从而形成不同层面的社会单元和社会生态系统的基础和前提。因此，不同的婚姻习俗必然会影响社会生态的结构和性质，生成各种不同的社会生态文化。在传统农耕社会，人们居住生活空间的相对固定、自给自足的生活模式，催生了划地为界、聚族而居的"小型社会"。人们的生产和生活基本上可以在这个较为封闭的地理和社会生态空间内完成，从而形成一个个鲜与外界交流的自我内部循环的社会生态系统。族内婚配是这些社会生态系统得以运作和延续的基础。中华民族传统社会的这种婚姻习俗，在广西西江流域各民族社会具有不同的表现形式。广西西江流域众多民族尽管崇尚以歌择偶的恋爱习俗，但由于居住地理生态空间的相对封闭，恋爱范围多局限于本地域和本民族内部，进而导致婚姻上的自然地域和族群社会生态空间相叠加的单一化、同质化的现象。

长期以来，族内婚配是广西西江流域各民族普遍存在的婚姻习俗。虽然在漫长的历史发展进程中，广西西江流域形成了多民族"大杂居、小聚居"的地域和社会生态格局，但在婚姻这一重要的社会生态关系上，民族之间互通婚姻的杂婚却较为少见，基本上盛行的是聚族而居的族内婚姻。作为广西西江流域人口数量最多的两个民族，汉族和壮族大多实行族内婚姻，只是在流域东部民族之间交流较为频繁的地区存在族际通婚。其他民族由于人口相对较少、聚居更为普遍、环境更为闭塞，族内通婚成为世代相袭的习俗。在瑶族社会，对婚姻有较为明确的清规戒律，如"瑶族《过山榜》有'盘王之女不嫁汉家民'的规定，阳朔瑶族有'瑶不穿出，民不穿进'（即瑶、汉不婚）的戒律。南丹瑶族有'鸡跟鸡，鸭跟鸭，瑶族不与外人打亲家'的说法"①。苗族也有不与汉族通婚的相似戒规。其他少数民族如侗族、仫佬族、毛南族等除了少量族际通婚之外，也大多以族内婚配为主。长此以往，族内婚姻所造成的血缘近亲便不可避免，近亲繁殖的社会弊端日益凸显。有鉴于此，不少民族移风易俗，实行宗姓外婚的新婚俗，采取"同姓分宗""破姓开亲"的措施，较为有效地改善了社会生态的血缘结构，而且为族际婚姻破除了思想文化上的禁锢，促进了多元异质的社会生态文化的发展。

在婚居模式上，广西西江流域的一些民族具有鲜明的特征。不同于"嫁鸡随鸡，嫁狗随狗"的一般从夫婚居习俗，这些民族长期盛行不落夫家、两边居等婚居习俗。不落夫家的婚居习俗与婚前的恋爱自由有关，广西西江流域的壮族、苗族、侗族、仫佬族等民族都存在这种习俗。新婚数日之后，新娘就回娘家居住，时间从数年至数十年不等。不落夫家期间，已嫁女享有待字闺中的身份，可以自由地与丈夫之外的其他男人恋爱甚至结成性伴侣。只有节日与农忙期间才回夫家短暂居住。由于不落夫家所导致的长期分居，夫妻彼此互不干涉对方的性生活自由。一般女方怀有身孕或生育之后，才最终落居夫家。这种不落夫家的婚居习俗形成了一种另类的社会生态文化，即不仅夫妻双方相互尊重对方的婚外恋行为，而且丈夫一方对妻子非婚所生子女视同己出，当作家庭成员对待和养育。这种社会文化现象无疑是对主流的传统礼教文化的离经叛道，却反映了一种社会人际关系的自由、平等、博爱生态结构。两边居是从夫而居和从妻而居的一种折中婚居形式，夫妻共同在双方家庭轮流居住。这种婚居模式主要流行于西江流域的部分瑶族、苗族和壮族当中。两边居的时间并不是简单地在两个家庭之间平均分配，而是根据双方家庭生产生活的具体情况而定，相互兼顾而又灵活变通的婚居方式对于增进夫妻感情、促进家庭之间的和睦关系具有十分积极的意义。"这种居式的家庭，夫妇无论在哪里居住，对老人及兄弟姐妹都十分关心，家庭关系和睦。行此俗的壮族认为这是报答父母养育之恩的形式，不'两头走'，不帮助双方父母劳动，便会被视为不孝，会受到舆论的谴责。瑶族'两边走'的夫妇对男女双方的父母都

---

①　广西壮族自治区地方志编纂委员会编：《广西通志·民俗志》，广西人民出版社1992年版，第210页。

负有照顾、赡养的责任，参与两家的农事劳动，生下的子女，分别继承两家的香火，同时解决了双方家庭的后顾之忧。"① 通过婚姻组建的家庭及家庭关系，是整个社会生态系统的基本结构单元及其运作关系的一个缩影，诸如两边居之类的婚俗对于构建和谐家庭乃至和谐社会都具有积极的示范作用和借鉴意义。

本章结语

广西西江流域多元的自然地理生态和民族社会生态，孕育和催生了多姿多彩的礼仪风俗。作为文化原型的礼仪风俗，不仅渊源于远古的自然和社会生境，而且在区域民族社会的漫长历史演进中，经久不衰地范塑着该区域社会的思想观念、价值取向和精神信仰，形成了广西西江流域兼具地域和民族特征的生态文化。

---

① 广西壮族自治区地方志编纂委员会编：《广西通志·民俗志》，广西人民出版社 1992 年版，第 215 页。

第五章　文学艺术中的生态文化

广西西江流域生活着众多民族，除了汉族之外，还有壮族、瑶族、布依族、水族、仡佬族等众多少数民族。这个流域山地多，平地少，高山峡谷遍布，旱灾洪灾时有发生，因而整个流域尤其是各少数民族聚居区域经济发展水平相对较低，物质条件不高。但这并没有阻碍到各少数民族创造出自己灿烂的文学艺术，他们都有自己的创世神话、英雄史诗、民间故事和传说，也有历史悠久的山歌传统、丰富的山歌文化，产生过歌仙似的人物——刘三姐，也有令人震撼的侗族大歌，样式各异的舞蹈、戏剧、美术等，种类丰富。这些文艺基本上都是群体创作、民间创作，更多代表的是族群的文化，是族群的集体生活体验的表征，反映了各民族与自然之间以及民族社会内部的生态关系。在漫长的历史发展进程中，各民族的文学艺术以各种形式折射了从"依生→竞生→整生"① 这样一个生态文化的演化历程。

第一节　文学艺术与依生中创生的生态文化

广西西江流域许多少数民族都创造了自己的创世神话，这些创世神话涵盖了诸如天地的开创、人类的起源等诸多内容。它们经常被当作少数民族与自然之间生态关系的文献而进行解读。这类解读的答案一般是：人为自然所生，人依生于自然。例如壮族的创世神话中关于米六甲用泥土造人的故事，就被读解为"土地是壮族人的文化根性"，或者壮族人以"那文化"（稻作文化）来命名自身和组建社会架构，从而实现了人对自然的依

---

① 参见袁鼎生：《审美生态学》，中国大百科全书出版社 2002 年版。

生。人的自我意识与所处的自然环境分不开。这种观点认识到了自然对人的存在的重要性，但还没有意识到，自然本身并不完美，自然对人的潜能的培育正是因为其不完美性而才得以可能，并且也没有意识到，实际上自然本身既造出了它的造物，又时时刻刻在不断变化着，而人类作为自然的最高智慧产物，对自然的反作用是巨大的。这些特征都在创世神话中表现出来。

一　自然并不完美

为什么存在候鸟？为什么许多鱼类也要迁徙？北极地带的驯鹿也随季节迁移。非洲草原的野牛也没有办法长期待在某个地域生存，它们的迁徙的旅程往往又是那么悲壮，许多迁徙者在旅途中殒命，年长者费劲心力才能保护幼小者度过重重难关，到达目的地，生活了一段时间，又意味着下一个旅程。

动物需要迁徙才能生存，究其原因无外乎就是食物、气候的问题，因为食物、气候关系着动物的生存以及繁衍后代所需的条件。所以，旅途无论多艰难，也是一种生存的本能，那就是必须迁徙。动物因为完全受控于自然，并没有办法创造自己所需要的食物，而一定地域的自然补给是有限的，并且食物也拥有季节性，也随着自然界气候发生着或多或少的变化。过于干旱或过多的雨水对它们的食物而言，对于多数的动植物而言，都会形成不利的生存条件。自然本身无所谓好与坏，它本身就在那里演变着，本身就在不停地运动变化着。它只有在面对自己的造物的时候，面对需要呼吸，需要水分和食物的时候，才显出条件的好坏，显出它的丰盈或匮乏。远古人类也和动物一样，因食物和气候的变化而迁徙。例如侗族的《祖公之歌》说：

从前祖先，
住的地方，
离水很近，
遇到洪荒，
连片受苦。
水进田塘，

象架盖瓜，

白沙盖寨。

因为这样，

无法做工。

公公叫饥，

娃娃叫饿。

……

白天没饭吃，

夜晚无处睡。

因为这样，

姓石姓杨，

才是——

商量找船，

沿河而上。①

　　侗族的《祖公之歌》就非常清楚地表现了侗族先民为了食物的需要而不停地顺着西江水系逆流而上的迁徙旅途。这就是自然对人而言的困境，如果人作为群居的动物，永远像其他的群居动物一样被动，那也只能与其他群居物种一样，会由于气候的变化，由于自然无法持续供给群居性生物以食物，那就只好永远处于迁徙的生涯中。但人作为自然界最智慧的造物，他们发现了不再迁徙也可以生存的秘密，那就是不再被动地依靠自然的赐予，而是主动地去积极创造自己所需的东西。在创造过程中，不可避免地要改造自然，使那些并不符合人生存的条件得到改善。

　　现在许多生态学者和神话学者，都认为人作为大地的造物、大自然的子民，大自然的动物、植物、河流等都充满神性，与我们是兄弟。例如神话学家约瑟夫·坎贝尔在访谈中说道："我们可以感受到树干里流动的汁液，就像感受到体内流动的血液一样，地球和我们都是对方身体中的一部分。每一朵充满香味的鲜花都是我们的姐妹。熊、鹿、鹰都是我们的兄

---

① 《侗族文学史》编写组：《侗族文学史》，贵州民族出版社 1988 年版，第 79—80 页。

弟，岩石的尖峰、青草的汁液、小马的体温，都和人类属于同一个家庭。"① 侗族学者在研究侗族的文化习性的时候，也一再说："记得孩童时和寨子里的小伙伴们一同上山或下河，大伙儿切切记住的是要善待山林里的生命和溪流、河里的大小鱼儿。因而小伙伴们走一路喊一路的'树爷爷'和'萨娜'（河奶奶），并摘下一片一片树叶放在衣兜里，或蘸上河水洒在身上，以示大伙儿与'树爷爷'和'萨娜'的吉祥和幸福同在。"②神话学家、民族学家对自然的诗意描述很容易让人动情，但是，现实生活并不如此充满温情。侗族有一种美食叫酸鱼，说明鱼类也是侗族人的食物，如果树木、鱼虾真的如诗意描述的那样，与我们有着亲切的血缘关系，那砍树盖房是不是过于残忍？侗族的习俗是生了姑娘就种下杉树，以便姑娘长大了，树也长大了，它们就可以作为姑娘嫁妆使用，那也还是要砍伐的。坎贝尔说得再美妙，也阻挡不了鸟类要以果实和昆虫为食物，也阻挡不了狼要吃羊的必然性，当然也阻挡不了远古人类需要采集植物根茎、鲜花作为食物，需要打猎喂饱肚子的事实。所以他面对他的访谈者比尔·莫耶斯对他所说的"这么说来，在早期的狩猎社会里，人类与动物之间存在一种密切关系。这种关系要求其中一方必须被另一方所吞噬"的言论时，也很明智地说："那是生命的本质。人类是一个狩猎者，而猎人是一种肉食动物。"③

如果依照这些诗意的描述，人当然不应该动自然的一草一木，不应该捕猎任何动物，如果这样，人类是不可能存在的。人既然已经存在，作为自然界最有智慧的存在物，在艰辛的生存中渐渐懂得了如何去应对生存的困难，否则人类只能与动物一样被动，但即使像动物一样被动，也不能阻止自己伤害花草树木和其他动物。因此，人与自然的关系，只要生存还是问题，那就不可能是一种完全诗意的关系；只要人还存在，哪怕他的确来自大地，也只能在母体的身上吸取营养，当然，这些养分来自那些被号称为我们的兄弟姐妹的其他物种的生命。我们得实事求是地、客观地承认，

---

① ［美］约瑟夫·坎贝尔，比尔·莫耶斯：《神话的力量》，朱侃如译，北方联合出版传媒股份有限公司、万卷出版公司2013年版，第52页。
② 朱慧珍、张泽忠：《诗意的生存》，民族出版社2005年版，第31页。
③ ［美］约瑟夫·坎贝尔，比尔·莫耶斯：《神话的力量》，朱侃如译，北方联合出版传媒股份有限公司、万卷出版公司2013年版，第101页。

我们与我们的母体——大自然及其他自然物种之间，乃是一种复杂的关系：有诗意的，也有残酷的；有和谐温馨的，也有疏离敌对的。因此，不要一谈到"自然"这个术语，就意味着它代表着完美无缺，那是诗人的看法，或者那是不顾实际的人类生存理想——无视生活中的血腥和残忍，无视生命的维持是通过消耗其他生命才得以延续的这个最简单道理的人才具备的"诗意"思想。

自然并不完美，它的生生不息也意味着死亡不息。人类，想要尽可能地维持自己的生命存在，只能主动地、积极地去创造自然所无法给予的那些需求，包括天然野生水果不够吃了，只能人类培育；包括动物不够狩猎了，也要自己培育；没有粮食，要自己去发现某种粮食，并且还要能生产出更多的粮食来。所以，在神话中也不乏那些寻求某种种子的故事。

如何在人与自然及其他物种相互的复杂动态关系中寻找一种相对的平衡、相对的诗意、相对的和谐，也许是更合乎自然之道的做法，毕竟自然界各种要素不断地相互作用，不断地改变着自然本身，自然不是静态地存在着的。怎样使得人与自然动态地和谐共存，也许广西西江流域各少数民族文艺显示的内涵可以作为一种生存的范例而使我们得到启发。

二　人与自然的相互化生关系

这里所指的"化生"，指的是自然化出人类，而人类也化生自然。自然在人类初始阶段，对他们而言是不适合生存的环境，有不少的创世神话，关于天地最初的形成，都说明了天地最初形成之时混混沌沌，天与地的距离很近，让人无法坐立，无法伸腰，需要英雄来撑开天地。例如瑶族《开天辟地歌》中说：

> 哪个力气大，
> 把天地辦开？
> 府方是好汉，
> 他有四只脚，
> 他有八只手，
> 手手脚脚都有四个节。
> 他辦开天地，

托天到高高的上面去，

踩地到深深的下面来，

风才能够通，

鸟才能够飞。①

　　虽然这是幻想的神话故事，但为什么还有不少类似的故事存在呢？虽然可以解释为少数民族人民是出于想要把他们的祖先英雄化、神圣化的愿望，也可以设想为他们幻想自己可以以无穷的伟大力量来解决困难的能力。但无疑也可以设想远古广西西江流域各原住民是真的面临着巨大的生存困难的表现。这种困难不仅仅是自然环境的恶劣，还有生活资料的匮乏。所以才有他们的解决困境的各种想象。人与自然的相互关系激发了双方的潜能，"主客体潜能的对应性前提，主要有三个方面：一是相和，即主客体相适相宜、相互确证、相互肯定的趋向性；二是相抗，即主客体相互否定、相互对抗、相互斗争的对立统一的趋向性；三是相生，即主客体之间共生、衡生、整生，并相应地形成同构整合性、异质同化性、适构共生性实现。"②很显然，我们这里所谈及的神话故事并不是完全否定，天地还留下了让人撑高的可能性，而人也恰巧有这个能力去改变这个困境。只能说，是自然本身的不完美性激发人类的潜能，而非是自然本身的完美特质流溢泽被到人的身上。不论中国古代的"道"或者西方的"上帝"，比起西江流域的少数民族神话世界中的始祖而言，"道"是自足的，自我演化的，自然本身不过是道的演化而已，不存在什么自然的缺陷，因为它本身会生生不息，即使没有人的参与，它本身也不断地自我变化着。西方的上帝，本身是完美无缺的，他似乎独立于世界之外，他说要有光就有光，要有什么就有什么，比起上帝的完美，西江流域少数民族的尽管神圣化了的祖先还依然无法与上帝的神圣性和完美性相比，因为他们要付出艰辛的劳动甚至生命的代价才能弥补自然对人类生存的不足性和脆弱性。只能说，西江流域的少数民族神话中的祖先们缺乏的是那种形而上的高度，他们不可能是自然的根本，也不可能高于自然，不能像"道"那样作为自

---

①　贵州省民间文学工作组编：《苗族文学史》，贵州人民出版社 1981 年版，第 34 页。

②　袁鼎生：《审美生态学》，中国大百科全书出版社 2002 年版，第 179 页。

然的根本存在，也不能像上帝那样超然世界之外，完美自足。他们是自然的子民，是天地混沌朦胧所生的子民。例如瑶族《密洛陀》中这样说：

> 很久很久以前，
> 什么造成了密洛陀？
> 大风吹来了，造成密洛陀。
>
> 很久很久以前，
> 什么造成大风？
> 大龙吹着气，造成了大风。
>
> 很久很久以前，
> 什么造成了大龙？
> 聪明的师傅，
> 造成了大龙。①

　　密洛陀是大风所造成的，大风又是大龙吹的气造成的，大龙又是师傅所造，师傅是谁呢？据说是一座大山所孕育。壮族的创世神话《布洛陀》中也谈到了布洛陀的来源，他是天地间的一个石头蛋所孕，与雷王和龙王等共同而生。所以，就这些神话故事而言，这些创世神话的主人公本身并不能高于自然，例如布洛陀甚至是雷王的兄弟，雷王管天上，他来创造人间的其他一切。因此，这些神话故事告诉我们：自然与人是相互生成的，是一种相互化生和创造。这里所说的化生，包括祖先们为了弥补自然的不足，而把自己身体化成了自然的一部分，从而使得自然更完美，更适合人们的生存。《密洛陀》中又说：

> 很久很久以前，
> 什么造成了大龙？
> 聪明的师傅，

---

① 广西民间文学研究会收集，莎红整理：《密洛陀》，广西人民出版社 1981 年版，第 1 页。

造成了大龙。

师傅死去了，

师傅的雨帽变成了什么？

师傅的雨帽，

密洛陀拿它造成了天空。

师傅死去了。

师傅的手脚变成了什么？双手双脚变成了四条柱子；

密洛陀拿来柱子，

把天边四角撑起。

师傅死去了，

师傅的身子变成什么？

身子变成了大柱

密洛陀拿来大柱子，

把天中央撑起。①

　　师傅本身是山所孕育，死后又成为天地的一部分。

　　瑶族则有盘古神话，也表现了这种自然与人之间相互化生的过程：
"那个盘古老公公，他从东方走过来，带来一把好斧子，来劈两块薄板
儿……盘古老人热心肠，狠狠擎着天向上，……他撑着天多少年，天就升
高多少尺，他撑着天千万年，天就升高千万尺……抬眼望去不见边，还没
造成光山坡。……盘古公公英雄汉，说起话来像雷鸣，眨眨眼睛就闪电，
呼吸变成东风吹，眼泪回城清水流，头发变成柴和草，久久撑天太久长，
身子散架落纷纷，盘古死后变山坡……"②

　　布依族的神话故事《力戛撑天》中写道，在古时候，天地之间距离

　　①　广西民间文学研究会收集，莎红整理：《密洛陀》，广西人民出版社1981年版，第2页。
　　②　贵州省少数民族古籍整理出版社规划小组办公室编：《苗族古歌》，贵州民族出版社
1993年版，第28—34页。

仅仅相隔三尺三寸三分远，天地离得近，脑壳经常碰到天，挖地则锄头也会碰到天，人们连腰杆都不能伸直。有个叫力戛的后生，力气很大，他见大家抱怨，所以就忍不住用力把天撑高。力戛和众人齐心协力地把天撑上去三丈多高，还是不够，所以力戛就用力吸了一口气，把那些榕树叶子、木棉叶子、茶花、夹竹桃，都吸进肚子里，然后眼睛鼓得有海碗大，浑身筋脉胀得像楠竹那么粗，然后使劲用手把天撑上去了九万九千九百九十九丈高，地被蹬下去九万九千九百九十九丈深。但是，一松手天又会掉下来，所以，力戛最后把自己的牙齿全拔下来，当作钉子把天给钉住了，牙齿就变成了漫天星星，拔牙流出的血则变成了彩虹。喘出的气变成风，流下的汗变成了雨，头上的花格帕，变成了银河。大肠变成了红水河，小肠变成了江河，心变成了鱼塘，嘴变成了水井，胳膊和手腕，变成了山坡，骨骼变成了石头，头发变成了树林，眉毛变成了茅草，耳朵变成了花，肉变成田坝，筋脉变成了大路，脚趾变成了各种野兽，手指变成了各种飞鸟。①

　　这些神话似乎只是幻想性地回答天地及其他事物的起源，神话也不止是一种幻想，约瑟夫·坎贝尔说一切神话都是真的，那么，蕴藉在神话中的那种民族个性当然也是真的。毕竟，神话是一个民族的集体生活记忆，他们对世界的体验和应对态度都包含其中。面对自然的不完美性，这些创世先祖们并没有将就着生活，他们有勇气和能力去把不适合人民生存的环境变得适合人生存，把无序的自然变得更为合理，更为有秩序。因此，尽管他们化身为自然，看起来依然是从自然中来，回到自然中去的一种人依生于自然的形态，但由于这种回归是包含了人的愿望和抱负，说明了这种人与自然之间的结构关系中，人不是属于压抑型的，而是主动创造型的。实际上，"自然"这个术语是个抽象的存在，自然是由一系列元素和物质、物种共同构成的，没有人类的创造，其他物质的变动、其他元素或物种的改变，都会使自然走向有序或者无序，例如火山、地震、海啸、飓风、洪水、气候变化等，都可能使沧海变成桑田。而人的加入，是有意识地按照适合人类生存的要求来改造自然、创生自然。

---

　　① 谷德明编：《中国少数民族神话》（下册），中国民间文艺出版社1987年版，第613页。

三　人对自然的创造

广西西江流域少数民族的创世神话还有大量人对自然的创造的表述，即让荒芜的自然充满各种动物、植物和人。西江流域的创世祖先们的创造物也充满了西江流域的地域特色：

> 密洛陀造了天空，
> 又造什么在天上？
> 密洛陀造日月在天上，
> 密洛陀造星星在天上，
> 密洛陀造雷王在天上。

> 密洛陀造了大地，
> 又造什么在地上？
> 密洛陀造水渠田埂，
> 密洛陀造五谷杂粮，
> 密洛陀造飞禽走兽，
> 密洛陀造鱼虾河网。

密洛陀不仅造了日月、星星、还特地提到造了"雷王"，可见居住在山区中的瑶族经常见到的自然景观之一就是闪电打雷，这符合西江流域多雷雨天气的特点。另外，水渠田埂、五谷杂粮、鱼虾河网、飞禽走兽等也是瑶族居于山林峡谷地带的生活所需之物。

《苗族古歌》中也描述道：

> 姜央是个聪明人，
> 姜央是生来最早。
> 他来造天和造地，
> 他来造鬼和造人，
> 他造山坡生草草，
> 他造水塘张浮藻，

> 他造蚂蚱乱蹦跳，
>
> 造狗打猎满山跑，
>
> 来造耕牛犁田地。

　　苗族人喜欢打猎，所以特别有"造狗满山跑"的生活体验的想象。蚂蚱、水塘、山坡、野草等实际是苗族人居住的地域经常见到的事物，造猎狗、造耕牛说明这是个生活在山林中的农耕民族。这些事物对他们尤其重要，参与到他们的生活中。按一般理论而言，这些史诗和古歌所言，不过是一种对他们生活中重要事物的想象性解释，他们没有说这个是神仙创造的，而把它们说成是祖先创造的。自然孕育祖先神，祖先神又创造天地万物和人类，让世界变得充实而有序。

　　正是因为这样的创造性，所以经常会发现人与其他物种是同源关系。侗族的神话说：

> 松恩和松桑，
>
> 二人配成双，
>
> 生下了十二个孩子，
>
> 各是一个模样。
>
> 虎、熊、蛇、雷，
>
> 猫、狐、猪、鸭、鸡，
>
> 只有姜良和姜妹，
>
> 才会喊莆乃。[1]

　　松恩和松桑在侗族故事里是最早的男人和女人，他们本来也是自然所化生，但他们本身又生了其他的物种。侗族的这个故事特别地把动物和人的关系拉近了，人和自然是一种不可割舍的血缘关系，人和其他存在物还没有泾渭分明地分开，"人与大自然间的一切生物不仅地位平等，而且同出一源，亲如兄弟姐妹。由此可见，一个民族生态关联视野的形成，是与

---

[1]　转引自朱慧珍、张泽忠：《诗意的生存》，民族出版社2005年版，第50页。

这个民族对于生物起源和对世界的整体关联的理解有密切关系的"①。由此断定侗族是一个诗意栖居的民族，也许有其合理性，但应该是不全面的，即这不是故事的全部，只是其中的某个部分而已。《起源之歌》中说："姜良和姜妹不愿意与禽兽为伍，邀约弟兄们上山赛计。雷吼、虎啸、龙摇头、蛇摆尾，各个逞能逞强。最后轮到姜良姜妹，他们俩放火把山烧。满山遍岭，烈火熊熊，逼得老虎逃进山，老蛇逃进洞，龙王逃下海，雷婆逃上天。从此，人兽分开。"② 这说明没有哪个民族与自然的关系是一种单纯的关系。如果侗族是一个非常诗意的民族，恐怕它不可能绵延这么久，一个诗意的民族，如果这种温和亲切是它的民族个性的话，恐怕早就消失在历史的长河中了。因为过度温和的民族抵抗不了生活的风霜严苛。同样，也没有一个民族一直处于与自然的对立中，因为对立总要走向统一。人类祖先积极地创造人和其他物种，以及人的生存所需要的其他一切。从西江流域的创世神话来看，人与自然之间的相互生存、相互孕育或者创造都说明人与自然的关系是一种复杂的关系。自然在人面前是不完美的，所以人类始祖觉得他有必要也有这个勇气和能力去弥补一下它的缺陷。同时，人本身也是不完美的，所以他也没有能力做得比自然更好，这是因为，人经常在创造的时候，创造出不利于人生存的事物。广西西江流域的少数民族有不少关于射太阳的故事。《苗族史诗》中有铸造日月的故事，一下子造了十二个太阳，这十二个太阳对应十二地支，每个月轮流出来，可是人也不能控制自己的造物，他们要出来全部出来，要回去全都回去，所以，人也不完美，至少，他自己也不能完全控制自己的造物。广西西江流域的创世神话表明人与自然处于一个既相互生成又有对立竞争的关系，所以，我们并不能认为广西西江流域这些少数民族的原始文化根性就一定是诗意的，一定是温和包容的，一定是处于依生状态中的。神话故事表明了广西西江流域少数民族复杂的生存模式。

第二节　文学艺术中依生与竞争相辅相成的生态文化

人与自然的相互生成关系，相对于彼此的不完美，使得人与自然不可

---

① 朱慧珍、张泽忠：《诗意的生存》，民族出版社 2005 年版，第 50 页。
② 《侗族文学史》编写组：《侗族文学史》，贵州民族出版社 1988 年版，第 42 页。

能完全使得矛盾结构以压倒性优势同化矛盾的另一方。自然没法高高在上，也没有创世神高高在上，有的只是人类的始祖，所以人也没办法高高在上，两者的关系构成了依生、竞争、依生中的竞争、竞争中的依生等多种关系。

一　人与自然的依生关系

广西西江流域的人们并不畏惧自然，但也会形成二者之间的依生关系。依生关系，可以做多种理解，一种理解是人们对某个自然物的来自心底的尊敬和崇拜；另一种理解可以是人与自然的相互依存关系，不是指那种崇拜与被崇拜，服从与被服从的关系，而是一种相互需要的关系。

就第一种依生关系而言，广西西江流域的创世神话所展现的气质并不是一种不得不为之的依生关系，即不是因为对象的威严、高不可攀的畏惧而诚服的依生关系，而是对自身起源的尊敬关系。壮族人崇拜土地，崇拜土地也是崇拜米六甲，米六甲也是花婆。因为米六甲在壮族的创世神话《布洛陀》中是随着布洛陀从石蛋中生产出来的。米六甲造人有不同的传说，其中一个版本是她用泥土造人。壮族人把米六甲看作是生育女神，"她是壮家供奉的专司生育、保护儿童健康的女神。并且，人去世后，还归花婆掌管的花山"①。

因此，土地既是创世神的产生之所，也是人类自身的物质构成，崇拜土地，"壮族人通过对土地的认同——凸显了自我"②。

另一种依生关系更强调主客体矛盾关系中客体以巨大的优势来同化主体。例如米六甲故事中说："米六甲在山上造地，一只山鸡走来说：'咕，咕，我给你送来一粒棉籽，你种出棉花给我一件美丽的衣裳。'一只水獭也从河里跑来，说：'我也送来一颗麻子，第二天收麻给我装扮装扮。'鸟兽是米六甲造出来的，她一样疼爱它们，回答说：'你们都放心，一定会办到。'两粒棉麻子落地不久，山地棉花一片白，麻株兜兜壮。米六甲把棉花织成布，染上蓝、黑、绿、红等12种颜色，给孩子们缝衣服，子女们穿上，各个如虎添翼。米六甲把麻线捶打，染上七十二种美丽的颜

---

① 翟鹏玉：《那文化生态审美学》，广西师范大学出版社2013年版，第30页。
② 同上书，第31页。

色，分发给各种鸟兽，从此百鸟飞翔，百兽欢腾。山鸡和水獭送棉麻子有功，米六甲送给山鸡六色羽毛，打扮得最漂亮，百鸟来赞美；水獭得了一身绒装，下水不湿，严冬不冷，水陆两栖，百兽来祝贺。"①

从这个故事里，我们可以看到，人与动物之间的相互依靠关系。故事很奇特，更奇特的是米六甲可以造这样，造那样，唯独造不出衣服来，所以孩子们长大了后，出不去屋子，只能用芭蕉叶裹身子。创世女神也需要动物来帮助，而动物本身也通过人的帮助达到了自己的目的。而且，尽管动物也是米六甲所创造的，但米六甲并没有命令动物，而是和动物互利互惠、平等交换。故事看起来很幼稚，不过，叙述故事的态度或者叙述语气是很重要的，因为叙述态度或者叙述语气会很好地体现出一个叙述者对待叙述对象的感情。因此，在这种有趣的故事叙述中，夸张而略显得欢快的语气使得人和动物之间充满了一种融洽的欢乐的情调。广西西江流域的许多故事都似乎显示这个流域的人们对自己周围的事物，那些与人的生存无害的事物非常亲昵。

尽管神话揭示了人与自然的相互化生、相互亲密依存的依生关系，但并不意味着，人永远这样与自然和睦融洽地相处，实际上，人与自然关系的复杂性完全是由生存关系决定的。因此，当自然界其他事物妨碍到人的生存的时候，人与自然的分化就是必然的。

二　依生关系的分化

人与自然的有意识的区别在早期神话中就有了萌芽表现。

侗族《嘎登》（歌之源头）神话中确认人与其他的物种的同源性，《起源之歌》这样表述人与自然的渊源与关系：天地混沌→遍野树兜→树兜生白菌→白菌生蘑菇→蘑菇变河水→河水生虾子→虾子生额荣→额荣生七节→七节生松恩→松恩和松桑生了十二个孩子：虎、熊、蛇、龙、雷、猫、狐、猪、鸭、鸡、姜良、姜妹。虽然是十二个一母同胞，但姜良和姜妹是与其他的兄弟姐妹不同的，因为他们会喊甫乃（父母亲），言下之意似乎姜良和姜妹才是最聪明的，大概也是这种潜质的品质差异，姜良和姜

① 连山壮族瑶族自治县人民政府、广西民间文艺家协会编：《女神·歌仙·英雄》，广西人民出版社 1992 年版，第 14—15 页。

妹是人，所以"不愿意与禽兽为伍，邀约了弟兄们上山赛计。雷吼、虎啸、蛇摆尾，各个逞能逞强。最后轮到姜良和姜妹，他俩把山烧。满山遍岭，烈火熊熊，逼得老虎逃进山、老蛇逃进洞，龙王逃下海，雷婆逃上天。从此，人兽分离"[1]。

《苗族古歌》中也写道：

> 我们来赞十二宝，
> 远古十二个宝蛋。
> 树林难容众多鸟，
> 房屋难住众多人，
> 一个火坑不够用，
> 九个男子一把刀，
> 一把砍树弯柴刀，
> 你要用去我不愿，
> 九女一架纺纱机，
> 你要去纺我不愿，
> 满屋都是争吵声，
> 个个都要争做父，
> 人人都争当大哥，
> 哪一个人最聪明，
> 哪个要争当大哥，
> 你要当哥我不愿，
> 我要当哥你不肯，
> 互相咒骂千把句，
> 互相砍杀千把刀？[2]

苗族古歌中这种为了当"大哥"就兄弟不睦，谩骂诅咒，甚至大打

---

[1] 《侗族文学史》编写组：《侗族文学史》，贵州民族出版社1988年版，第42页。
[2] 贵州省少数民族古籍整理出版社规划小组办公室编：《苗族古歌》，贵州民族出版社1993年版，参见第504—505页。

出手的事情令人匪夷所思，"大哥"这个身份如果不是因为切身利益的话，恐怕也不会人人拼命争夺。无独有偶，这种故事还不只是苗族才有，水族也有这样的故事："牙巫的顽强斗志感动了月神，于是派风神与之配偶。风神化雨浇淋在牙巫身上，最后生下了十二个仙蛋。四十九天之后，这些蛋变成了十二种动物：人、雷、龙、虎、蛇、熊、猴、牛、马、猪、狗、凤凰。由于各个争当老大，发生争执。"①水族的古歌《人龙雷虎争天下》中也讲了与苗族古歌中同样的故事，四个同宗兄弟，"后来因为小米、住房、平坝（田土）的争议发生内讧"②。这些神话故事都表现了为了争夺生存资料，"争大哥"就不是一件简单的事情，而是一种身份的象征，大哥实际上是"老大"，有助于他们获得更多的实际利益。

　　这种争夺的必然性和尖锐性，无不表示出无论对动物或者人来说，生存都是第一位的。并且，人在神话中总是利用自己的智慧取得"老大"的位置。侗族神话中说只有"姜良和姜妹，才会喊甫乃"，苗族故事中则人会用火将动物驱散、四处飞逃。所以，从这些故事来看，人与动物或者其他物种，虽然有同源关系，但并不意味着人与自然就一直在这种亲情关系下和睦共生。包括我们前面所讲述的壮族米六甲给鸟兽美丽的羽毛和水獭温暖的绒衣故事中，也不可避免地从和谐欢乐走向纷争："鸟兽都穿上各色美丽的毛衣，在林中耀武扬威，热闹非凡。草木也都跑来，要米六甲给衣服。百草千木，各说各有理，争吵要最美丽的外衣，闹得天翻地覆。"③米六甲给了它们新衣服，但是这些草木并没有满足，嫌弃自己的花色。米六甲劝它们不听，竟然还动手打人。……以至于米六甲惩罚它们："从今日起，我封住你们的嘴巴，不得再说话，也不准走动，头发要颠倒，固定在泥里。"植物被罚，动物也被罚。这些都是人类社会在日常生活中纷争的体验投射的结果，也意味着广西西江流域的人们虽然也对自然友善，有着人与自然之间亲缘关系的幻想，但即使在这样的幻想下，如果人类的生存存在问题，那纷争就不可避免。也正因为亲缘关系不是阻止纷争的理由，所以，不仅人与自然之间的关系会发生矛盾，人与人之间的

　　① 黔南文学艺术研究室编：《水族文学史》，贵州人民出版社1987年版，第49页。
　　② 同上。
　　③ 连山壮族瑶族自治县人民政府、广西民间文艺家协会编：《女神·歌仙·英雄》，广西人民出版社1992年版，第15页。

关系也不可避免地陷入各种斗争关系中。因为，如果认为创世神话中的人源于自然，人也化生为自然的一部分，人也生育人之外的其他物种或者把人和其他物种一块制造就认定人们特别淳朴，与自然特别亲厚的话，那么，人类社会本身不是比起人与自然关系而言，在血缘上更亲近，感情是否应该更深厚？那么，人与人之间岂不是更加融洽，更没有争斗吗？可是，哪怕像侗族这样和善的"诗意栖居"的民族，也有"款"组织，这个组织有许多社会的规诫，目的之一就是防止犯罪以及对犯罪的惩罚。因此，哪怕最和善的民族的故事，也表现出了纷争的一面，这才是生活本身复杂性所固有的特点。

三　人与自然的相互竞争

广西西江流域各少数民族的文学艺术从其神话故事所奠定的文化惯性出发，深刻地表现了面对艰难的生活处境，少数民族人们如何积极地生活，他们的积极性和创造性在创世神话中就已经表现出来了：那就是与恶劣的自然环境竞争，如果是优美的自然环境，他们就不用也不会去与自然竞争。所以，西江流域少数民族与自然之间的这种竞争关系，并不是那种表现人的绝对主宰的现代主体意识，而是表现出了对恶劣自然环境的克服。

人与自然的相互竞生关系表现最鲜明的就是射太阳神话和洪水神话。西江流域的水旱灾害是比较严重且频繁的，所以才会有那么多的射太阳神话和大洪水神话，它们清楚地表明了人是因为什么，又如何要与自然作斗争。

西江流域不少少数民族都有关于射太阳的传说。壮族有《特康射太阳》，它"反映了壮族祖先与恶劣的自然环境作斗争的英雄气概"[1]。这首长诗首先描述了特康这个英雄人物一出生就不同凡响的事迹：娘生特康才三朝/特康檐下玩泥团/娘生特康才三月/特康墙根学射箭。长诗第二部分则反映了壮族先民所处的恶劣条件：河里鱼虾全渴死，峒里的禾苗尽枯焦。……烈日晒土土焦炭/日光晒山山枯黄/千年泉水尽断流/天下池塘尽枯干。因为天上有十二个太阳，所以，土地、山脉、泉水、池塘、禾峒全

---

① 马学良、梁庭望、张公瑾等主编：《中国少数民族文学史》上，中央民族学院出版社1992年版，第166页。

部枯焦，让人无法生存。在这种情况下，特康自告奋勇为民除害，选了三棵青钢木和三棵大毛竹，精心制作了一把硬弓，爬到高处，射杀了十一个太阳，最后在老巫婆的请求下，留下一个太阳晒谷子取暖。

布依族射太阳的神话有《射太阳》《勒戛射日和葫芦救人》，古歌有《十二个太阳》等。布依族也传说有十二个太阳，"它们喷吐烈焰，大地被晒得田地龟裂，花草树木枯萎，人们不堪其苦，布依族神箭手勒戛射日拯救人类。他跋山涉水，历尽千辛万苦，最后自己登上高入云天的大榕树，弯弓搭箭，射落了十个太阳，剩下两个，一个钻进云层，一个跳进天河，再不肯露面……"①

苗族《杨亚射太阳》是一首较为完整的神话叙事诗，它分为两个部分，一个部分是叙述日月的由来；另一个部分是叙述杨亚射日月的故事。故事叙述的是铜匠和铁匠们造好了八个太阳和八个月亮在天空运行，于是大地焦赤，万物和人类都遭受到极其惨重的灾难。杨亚非常气愤，决心把多余的日月射落。他砍倒当时唯一没有被晒死的一棵桑树，制成弓箭。跑到太阳出来的方向，即大海边的山上，拉弓搭箭，把七个太阳和月亮都射掉了，剩下一个月亮和太阳吓坏了，不敢出来，人们派公鸡去请，太阳和月亮才敢出来，所以，以后太阳出来都要靠公鸡来请了。②

水族也有造天地日月和射日月的神话，水族的古歌《开天地造人烟》中的创世神名叫牙巫，她在造完天地后，又造日月星辰，但性子急，用一股蛮劲造太阳，一下子就是十个，这十个太阳出来晒融了岩石，晒死了花草树木，晒干了江河湖海，最后牙巫给了来求她的人们弓箭，总算把八个太阳射掉，剩下两个，一个变成了月亮。③

瑶族也有专门的射太阳的故事，如流传在广西南丹的《格怀射日月》。这个故事讲的是天上老大扛着九千九百八十个九齿铁耙来人间耕地，后来老大被老鹰抓回天上，铁耙还在田里，一个叫卜罗陀的人把这铁耙拿去练成九个太阳，九个月亮，但是太阳太多，晒得石头都融化，人们头上晒出火来。所以，射箭能手格怀在人们的央求下，就把八个太阳和八

① 黔西南布依族苗族自治州民族事务委员会、贵州大学中文系编：《布依族文学史》，广西民族出版社1983年版，第28—29页。

② 贵州省民间文学工作组编：《苗族文学史》，贵州人民出版社1981年版，第41—42页。

③ 黔南文学艺术研究室编：《水族文学史》，贵州人民出版社1987年版，第45—46页。

个月亮射死了。在射死太阳的过程中，格怀经历了非常凶险的旅程，他"爬过三万条大河，走过三万块平原，穿过三万座森林，趟过三万条大河，打死三万条毒蛇，杀死三万只猛兽"①。

令人惊奇的是，广西西江流域少数民族既存在着射日月的神话故事，同时也存在着救日月的神话故事，壮族有《救月亮》的神话、侗族有《救太阳》的神话。壮族《救月亮》说的是有一对夫妇，男叫刚都，女叫玛霞，一天晚上，正当青年们在月亮之下，桂花树下唱山歌时，突然月亮就不见了，直到有一天玛霞去山上打柴，发现大岩洞里绑着月亮里的小白兔。玛霞就握着柴刀进了山洞，结果发现月亮娘娘被铁索绑在石壁上，一只狐狸精躺在兔皮上打鼾，玛霞砍断铁索，月亮逃出山洞，玛霞又砍狐狸精，结果自己反而被抓住了，狐狸吹气把玛霞变成小花蛇，刚都寻来龙珠给小花蛇吞下，玛霞后来变成了花龙，他们一起来到山顶杀掉狐狸，最后，兔子背起刚都，和花龙一起飞翔九霄，他们就一直住在天上保护月亮。②

侗族的《救太阳》讲古时候天上的太阳不会落下来，气候非常好，但是，地底下有个恶魔商朱，喝人血，吃人肉，他最怕太阳，因为太阳出来他就浑身松软无力走不动路，两眼还发黑看不见东西。所以他对太阳恨之入骨，打了一根又粗又长的铁棍顺着风势把太阳击落。太阳没有了，商朱开山出来吃人。这时候，有一对勇敢的兄妹，哥哥叫作广，妹妹叫作扣，这对兄妹不忍人们受苦，与众人商量救太阳。于是大家做了一架九百九十九丈长的杉木梯，又搓了一根九百九十九丈长的麻绳，哥哥广到天上去寻找挂太阳的金钩，妹妹扣在地上寻找太阳。扣先找到太阳，高兴地笑出了声音，被商朱听见了，于是商朱把扣吃掉了。哥哥广最后找到金钩，并且把太阳放进炉里重新炼制，最后与众人齐心协力把太阳挂在了天上。③

射太阳的传说反映了西江流域非常炎热，或者曾经存在过旱灾，所以才会形成要把造成炎热干旱的太阳射下来的幻想。同时，像侗族这样的民

---

① 黄书光、刘保元等编著：《瑶族文学史》，广西人民出版社 1988 年版，第 9 页。

② 同上。

③ 《侗族文学史》编写组：《侗族文学史》，贵州民族出版社 1988 年版，参见第 58—60 页。

族生活在山谷中，多阴雨天气，气候上比较需要太阳，所以才有救日月的故事。这些故事都是幻想，依据的是人们需要什么来形成的。人们也许实际上并不能达成愿望和目的，但是不妨碍他们通过幻想的方式来达成愿望和理想。但即使是幻想，也表明了广西西江流域的各族人民并不会在自然面前坐以待毙，而是积极行动，去改变使他们无法忍受的自然环境。

在射太阳的故事里，人们幻想自己民族的精英是超凡英雄，人有能力创造太阳，创造多了还能够安排太阳按照一定秩序出场，如果不按照秩序出场，就把多余的都射下来，并且还非常精准。从这些神话来看，人以一种压倒性的优势来迫使自然按照自己的意愿去行动。自然界的东西已经不只是受到小小的惩罚，如米六甲惩罚动植物那样，而是更严重以身殉命，多余的太阳总是不能再存在。而救太阳和月亮的故事里，妖魔商朱成为人类的对立面，人被它所吃掉，而它也被人打死。因此，在这些神话中，彰显的是人类的能力，这种能力虽然是幻想的，但不妨碍古代西江流域的原住民们有这样的雄心壮志。

与射太阳母题神话相反，在大洪水神话中，人们却表现的很弱势，自然的雷霆之威，让整个世界近乎毁灭。壮族的《布伯》神话里说，雷王三兄弟管山管水管人间，如果人们敬奉不周到，就会降灾给人间。有一次，雷王发狠，人间足足干旱了三年，河塘干枯、树木死亡、人们奄奄一息。人们盼望雷王发发善心，但一年一年地失望，人们向雷王求情，却旱得更厉害。人与自然的矛盾激化。布伯是壮族人的英雄，勇敢无畏，能力卓绝。布伯上天与雷王斗法，布伯最后把雷王擒住，关在鸡笼子里，却忘记交代他的小儿女不要给雷王喝水，当雷王利用小兄妹的善良喝到水，恢复了能力，跑回天上去，并降下滔天洪水，世界到处一片白茫茫，飞鸟也无处落脚，布伯最后战斗而死。雷王因为布伯的小儿女给了他水喝，送了一颗牙齿给他们。小儿女因为没有看好雷王而怕父亲责备，哭着把雷王给的牙齿丢掉，结果它变成了葫芦藤，长出葫芦，洪水来的时候，兄妹两个人躲进了葫芦中逃过一劫。洪水退去后，兄妹成婚，才又重新造出人类。

类似的故事有瑶族神话《伏羲兄妹》、苗族神话《洪水滔天》等。讲的都是人与雷王的对立。人在这些故事中有时候是处于正义的立场，有时候则不是。从《布伯》神话来看，雷王是处于不义的立场上，人有权反抗作为恶劣自然的代表雷王。但从《伏羲兄妹》神话来看，雷王则是一个良知的判断者和执行者，它会打雷劈那些不敬父母的人。不管《伏羲兄妹》流传在哪个苗族聚居区，错的都是人，因为人想吃雷王肉，并且利用雷王惩罚那些不孝顺父母的人的特性，假装不孝顺父母，使计捉住雷王。雷王得到这些害人的家人的帮助，喝水逃脱，送葫芦给帮助它的人，然后降下大洪水。在这里，人的立场是错的。然而，《瑶族文学史》却认为这与"上古人类没有征服自然的能力有关"①。但如果从生态学的视角来看，这种无理挑衅的行为实则是对自然的不敬，导致洪水淹没全世界。但雷王又会留下一线生机，让世界可以复生。因此，有观点认为，"不管洪水灾难起于何种原因，但归根结蒂都是人的行为触犯了某种规律而导致的结果，重新建立一种和谐平衡的生态秩序是神话对当时生活状况的一种遥远的渴望"②。从瑶族洪水神话来看，雷王是正义的一方，而人是贪得无厌的一方，自然降下灾祸来灭掉这些贪婪的人。并且雷王还对那帮助过它的人留下了葫芦，以便让他们存活下去。从生态学视角来看，瑶族神话中的人想吃雷王肉，实在是匪夷所思的神话想象，确实是太过大胆贪婪，连主宰善恶的雷神也想去吃，因此，发大水也是应该的。当然，也不是所有的洪水神话都是像瑶族这样主动冒犯雷王。例如壮族的《布伯》中的洪水神话，实则是因为雷王嫌弃人间的供奉太少，所以才不下雨，大旱三年来惩罚人们，人们求情也无用，布伯不得已跟雷王斗。苗族《洪水滔天》这样描写了洪水的来龙去脉：雷王和姜央原来是兄弟，后来互相争当大哥，为此大打出手，不断有人来调停，结果他们的母亲决定："雷大雷是哥哥，央小央是弟弟。"大哥天天要出去到山坡干活，奉养老母，弟弟天天在家看家。雷王不服，几次想杀掉姜央，不过都被姜央糊弄过去了。母亲一看，还是分家吧。于是一家几个兄弟各自分得去处；龙王去海里，老虎去森林……雷王分家的时候，得到一头黄牛，到天上去了，而姜央则分得一条狗，住地上。姜央用狗耕田，但狗不会，姜央无法种地，日子难过，一天他想办法向雷王借了一头牛，并且还吃了牛，把牛尾巴插在田里，向雷王谎称是牛钻到地下去了，雷王来拔牛尾巴。后来才知道受了戏弄。雷王怒了，所以对姜央进行报复。雷王使了各种计策来害姜央，其

---

① 黄书光、刘保元等编著：《瑶族文学史》，广西人民出版社1988年版，第17页。
② 余敏先：《中国洪水再生型神话的生态学意义》，《淮南师范学院学报》，2011年第5期。

中发大洪水就是最厉害的一种。但姜央种了葫芦瓜，喜鹊和老鼠帮他把里面的籽弄出来，姜央就躲在里面，逃过雷王的迫害。最后雷王服输。水族的洪水神话非常平实地叙述了洪水的前因后果：

> 不当对　连年下雨，
> 涨大水　漫天茫茫。
> 兄妹俩　凿开葫芦。
> 钻进去　当作住房。①

因此，洪水神话实际上有多种类型，并不局限于王宪昭《中国少数民族人类再生型洪水神话探析》一文中所提到的三种类型，即（1）人与神的矛盾，包括人与神比本领（雷王居多）、人类开荒侵占了神的利益、人类拒绝向天神缴租等；（2）人与自然的矛盾，包括人类数量的增多，人对自然物的损坏等；（3）人与人的矛盾，包括人的不行善事、不赡养老人、分配财产发生争端等。② 大多数洪水都是因为这三类原因触发灭顶之灾的，但水族神话中洪水的原因是因为连年下雨，所以才涨大水。洪水的结局一般是人受到大洪水的危害，与自然或者神作对的人，或者不行善事的人以身殉命，但是留下兄妹二人（这一般是帮助了神的人），婚配再生人类。

对于洪水神话的生态学意义，有学者认为，"善待自然就会得到神的眷顾，破坏自然势必得到自然的惩罚。这应该是洪水神话的生态学意义之所在"。或者"通过行善施惠达到精神和谐是神话崇高的精神旨归。它突出的不再是人与自然的矛盾，而是人与自身修行之间的矛盾，它包含了人类在认识自然、征服自然的过程中对人类自身的认识，人从自然而生，从自然中获取生存的能量，善待自然是人类的根本职责。当人的灵长地位得以确立之后，行善施惠获得神的帮助成了人类自身精神修炼的主要内容。尽管很多神话表达的是对神的被动顺应，但是行善施惠是原始先民非常可

---

① 黔南文学艺术研究室编：《水族文学史》，贵州人民出版社1987年版，第52页。
② 王宪昭：《中国少数民族人类再生型洪水神话探析》，《民族文学研究》，2007年第3期。

贵的精神生态观"①。这种见解虽然有其道理，但是就西江流域的洪水神话而言，似乎不能都说成人怎么得罪神灵或者自然，如果说对自然不友善，只有瑶族的洪水神话是这样，瑶族聚居区所流传的洪水神话都是说人想吃雷王肉，设计捉拿雷王。在壮族洪水神话中，雷王作为神灵，不满意人对它的供奉，人们跟它讲理求情都无用，用大旱大水对付地上的人们，布伯才会跟雷王斗争。不仅雷王和人作对，水里的龙王也跟布伯作对，导致布伯最后身死；布依族的《洪水滔天》中则说雷王在天上睡懒觉，不下雨，导致天下大旱，布依族的英雄布杰就到天上去把雷神捉住，关在笼子里，雷神乘着布杰外出的时候，哄骗两个小儿女伏歌羲妹，最后得到他们的帮助逃跑，送了一粒葫芦种子给他们，叮嘱他们种下葫芦籽，长出葫芦用来避水。雷神等着这兄妹两个种下葫芦后就开始发威，人间发了大洪水。这些故事就不是无缘无故冒犯神灵了。特别是水族的洪水神话，它没有就洪水的原因虚构什么奇特的想象，而是直接讲述天连年下雨涨大水。在苗族的洪水神话中，雷王和姜央分家后把黄牛弄到天上去了，后者分得一条狗无法耕地，就捉弄雷王，加上之前争夺老大位置的失败，使得矛盾激化。因此，就西江流域的洪水神话而言，西江流域的少数民族基本上都有一种积极创造自然，化生自然的思想，可见这个流域的少数民族对自然是一种积极的态度，并不是消极服从和应对的态度。面临着活不下去的境况，不奋起抗争，那只能是一个不好的结局。在水族洪水神话中，天连年下雨导致的洪水，无关乎人类对自然如何，因为远古时期，人类对自然的破坏力实在有限，而天地自然之间的变化，如大洪水、地震、海啸、火山、冰川等气候地质灾变，不是人类渺小的能力所能对抗的。从结果上来看，西江流域只有瑶族洪水神话可以说是善有善报，而其他民族洪水神话的结果并不是这样的。因此，结合创世神话来看洪水神话，如果把创世神话中的精神个性与洪水神话联系起来，那么洪水神话中的个性依然是与创世神话相联系的，基本上都有着一种为了幸福的生活进行创造、奋斗甚至牺牲的精神。自然和人类的力量相较而言，自然是一种压倒性的存在，人类的生产力还相当有限，能够不完全匍匐在自然神灵的淫威之下，表现出可贵的抗争精神。如果没有这样的民族精神，那么，西江流域的原始住民

①　余敏先：《中国洪水再生型神话的生态学意义》，《淮南师范学院学报》，2011 年第 5 期。

就只能永远如动物般地活着，不可能创造出自己的文明。

西江流域的人们即使有这样勇敢地创造、奋斗甚至牺牲精神，神话中那些对神灵不畏惧的精神也没有使得他们狂妄自大到以自己为万物主宰的地步。人们没有因为这样的勇敢无畏的精神而肆意按照他们的意志来迫使自然诚服于他们。原因何在呢？这要从西江流域的民族文化精神中寻找答案，"那文化中的人地关系，既有依生，又有竞生，并且，这种依生与竞生都是双向甚至是多向的，从而保证了文化生态的活性。尤其重要的是，在竞生之中，人地关系没有走向完全的竞争，而是非完全竞生状态，从而没有将竞生绝对化，因而预留了共生的空间与途径"①。射太阳神话和洪水神话故事是一种人与自然的竞争关系，甚至是一种逼近这两者关系崩溃的竞争关系，但这两种神话都显示了人与自然之间的妥协性。从这种妥协性中，可以归纳非全面竞争的原因：（1）创世神话显示了西江流域各少数民族通过弥补自然的不足，把荒芜的自然变得生机勃勃；（2）射太阳神话表明这些原始住民本能地理解到没有太阳自己也是活不了的，活不好的；（3）洪水神话既表明了西江流域少数民族是因为自然神的恶劣而斗争，也显示了自然威力的强大无比，而人只有利用葫芦这样的工具才可在自然的威胁中逃生；（4）对于那些不威胁到自己生存的自然，他们甚至可以用非常亲切的态度去对待它们（例如米六甲送美丽的衣服给鸟兽，侗族人称呼树为树爷爷）。可以说，西江流域的人们出于一种生存本能，他们既热爱美好的自然，也勇于改造威胁他们的自然，而没有表现出因为贪得无厌（唯一的一个神话是瑶族人想吃雷王肉，显得有点狂妄）而妄图把自己视为自然的主人。这就与深受现代西方启蒙思想影响的竞生态度不同，西江流域的少数民族文艺显示了他们的民族个性虽然也勇敢顽强，但没有狂妄到或者从意识上觉醒到自己是自然的主人这个高度。

四　社会中的竞争

即使是同一父母生出的兄弟姐妹，也开始分家，吵闹，因为各种利害关系而争吵不休，意味着人类社会之间已经出现了分歧，开始了竞争，这

---

① 翟鹏玉：《那文化生态审美学》，广西师范大学出版社 2013 年版，第 272 页。

种竞争不是血缘或同源关系能够阻挡的。只看到少数民族人民淳朴无瑕，以为他们不会竞争的想法过于理想化，西江流域少数民族出现的英雄传说故事、悲歌、苦歌等正好印证了社会生态中所存在的竞争关系。

　　侗族的英雄传奇《萨岁之歌》，讲述的是一个名叫婢奔的女子，死后被称为神女。在侗族语言中，"萨"是祖母的意思，"岁"包括死和头一个两重含义。相传侗乡的平瑞寨有一个孤苦伶仃的姑娘叫仰香，没有父母，在伯父家寄人篱下，很小为伯父家养羊放鸭，一位名叫贯公的老人见仰香可怜，指引她去六甲寨找自己的舅舅，谁知等仰香到六甲寨的时候，舅舅受人迫害逃走了。仰香无处可去，就到当地汉家财主李从庆家为奴。仰香与一个名叫堵囊的长工同命相怜，相互之间产生了爱情。财主李从庆见仰香漂亮，想娶她为妾。堵囊得知后，救出仰香逃跑。他们逃到螺蛳寨，被好心的天巴奶奶收留。他们就在那里过上了男耕女织的幸福生活，不久生了一个女儿取名婢奔。有一天，仰香和堵囊及众乡亲到九龙山挖鱼塘，挖到一块神铁，堵囊请人将之打成一把大刀，称为九龙刀。财主李从庆知道了，借口挖鱼塘破坏了他家的龙脉而派家丁打手到螺蛳寨强占鱼塘，并且打死了仰香，还想打死堵囊夺刀。李从庆有一个侗族长工石道跑来报信，堵囊忍无可忍，决定趁着敌人不防备，邀集了螺蛳寨众乡亲攻打六甲寨，贯公赶来出谋划策，还把珍藏多年的神扇送给了婢奔。他们一举攻下了六甲寨，最后杀死了仇人。后来李从庆的管家害死了石道，即婢奔的丈夫，婢奔查明真相杀死了管家。而李从庆的儿子李点郎得知事情后，奏请皇帝派了八万兵来讨伐。李点郎为了夺取宝刀，派人伪装成远方来的小伙子到六甲寨同婢奔的女儿索佩、索美行歌坐夜，骗取了九龙刀。堵囊失去了宝刀，抵抗不住，被杀害。婢奔寡不敌众，率领众人退守九层岩。李点郎追到时，婢奔的神扇也失去了神力，经过殊死搏斗，寡不敌众，率两个女儿纵身跳下了悬崖。婢奔死后，化身神女，继续率领侗乡人民与敌人斗争，终于杀死了李点郎。[①]

　　壮族的《莫一大王》在桂西北农村广为流传。传说古代河池南丹县境内有一座莲花山，山下有一对莫姓夫妇年过半百无子，某天救起一位老人，后来老人给他们一粒种子，嘱咐他们种在莲花峰顶，说是将来种子发

---

①　侗族文学史编写组：《侗族文学史》，贵州民族出版社1988年版，第84页。

芽了，他们就会有一个儿子，而且还会称王。莫姓夫妻果然这么做了，也真的有了一个儿子。这个儿子取名莫一，相传有十二个眼睛，力大无比。一天，小伙子莫一进山打猎归来，发现村子浓烟滚滚，火光冲天。莫一冲进村子一看，发现村里房倒屋塌，不少乡亲被杀害了，还有一大批村民被官兵捆绑着押出村外。原来是官府、土司催租不得，派兵洗劫村子。莫一回家发现自己的父母倒在血泊中，家也被烧掉。他拔出宝刀，跳上烈马，追着官兵而去，打败官兵，救下乡亲们。乡亲们干脆提议造反，立莫一为王。官府和土司知道后多次派兵镇压，但都被莫一给打败了。那时，南丹河里还有十二条恶龙，每年要求老百姓供奉大批的猪牛羊，不贡，就发大水，降暴雨淹没田地村寨。莫一又把恶龙制服了，这些龙从此老老实实地耕耘、播雨。莫一大王后来被皇帝派来的人打败身亡。①

壮族还有侬智高的传说，他是左右江地区首领存福的三儿子，由于父亲存福当上首领后，看不惯当时的朝廷无能，独自领兵抵抗侵略者，被交趾兵掠去。侬智高为了救父亲，拿了一块生金赎回父亲，谁知交趾王得到金子也不放人，相反还把存福杀害了。侬智高意识到番王杀害父亲一定是皇帝的指示，决心先杀皇帝，造反最后以失败告终。

水族的《欧奥》讲述了欧奥在土司家当饲牛工，养肥了大群的牛，自己却连杂粮都吃不饱。欧奥是母猪精胎生下来的，有非凡神力。他把牯牛拖进洞里杀死吃掉，然后把牛脑壳和尾巴塞进岩石的两端，谎称牛自己钻进去了，土司管家怎么也扯不出来牛尾巴和脑壳。土司气急了，把欧奥撵出去还克扣了工钱。欧奥报复土司，用利刀砍了一堵大岩石，扛到土司田里，土司手下的人怎么也没办法把那石头搬出来。后来土司利用欧奥和姑娘对歌的机会把他杀害了。②

除了这些表现阶级内部竞争的英雄传说，那些来自男性对女性的压迫和竞争的故事也是非常突出的，在《刘三姐》传说中，哥哥也会危害妹妹，还有地主要强迫刘三姐嫁给他。还有大量的苦歌、悲歌之类的作品，无不表明了无论生活在多么偏僻的地方，那都不是世外桃源。

---

① 连山壮族瑶族自治县人民政府、广西民间文艺家协会编：《女神·歌仙·英雄》，广西人民出版社 1992 年版，参见第 45—50 页。

② 黔南文学艺术研究室编：《水族文学史》，贵州人民出版社 1987 年版，第 89 页。

　　这些表现社会竞争故事的共同之处，都是在严苛尖锐斗争中加入了少数民族特有的浪漫情愫，这些故事的主角都是一些与神有关的人物，或者超越常人的人物。比如侗族的萨岁婢奔，死后还成为女神，率领侗族人民取得斗争的胜利；而莫一大王跟神树有关，树生人生，树死人死；侬智高则是在抵抗杨六郎兵马的时候，有神藤帮助，提供食物给他们吃喝；欧奥则是母猪精所胎生的，力大无穷；刘三姐则拥有歌仙的身份，在传说中，她升仙而去。这些故事主人公的身份或者死后的结局，冲淡了故事的现实性，增添了浪漫的色彩，同时也反向说明了竞争的激烈性，哪怕有神灵相助依然失败，哪怕死后还在斗争。

　　从社会竞争的角度而言，这些故事中的主人公基本上处于竞争中的劣势一方，他们不是主动地去进行竞争，而是被动应战。广西西江流域少数民族文艺表现的这些社会竞争也没有达到全面竞争状态。原因是这些民族并非好斗的民族，他们是因为外在的压迫实在让他们无法忍受才奋起抗争。西江流域的人们从主体而言是非常热爱美好生活的，只要没有过于强大的压迫，他们都愿意在那里诗意地栖居着。

第三节　文学艺术中和谐自由的生态文化

　　人类之所以与自然界的其他存在物不同，不是因为有过高的智商，毋宁说是因为人有一种"自由"根性，也正是这种自由根性让人类永远保持蓬勃生机。"近代生活思想、文化的解放，唤醒了人的自尊、自信、自立、自主之心，使人萌发了对自由的强烈追求，而科学的进步、经济的发展、生产力的提高，使人的本质、本质力量得到了提升，使人增加了与客体抗衡、改变自己在统一体中的地位的信心，因而自然萌发了在对立、对抗中自主、自足地实现自身潜能的要求……"① 而广西西江流域少数民族并没有经过主流社会的近代文明启蒙，对这里的人们而言，自由乃是出于一种本能的需要。

---

①　袁鼎生：《审美生态学》，中国大百科全书出版社 2002 年版，第 157 页。

一　和谐自由生活的想象和追寻

广西西江流域的少数民族文艺体现了他们对和谐生存的鲜明追求，如壮族《一幅壮锦》的故事。从前，在一座大山脚下住着一个老妈妈和她的三个儿子，老妈妈一家依靠她织的一手好壮锦生活。一天，老妈妈在集市上看到一幅美丽的画，那画上有田园、房屋、花园、池塘和成群的鸡鸭牛羊。老妈妈很喜欢，就买下了这幅画，她决心要把这么美丽的画织成一幅壮锦。老妈妈于是不分白天黑夜地织，松油把眼睛都熏坏了，眼泪都流到了壮锦上，老妈妈顺势在那里织成一条小河和池塘。鲜血滴在了壮锦上，老妈妈就把它织成了太阳。连续织了三年，美丽的壮锦终于织成了，老妈妈非常高兴。但是忽然一阵风吹过，把壮锦带上了天空，向东方飞走了，并且一转眼就不见。老妈妈于是派了大儿子去寻找，大儿子走了一个月，在一个大山口遇见一个老奶奶，这个老奶奶告诉他说是东方太阳山的仙女借去做样子了，如果要去找，就要打掉自己的两颗牙齿放在石马的嘴里，等石马吃到第十颗杨梅的时候，才能跨到它的背上，还要经过熊熊的烈火的火山和飘着浮冰的大海才能到达太阳山，如果坚持不了就会死掉。老奶奶劝他不要去了，又给他一盒金子让他回家好好过日子。大儿子回去了，拿了金子去城里寻欢作乐。老妈妈的二儿子也是如此。最后，三儿子不顾艰险到达了太阳山，见到仙女们，也看见了自己妈妈的那幅织锦摆在屋子中央，就说明了来意。仙女们答应还给他，其中一个红衣仙女太喜欢这幅壮锦了，于是把自己的像也绣了进去。等三儿子回到家，老妈妈已经快死了，但壮锦的光芒让她活了回来，并且风一吹，原来住的地方就变得和壮锦一模一样了。三儿子和仙女结婚了，另外两个儿子则成了乞丐。

这个故事非常鲜明地表现了壮族想象中的美好生活的样子。壮锦上的生活模式如美丽的房子，池塘、田园、河流、花园、成群的鸡鸭牛羊等，呈现出一幅非常完美的生活画面。其中，田园，成群的鸡鸭牛羊是美好生活的基础和保障，河流和池塘浇灌田园，保证了土地的丰产，人与自然达成一种优美的和谐状态。从这幅生活图景来看，是围绕人的生活需要而展开的一幅和谐生存图景。更有寓意的是，原来老妈妈织成的壮锦中还没有人在其中，当壮锦成为现实的时候，仙女的绣像也成为了真实，和老妈妈的三儿子结成了夫妇，从此幸福地生活在一起，这意味着男女间的和谐、人与自然间的一致。

对和谐美好的生活的渴望还表现在布依族的《迪万与娘花》中。据传花妹如同她的名字那样爱花爱得入迷，她绣花、栽花，将不知道名字的溪谷打扮得像俊美的姑娘一样，荒山野岭披上绿装，乱石密布的溪谷长满了香气四溢的芳香花草。但是灾难来临，狂风暴雨摧毁了可爱的家园。花妹的情人迪万为了重建家园，寻找花妹，在祖宗托梦的帮助下，在龙王三太子和白胡子老公公的帮助下，到云南摩天岭借了"撵山鞭"，移山填海，疏通了河道，洪水消退，救出了花妹。他们开始重建家园，他们织出了九百九十丈长的飘带，上面绣上美丽的图案，然后铺在家乡的土地上，照这图案改造、建设家乡的面貌和山水，经过若干代人的努力，终于建成了一个美丽的大花园。[①]

这些故事反映了对美好生活环境的一种自觉的意识和追求。并且也有了主动设计的萌芽性质在其中，也充分显示了人们为了获得美好的环境而努力去追寻和创造的过程。

二　对爱情自由的诉求

苗族优美的爱情叙事长诗《仰娿莎》，表现了仰娿莎对爱情和婚姻自由的追求。这首叙事长诗在"苗族人民中的影响，就像阿诗玛在彝族撒尼人中间那样深远"[②]。仰娿莎据说是从水井中出生的，长得非常漂亮。樱桃花、蜜蜂、画眉都来找她谈情说爱。乌云用花言巧语骗她嫁给了太阳。但是太阳是个重名利的家伙，一结婚就丢下仰娿莎到东海边做生意去了，他娶仰娿莎是为了找个人干活，并不是真的爱仰娿莎。太阳一去六年不归家，在这六年中，太阳在东海边吃喝玩乐，仰娿莎知道了，派了蝉儿去请，如果回来，可以不计前嫌，生活下去。但是太阳不但不回来，还把蝉儿打死了。仰娿莎觉醒了，她认识到太阳心目中只有名和利，没有她。在六年生活中，仰娿莎发现太阳的长工月亮，心儿明亮像火把，每天天一

---

① 黔西南布依族苗族自治州民族事务委员会、贵州大学中文系编：《布依族文学史》，广西民族出版社 1983 年版，参见第 84—85 页。

② 《中国少数民族民间文学作品选讲》编写组：《中国少数民族民间文学作品选讲》，云南人民出版社 1984 年版，第 527 页。

亮就帮仰婀莎舂米，割草，晚上回来还要去挑水。仰婀莎认为月亮才是自己的追求、理想的爱人，她向月亮表白了自己的爱情，于是两人逃到天涯海角去安家，过上了幸福的生活。太阳回来找她，她告诉太阳，月亮勤快，月亮好心肠，她已经爱上了月亮。天狗来判案，月亮割让江山给太阳，让仰婀莎和自己成为一家。故事的爱情主题显示了苗族人民的爱情观念，并没有像汉族的礼教那样严密地控制着婚姻制度。仰婀莎之所以敢于在嫁给太阳之后还主动追求月亮，并且得到了天狗的支持，也说明苗族人民对爱情自由的支持。

对爱情的自由诉求，还表现在对爱情的表现方式上。西江流域许多少数民族都有通过对歌，或者坐夜的形式自行寻找爱人的习俗。但明代改土归流后，明朝廷鼓励少数民族前往中原寻踪，重新建立民族文化习俗。以至于人们的婚姻制度由原来的"坐夜""游方""浪哨"等的青年恋爱活动变成了像汉族一样的听从父母之命、媒妁之言。然而，原来的恋爱习俗的生命力也是强劲的，因为其中包含着人最本质的自由需求，对这种自由恋爱活动的维护也能在少数民族艺术文本中见到。例如布依族的《月亮歌》中情妹所唱的：

> 从前哪个兴八字？
> 哪代开始兴媒人？
> 兴八字费钱费米，
> 兴媒人更害死有情人！
> 让我们牵手过铜桥，
> 让我们拉手过麻地，
> 到有吃有穿的地方去，
> 无田无地也不后悔。[1]

这既是对习俗变化的反对，也是对古老风俗中自由元素的维护。

---

① 《中国少数民族民间文学作品选讲》编写组：《中国少数民族民间文学作品选讲》，云南人民出版社1984年版，第571—572页。

三　音乐中的生命自由表达

M. H. 艾布拉姆斯曾总结说："在1790年代的德国作家理论中，音乐成了最擅长直接表现精神和情绪的艺术，成为显露激情的命脉和灵魂，音乐与深藏的激情之间有联系，人疯了就会唱歌。"①音乐与人类生命激情有一种直接的联系，而西江流域这些善歌的民族正好用他们的音乐来诠释他们的生命。

音乐是人们生活中不可或缺的构成要素，广西西江流域各少数民族有"饭养身，歌养心"的文化传统。音乐，在西江流域取得了很高的成就，以数量之多、运用之广、形式之复杂而著称。数量是不可考的，因为这里的民歌是活着的，它们可以在人民的生活中不断地变化着，可以因时因地地被创造出来。而运用之广，则表现为音乐是生活的必需品，如婚礼、丧礼、恋爱、拜访客人、节日集体性对歌、仪式用歌，甚至随时随地，想唱就唱。形式之复杂，指的是这里的音乐演唱方式已经发展到很高的造诣，它们可以是个人独唱，可以是二重唱，也可以是集体和声，也可以进行多声部演奏，器乐与歌声相和。"生活在这片沃土上的大部分壮族、侗族（南侗）、毛南族、仡佬族及部分布依族（黔南荔波一带）同胞，把多声部民歌作为民歌演唱的基本形式，成为日常文化生活中不可或缺的组成部分……"②

为什么广西西江流域民歌文化这么发达？为什么人们什么都用歌声来表达？例如侗族，"在侗胞看来，侗胞是'通过歌声，抒发对生活的理解，对社会的认识，对未来的推断，'因此我们推断，侗歌既是一种音乐，一种艺术样式，也是一种生存方式，一种生存审美化、和谐化与栖居诗意化的方式……"③例如壮族，"'民歌社会'是对'以歌代言、以歌会友、以歌传情、以歌为媒'的黑衣壮社会的诗意指称"④。"民歌社

---

① ［美］M. H. 艾布拉姆斯：《镜与灯——或论浪漫主义文论传统》，郦稚雅等译，北京大学出版社2004年版，第57页。

② 樊祖荫：《壮侗语族与藏缅语族诸民族中的多声部民歌之比较》，载《中国音乐》，1994（1），转引自范秀娟《黑衣壮民歌的审美人类学研究》，第32页。

③ 张泽忠、韦芳：《侗歌艺术传承研究》，民族出版社2010年版，第10页。

④ 范秀娟：《黑衣壮民歌的审美人类学研究》，广西师范大学出版社2013年版，第63页。

会"，首先不管性质上是什么，但必须是民歌相当发达的地方才能称之为民歌社会。"'中国的少数民族，除了很少一部分有文字记录着自己的历史文化外，绝大多数民族并没有自己的文字，许多历史文化是通过口头传承而进行的，这也可以说是该民族的一种口头实录……歌谣、故事、传说是他们记录历史、传播知识、表达思想、交流感情的工具。这些歌谣、故事，也只能属于这样一些大自然的子民——他们在广袤的大地、浩瀚的海洋、茫茫的雪域、苍凉的沙漠、雄峻的高原、深邃的峡谷、平静的草原之中，从那里诞生了凝结着浓浓生活情、深深历史恋的歌，诞生出生存的方式和对世界的理解，那些歌不是唱出来的，是流出来的。'的确，对于壮族人来说，山歌不是唱出来的，而是流出来的，因为山歌生长于他们的心灵中、肺腑中、血液中；那流出来的，也不只是歌，而是生命本身。"①这里的人们这么热爱歌唱，因为这就是他们的生活方式，是他们表达自我，沟通他者的方式。音乐是生命的律动，是生命的自由表达。广西西江流域少数民族在音乐中所表达的喜怒哀乐正是他们生命的自由绽放。他们用歌声来娱乐神灵、用歌声来相伴劳作、用歌声来成就姻缘、用歌声来拜访亲人、用歌声来反抗敌人，歌声使他们的人生圆满了，使得生命与周遭世界达成了一种和谐的生存。

本章结语

　　广西西江流域少数民族被许多人解读为诗意的栖居者，与周围世界和谐共生，认为他们为现代社会提供了解决当前生态问题的良方。从文学艺术的许多文本来看，的确存在着这样的生态思想。不过，更为鲜明的是，西江流域各少数民族那种有限度的自由生存追求才是他们生活的核心。他们浪漫而又勇敢，温和而又坚强，生活对他们而言不是田园牧歌，不是世外桃源，但他们却在艰辛中追求着快乐的生存。

---

　　①　范秀娟：《黑衣壮民歌的审美人类学研究》，广西师范大学出版社 2013 年版，第 71—72页。

第六章　生态文化的民族性与时代性

　　广西西江流域生态文化是一种由各民族文化共同组成的多元共生的生态文化，具有鲜明的民族特色，并且在漫长的发展过程中积淀了深厚的历史传统。同时在当今人类社会发展向生态文明与生态文化转型的重要关头，又必须跟上时代发展的步伐，保持与时俱进的先进时代性。我们要将生态文化的民族性与时代性有机结合起来，从而为生态文明与和谐社会的建设发挥积极作用。

第一节　生态文化的本土民族性

　　文化是民族的标志。这意味着，文化总是带有民族性的。同样，生态文化也具有民族性，不同民族的生态文化各有特点，相互间存在一定的差异。造成这种差异的原因，一如维柯所指出，"各族人民确实由于地区气候的差异而获得了不同的特性，因此就产生了许多不同的习俗"[①]。因而，广西西江流域的生态文化，也呈现出在这个区域生活的特定民族的色调，即民族性。生态文化的民族性，以民族生态文化的形态存在。

一　顺应性

　　西江流域生态文化的民族特性，首先在于其蕴含一种顺应性。所谓"顺应"，即顺从适应，亦即朱熹所说的"物来顺应"（《朱子语类》卷七四）。就是说，西江流域的各个民族，他们在处理自己与自然生态环境的关系问题上，采取一种对生态环境顺从适应的态度和做法：不是刻意去改

---

　　① 　[意] 维柯：《新科学》（上），朱光潜译，安徽教育出版社 2006 年版，第 263 页。

变环境，让环境迁就自己，而是根据环境来安排自己的生产、生活。

西江流域人民顺应自然而生存，自有其原因。古人类学权威裴文中先生在《广西是古人类学研究的重点地区》的文章中指出，"在人类发生和发展的过去一百万年里，广西这个地方始终是气候温和，雨水充足，自然界中有丰富的食物资源，适宜于原始人类和与人类接近的猿类生息繁殖。"① 裴文中还为柳州白莲洞题词曰："中国可以成为世界上古人类学研究的中心，而广西是中心的中心。"② 裴文中的研究表明，柳州所在的西江流域很早就有了人类活动。

在新石器文化遗址的发掘中，已有西江流域土著先民的生存印迹。由于裴文中所指出的原因（"自然界中有丰富的食物资源"），那些先民们的经济生活，要么是单纯地等待自然的恩赐，即完全过着采集狩猎的生活，要么除采集狩猎外还从事一些原始的耕种和养殖；或者还有少数一些人，过着以种植为主兼营渔猎的经济生活。同时他们主要居住在岩洞，以避开风霜雪雨的危害，抵御猛兽的袭击。先民们思想意识简单，生产力水平低下，因此在很大程度上，依靠自然，适应自然，实乃属于不得已被动地受制于自然。③

无意识地顺从自然，事实上还谈不上有所谓文化。文化是人类自觉的产物。正如恩格斯在《劳动在从猿到人转变过程中的作用》所描述的那样，语言伴随着劳动产生出来，人的活动变得自觉起来，"他们对自然界的作用就愈带有经过思考的、有计划的、向着一定的和事先知道的目标前进的特征"④。就西江流域的先民来说，他们则把对自然的顺应，开始提到意识的层面上来。尤其是，虽然在原始时代自然界的物产足以果腹，但随着人口的增长，仅仅简单的依赖自然物产已难以保障族群的生存和发展。这就要求先民们进一步依循自然的节律，根据地理环境、气温气候的特点，展开经济活动，获得生存资料。

西江流域民族生态文化的顺应性表现在各个方面。

首先是循四季的运行来安排经济活动。

---

① 黄体荣：《广西历史地理》，广西民族出版社 1985 年版，第 12 页。
② 同上。
③ 同上书，第 16 页。
④ 《马克思恩格斯全集》第 20 卷，人民出版社 1971 年版，第 517 页。

传统时代的经济活动主要是农事即农业生产。农业生产是获得食物资源，保障人的生存和发展最基本的活动，故有"民以食为天"之谓。而在生产力水平低下的时代，农业生产的成败、收成的好坏虽也在于人本身的努力程度，但更决定于外在的气候、物候以及由此带来的各种影响，因而长期以来民间有"靠天吃饭"的说法。因此，合理地安排农事，必须掌握季节变换规律，了解不同时令的气温气候等诸方面的特性。西江流域的人民，在长期的生产实践过程中，通过观察和总结，形成了许多天候、农作方面的经验。比如苍梧县的《观天候口诀》是这么说的：

> 看天：朝看东南黑，势急天前雨；
>
> 　　　暮看西北黑，半夜看风雨。
>
> 　　　重阳无雨看十三，十三无雨一冬干；
>
> 　　　不怕重阳雨，最怕十三阴。
>
> 看云：早起天无云，日出光渐明；暮看西远明，来日定晴明。
>
> 　　　游丝天外飞，久晴便可期；清晨起海云，风雨霎时辰。
>
> 　　　风静郁蒸热，云雷必振烈；东风云过西，雨下不移时。
>
> 　　　东风卯设云，雨下已时辰；云起南山暗，风雨辰时见。
>
> 　　　日出即遇云，无雨必天阴；云随风雨疾，风雨霎时息。
>
> 　　　迎风对风行，风雨转时辰；日落黑云接，风雨不可说。
>
> 　　　云布满山低，连嬉雨乱飞；云从龙门起，飓雨连急雨。
>
> 　　　……①

有了这些天候知识，于是他们这样安排农业生产：

> 四季农作歌
>
> 人民总以食为天，农夫勤力去耕田；
>
> 种下稻粱麦黍稷，精耕细作获丰年。
>
> 正月就去修陇圳，坡圳通疏水灌天；
>
> 块块大田灌满水，开始就耙秧地先。

----

① 苍梧县志编纂委员会：《苍梧县志》，广西人民出版社1997年版，第907页。

二月处处耙田佬，浸种下秧要看天；
种瓜种豆争时节，抢在春分这几天。
三月清明时节到，放好基肥便插田；
十天半月禾苗壮，耘一追肥生勃烟。
四月两耘兼灭害，莫让病虫去蔓延；
其他作物回头管，除草中耘做一遍。
五月来临芒种到，晚禾又得播秧田；
田边杂草要锄净，预防虫鼠到田边。
六月割禾担谷转，晒干稻谷入仓先；
禾秆仍留田里沤，碌熟又来插晚田。
……①

除了《四季农作歌》之外，苍梧还有《十二个月节候丰稔歌》：

正月：上元日晴宜百果
岁朝宜黑四边天，大雪纷纷是旱年；
但得立春晴一日，农夫不用力耕田。
二月：社日雨年风果少
惊蛰闻雷米似泥，春分有雨病人稀；
月中但得逢三卯，处处棉花豆麦宜。
三月：初三日雨宜蚕
风雨相逢初一头，沿村瘟疫万人忧；
清明风若从南至，定是农家有大收。
……②

《十二个月节候丰稔歌》叙述的不仅包括如何按照自然的节律来生产，还涉及对不同气候条件下人的反应问题的认识。不论哪方面，我们都可以看出，这是一种和资源、环境之间的正向结合，是对生态环境的

① 苍梧县志编纂委员会：《苍梧县志》，广西人民出版社1997年版，第899页。
② 同上书，第906页。

顺应。

　　其次，广西西江流域民族生态文化的顺应性表现在根据地质条件、地形地貌以及物产资源的情况来进行生产，安排衣食住行。

　　经济活动在按照季节规律安排的同时，必须考虑地质条件、地形地貌，以及物产资源特性。西江流域地处亚热带，年平均气温在摄氏 20 度上下。山地、丘陵、平原梯次分布，山丘、河流密布，岭上岭下四季常青。在以农耕为主业的经济生活中，农作物主要是水稻，其次有玉米、薯类和甘蔗，也栽种香蕉、龙眼、荔枝、菠萝、芒果、柚子等。仫佬族和毛南族因地处西江流域西北部山区，则主要种植玉米、稻谷、高粱、豆类、薯类等粮食作物以及烟叶、棉花、茶叶等经济作物，并兼有牲畜饲养。[①]这些农作物和果树树种，基本原生于这些地区，是自然生态环境的产物。当地人民在原有的基础上，扩大种植和栽培，则进一步促进了生态环境的优化。

　　有赖于西江水系的发达，这里的部分居民也从事河湖捕捞业。例如苍梧县，该县不仅有浔江、桂江穿境而过，而且境内大小河流达 107 条，溪流密布，河流总长达 744 余公里。河湖里的淡水鱼类包括鲢、鳙、鲩、鲤、鲫、鲮、鲭、鲶等 40 多种；黄观鱼、三来鱼等是苍梧的优质特产鱼类。因此，直到 20 世纪解放初期，苍梧县的人和、倒水、龙圩等圩镇，依然主要以天然捕捞鱼类为业。1949 年渔民有 148 户 598 人，渔舟 59 只。1949 年后，成立了渔业合作小组、合作社，捕捞业，也包括养殖业，得到了进一步发展。[②]

　　西江流域的民族，他们的衣食住行方面，同样服从以上方面的考虑。

　　由于气候条件适宜，西江流域各地都广泛种植麻类和棉花。生活在西江流域的各个民族，都掌握剥麻、沤麻、绩麻、纺麻和弹棉、纺纱、织布以及制作服饰的整个工艺。《岭外代答》中记述了瑶族人的织布程序："猺人以蓝染布为斑，其纹极细。其法以木板二片，镂成细花，用以夹布，而镕蜡灌于镂中，而后乃释板取布，投诸蓝中。布既受蓝，则煮布以

　　① 宋蜀华、陈克进：《中国民族概论》，中央民族大学出版社 2001 年版，第 53 页。

　　② 苍梧县志编纂委员会：《苍梧县志》，广西人民出版社 1997 年版，第 237 页。

去其蜡，故能受成极细斑花，炳然可观。"① 在金秀瑶族自治县，据称直
到 20 世纪 90 年代，还有人家买棉线自织、自染棉布，制作民族服装。②
纺车和织机也是他们自己制作的。例如织壮锦的竹笼机，基本材料就是当
地的竹子和木料。《岭外代答》中说："邕明左右江蛮，有织白缭，白质
方纹，广幅大缕，似中都之线罗，而佳丽厚重，诚南方之上服也。"③ 讲
的就是壮锦。

在饮食方面，值得特别一提的是红水河上游的巴马瑶族自治县。巴马
被誉为"世界长寿之乡"，是世界五大长寿之乡中百岁老人分布率最高的
地区，百岁以上寿星占人口的比例高居世界五个长寿区之首。聚居巴马的
民族有瑶、壮、汉等 12 个，百岁老人中瑶族占大多数。④ 探究巴马瑶族
长寿的原因，有学者指出包括几个方面：饮食因素、劳动因素、遗传和婚
姻因素、环境因素和社会因素。单就饮食因素来看，巴马长寿者的饮食主
要有这样一些特点：

> 以玉米为主食，豆类杂粮为辅食。
> 以素食为主，年节吃点肉。
> 以植物油为主，动物脂肪食品少。
> 蔬菜、野果食用多，有丰富的维生素和纤维素。
> 不饮酒，少抽烟。⑤

为什么巴马瑶族有这样的饮食结构呢？这是因为巴马是高山地区
（最高处海拔 1216 米，最低处 221 米，大多在 600 米至 800 米之间），群
山密布，旱地占 90%，水稻种植较少，玉米、豆类、薯类以及麦、粟、
高粱等是其主要农作物、经济作物。火麻则是一种能有效抗衰老和抗辐射
的植物，由于对生长的自然环境要求极为苛刻，目前只产于巴马北部的石

---

① 周去非：《岭外代答》卷六，广陵书社 2003 年版，第 195 页。

② 玉时阶、玉璐：《广西少数民族服饰文化现状与传承保护》，《广西民族师范学院学报》，
2012 年第 4 期。

③ 周去非：《岭外代答》卷六，广陵书社 2003 年版，第 194 页。

④ 姚舜安：《瑶族民俗》，吉林教育出版社 1991 年版，第 72 页。

⑤ 同上书，第 76 页。

山，所以真正称得上是这里的特产。火麻仁榨出的火麻油是唯一能够溶解于水的油料，在所有植物油中不饱和脂肪酸含量最高，同时含有大量延缓衰老的维生素 E、硒、锌、锰、锗，以及被誉为"植物脑黄金"的 α—亚麻酸（ALA）。

另外，饮食中离不开水。巴马瑶族的饮用水，主要是水质纯净、活性高，富含有益于人体健康的 20 多种矿物质和微量元素的弱碱性泉水。这种泉水的水源在地下两千米喀斯特岩溶地层，经过层层岩石渗透到地表。山泉水属硬水，可以减少心血管疾病。长寿老人大多数都是饮用这种山泉水。

由此看来，巴马瑶族的饮食是根据当地的地质地貌、气候物产等生态环境的特点来考虑和安排的。这种顺应生态环境的生活方式，也许就是无数人梦寐以求而不得的长寿秘诀。

再次，西江流域民族生态文化的顺应性还表现为物尽其用。

很多自然事物，对于人类而言，都具有多方面的功能和价值。在了解物理物性的基础上，根据生产和生活的需要，尽可能使自然资源的功效得以发挥，得到充分利用。物尽其用，既节省资源，也有利于维护生态环境。西江流域各民族在生产、生活中充分发挥了物尽其用的特性。

从宏观层面就土地资源的利用而言，西江流域这方面就做得很好：

广西土地资源利用在自然、经济和社会等因素的综合作用下，土地利用在地区间有着很大的差异性。主要表现在东西差异上，大体以全州—桂林—柳州—武鸣—宁明一线为界，可分为东西两大部分。此线以东的土地利用以耕地、水面、城镇居民点等用地为主，其特点是以种植业为中心，林牧渔业等多部门综合发展，是广西主要的农业分布区，耕地利用以粮食和经济作物为主，丘陵坡地利用以林、果、茶生产为主，水产和畜牧饲养业也较发达。线以西是以山地利用为主，山多地少，林牧业成为西部地区土地利用的主要部分，即使是坡度较为平缓的山坡地，也主要是搞林粮间作，耕地主要集中在山间谷地、小盆地，这是西部土地利用的显著特点。

广西土地利用的南北差异，主要表现在由于热量差异而引起的土地利用上的差异。大致以贺县的信都—来宾—田林一线为界，线以南属南亚热带，土地利用以一年三熟，种植热带性作物、水果为主。线以北属中亚热带，土地利用以一年二熟，种植亚热带林木、水果、农作物为主。①

　　上述引文中"东"和"南"部分地区，正是西江流域的核心部分。尽管土地利用因为气候条件、地质资源等原因而产生"东""南"部与"西""北"部的差异，但显然，"东""南"部西江流域地区的土地利用要充分一些。"差异"既是不同，也是利用程度的高低之谓。

　　从具体微观的层面，我们同样可以看到西江流域顺应性生态文化的"物尽其用"这个原则。

　　稻草，水稻收割后的副产品。用庄稼的遗留物做肥料，是很多地区各个民族都有的好习惯。但西江流域的农家做法有所不同，而且稻草的作用远不止这些。先说作肥料这方面。南方不像北方那样直接在原地把高粱秆、玉米秆以及稻草烧成灰；南方也烧，但是烧得少。农家煮饭做菜缺柴草（南方山地柴草多，农家一般不用稻草作燃料）时，就拿干稻草来顶替。这些稻草灰以后作为旱地种苜蓿、花生及其他豆类、瓜类的肥料。作水稻田的肥料时，则通常是直接把一造收割后的稻草，用作二造插秧前田里的底肥。更常见的做法是将稻草用于沤肥。就是把干稻草铺到牛圈、猪圈、羊圈、鸡鸭圈里，既起到做食料（耕牛冬天的主要食料）的作用，也具备供家畜家禽保暖的功能。过一段时间，稻草和猪牛羊鸡鸭的粪便相混、发酵，于是农家就"除粪"，将这些稻草沤熟变成的肥料挑到田间地头堆放，用作来年生产的肥料。这就是通常所说的"农家肥"的主要来路。

　　稻草还有其他用途，如用来盖房子。这种草房南方农家习惯称为"草厂""厂子"。建草房主要目的是护卫庄稼，所以往往建在种瓜种菜的地块旁。建造和翻新维修都很简单，而且因为通风性能好，凉爽，住起来也很舒服。干稻草还可以成为"床上用品"——铺在床板上，以免太硬，起到"席梦思"床垫作用；冬天则有保暖之效，而且有一股清香。另外稻草也可以编草席，可以垫在枕头里。

　　稻草还可以用来编织草鞋、斗笠、蓑衣，可以用来打成绳子，使用到生产和生活的各个方面。单根稻草也可以当作绳子，捆扎东西，比如包扎粽子。说到粽子，稻草的作用其实还不仅是绑扎。清明、谷雨、端午等节

---

① 谢雄之主编：《广西壮族自治区经济地理》，新华出版社 1989 年版，第 72—73 页。

日，南方的农村都有包粽子的习俗。其中有些农家把坚挺、干净的稻草芯抽出来，一部分用于捆扎，另一部分则再洗净，晾干，然后烧成灰。把稻草灰用清水过滤，然后将糯米浸泡在黑色的稻草灰水里，直到白色的糯米变成灰黑色。然后将灰黑色的糯米，以及白色的甚至其他颜色的糯米，中间裹上腊肉、板栗、花生或其他豆类，用植物叶片（苇叶、荷叶、或专门包粽子的"粽粑叶"）包起来。这种粽子一般是一段白，一段灰黑，颜色和形状都很好看，俗称"灰粽"或"凉粽"。因为稻草灰是弱碱性的，有利于南方潮热天气里益气生津、清热消暑。以前不仅西江流域，广西各个地区都有人包凉粽，但现在只还剩西江上游红水河流经的都安县有人做凉粽，南宁也偶尔能看到。[①]

竹子遍布西江流域，在人们的生产、生活中发挥着广泛的用途。"用材"方面，竹子不仅可以作为建筑的辅材，甚至就是主料：作柱子、房梁、桥梁（竹桥），竹胶板、竹地板等。也可以做竹筏，以及撑船用的篙，或者做成扁担，做成笛、箫，以及鱼竿、筷子、毛笔杆，等等。"篾用"方面，竹篾可以编制各种居家用品，如笼、箩、筐、篮、箕、筛、篓、簣、笠，扫帚、篱笆、梯子、旗杆、桌凳、席子、扇子、牙签、杯子之属。"笋用"方面，说的是竹笋可以食用。右江流域的八渡笋因其美味可口而久负盛名。当然，不是每一种竹的笋都可以吃，苦竹竹笋带有苦味，西江流域很多地方都不爱食用，要么经过蒸煮去苦味，或者制成笋干，或者放入坛子泡制酸笋。"藩篱"方面，农家常用竹做成藩篱，来保护河堤，围筑菜（果）园。各种用法难以穷尽。把竹子作为风景，作为观赏对象，则无人不知，无需赘言。

随着工艺的提高，竹子的用途更为广泛。竹工艺品、竹家具、竹美术作品这样的东西也层出不穷，在世界各地的各种人群的视野中随处可见。这一点西江流域与其他地方似无不同。但这里用竹子纤维来织布制衣，则为其他地方所不及：晋代嵇含《南方草木状》就记有"单竹，叶疏而大，一节相去六七尺，出九真，彼人取嫩者，槌浸纺织为布，谓之竹疏布"。《元和郡县志》则载贺州竹布为贡品。直至清代，广西西江流域仍有竹子布生产。据乾隆《梧州府志》记载，藤县"麻竹，一说即单竹。有花穰

---

① 叶祯：《老水街女工日包凉粽上千个》，《南宁晚报》，2011年6月4日，第10版。

白穰之别。白穰蔑脆，可为纸；花穰篾韧，与白藤同功，练以为麻，可织，谓之竹练布"。《嘉庆一统志》则提到："平乐、恭城出筋竹，县妇能以竹作衫，充暑服。"① 可见，西江流域的各族人民，用竹子制作衣物，时间上早于其他人，也说明他们更善于认识身边事物，了解事物的属性，并能够发挥自己的聪明才智，合理地开发利用自然物，使事物各尽所能，为我所用。

二 实用性

与顺应性相关，西江流域生态文化的民族性还体现为讲求实用性。所谓实用性，指的是某种事物或行为活动，乃出于人的需要，是对人有益的。同时实用性也意味着能够因地制宜，节省成本，可实际运用，以及解决实际问题。强调实用性，并不否定对象或行为活动的审美性，但显然认为功能高于审美目的。卢梭指出，"智慧的进步，恰恰是和各族人民的天然需要，或者因环境的要求而必然产生的需要成正比的，因此也是和促使他们去满足那些需要的种种欲望成正比的。"② 民族生态文化重视实用性，道理并不玄奥。西江流域民族生态文化注重实用性，可从几方面来说明。

首先，西江流域的民族利用周围环境和事物的目的是促进生产，西江流域的"那文化"的发展变迁即可表明这一点。"那文化"即"稻作文化"。在壮侗民族的语言中，"那"就是"水田"的意思。西江水系的红水河、邕江、左右江一带，很多地名都带有"那"字，比如那坡、那隆、那甲、那桐、那重、那元、那望、那摆等。广西西江流域是世界稻作文化的中心，早在20世纪二三十年代，我国农业史专家丁颖教授即在西江流域发现广泛分布的野生稻。③ 而南宁隆安则是稻作文化中心的中心。④ 在隆安，已经发现了世界上最古老的野生稻，品种多达15种，而且都集中在隆安的稻神山附近。世界上水稻驯化最初是从中国南方地区的普通野生稻开始，而广西的普通野生稻与栽培稻的亲缘关系最近，表明广西是全球

---

① 李炳东、戈德华编著：《广西农业经济史稿》，广西民族出版社1985年版，第206页。
② ［法］卢梭：《论人类不平等的起源和基础》，李常山译，商务印书馆1962年版，第86页。
③ 丁颖：《我国栽培稻种的起源》，《农业学报》，1957年第3期。
④ 周仕兴：《稻作文明，从广西传向世界》，《广西日报》，2012年11月19日，第5版。

水稻最初的驯化地点。这一驯化地点就在南宁周边地区。[①]

　　支持隆安是"全球水稻最初的驯化地点""那文化中心"的考古证据除了野生稻、语言文字等之外，就是隆安出土了大量的石铲。石铲，广西到处都有，最初是在1952年于崇左发现（比河南新郑的石铲发现要早），后来在139个地方都有出土，几乎覆盖整个西江流域，所以也称"桂南大石铲"。但隆安是最集中的一个点，大石铲出土量多，分布点多（40个点）。

　　作为"那文化"文化遗存的石铲，当初是用来干什么的？有学者认为石铲首先是一种农业生产工具，而且是稻作农业生产工具，[②] 这是比较合理的解释。因为获得食物毕竟是生存的首要工作，而作为稻作文化发源地，进行水稻（也包括旱稻）种植，就需要有翻土工具。原始时代由于技术水平低下，先民们只能就近取材，把木棍、石块（或进行过简单加工）当作生产工具，因此，石铲首先是作为稻作工具而使用的。

　　石铲作为生产工具，是由时代和生产力水平决定的，但也体现出特定历史时期壮侗先民的聪明智慧，他们是出于实用性这个角度而选取了石铲这样的工具。笔者2013年3月到隆安考察过，看到隆安县城附近的石山，以及稻神山一带的山体，都是由页岩、板岩或成片状的沙岩、石灰岩等重叠垒加形成。片状的石块随处可见，而且比较大，也容易打磨，上下两面比较平整，只需要打磨侧面。比较一下可以发现，石铲的厚度通常也就是山体石片的厚度。另外，隆安—桂南大石铲与河南新郑的石铲比较，则前者比较大（故名"大"石铲），铲身各部位厚度比较均衡（刃部出于挖掘的目的所以打磨得薄些），而且形态统一也更美观一些。因为就地取材，而且方便制作，还因为需要，所以才有大量的石铲出现。而要便于掘地，则石铲要大一点，束腰舌形。就是说，壮侗先民们是为生产服务，从实用角度着想而发明了石铲这种工具的。

　　然而视石铲为祭祀器物而（非实用器）也是对的[③]。随着时代变迁，人类在实践中不断总结经验，制作的工艺水平不断提高，各种木制工具以

---

①　韩斌：《水稻全基因组遗传变异图谱的构建及驯化起源》，《自然》，2012年10月号。

②　覃乃昌：《壮族稻作农业史》，广西民族出版社1997年版，第158页。

③　同上书，第60页。

及金属工具逐渐运用到农业生产中。现在的农户家庭，一般都有犁、耙、锄、锹、镐，镰刀、簸箕、风扇车等农耕工具，这些就是各个时代所发明、改进并传承下来的。由此，原来作为生产工具的石铲退出了原来的角色，变成了祭祀的礼器。因为据说石铲和稻种一样，都是"娅王"（壮侗族的祖神，也称"稻神"）发明的，所以将石铲作为礼器祭拜她。的确，像广西博物馆收藏的那种"加工之精，制作之美"带双翼的大石铲，以及玉铲，似不太可能用来掘地（很多石铲的侧截面以及棱角，都还保有当初打磨的印痕，甚至有类似于用锯子锯成，却没有因使用而磨损的痕迹）。不同时期的生产工具有变化，说明壮侗民族都出于方便实用，促进农耕生产而进行着选择和调整。实用性的农耕生态文化还促生了壮侗民族"农具节"这样的节庆文化。每年四月初八，除隆安本地的壮族、侗族之外，毗邻隆安的扶绥、武鸣、邕宁、平果等地的各族群众都汇聚到隆安那桐镇，把带来的农具进行展示并买卖交换，互通有无，以提高生产水平。"广西隆安县壮族农具节"2011年已正式入选广西壮族自治区非物质文化遗产项目名录。

其次，广西西江流域的民族利用周围环境和事物的目的是为了方便生活、改善生活。

广西西江流域不少民族的民居建筑基本都属于"干栏"式建筑，这是由地理和气候决定的。"（武宣）县属地势，较浔属各县为高，故气候亦较浔属各县为稍凉……又或山色微濛，天气凝瘴……夏春雨淫，渐觉风凄。秋后多疟疾；若遇回南（俗以秋冬气暖，谓之'回南'；暖而复冷，谓之'翻风'），多有滞雨；必北风高起，然后晴霁。"[1] "瑶山，层峦叠嶂，树木荫翳，羊肠鸟道，崎岖难行……瑶山多林木，空气中时含多量水蒸气，故其地常润湿。"[2] 这是旅行家田曙岚先生20世纪经行武宣、桂平、蒙山、平南一带瑶山后留下的文字。概而言之，西江流域"气候温热多雨，地面潮湿，植被茂盛，野兽纵横"[3]。因而催生了与之适应的干栏建筑。干栏建筑具有如下特征：

---

① 田曙岚：《广西旅行记》，广西壮族自治区文史研究馆（内部资料），2008年，第174页。
② 同上书，第186页。
③ 张声震主编：《壮族通史》上，民族出版社1997年版，第182页。

（一）由于住宅离开地面数米，所以，室内干燥通风，空气流通，日光充足，适宜于华南沼泽多雨地带的居民居住，有利于防潮、防兽、防蛇、防洪等。

（二）利用底层潮湿的地方来豢养牲畜，安置舂碓磨，堆放农具及杂物，充分利用空间，节省建筑面积，便于看管家畜。

（三）这种住宅的建筑材料，以竹木结构为主。岭南地区盛产木、竹，便于就地取材，造价低廉，适合于古代民间采用。

（四）利用金属工具凿木柱为榫卯以为衔接，结构简单，经久牢固，便于因地制宜，在起伏不平的山区，随地均可建成一座座美观的楼房、半楼房建筑形式，不占或少占耕地面积。[①]

由此可以看到，干栏建筑适应这样的自然环境，对于西江流域各族民众而言，有很高的实用性，方便居住和生活。

在饮食方面，西江流域作为稻作文化的发源地，盛产稻米，因此人们发明了各种各样的稻米制作方法，比如煮、蒸、炒、焖、炸，等等，制作出米饭、米粥、炒米、炸米条、米粉、粉皮、米糕、粽子、糍粑、汤圆等各种形态的食品。还与其他材料结合制作吃食，比如芝麻糖、鸡蛋糕、五色糯米饭，等等，各式各色，数不胜数。制作特别的吃食，盛行于节庆期间，加强了喜庆气氛，也调节、活跃了民间的生活。

主食之外，西江流域的副食也很多，举凡山中的、水里的，通常所说的那些"山珍海味"，其实也是农家的美味菜肴。白斩狗肉、鱼生、炒螺蛳、油炸蜂卵等等，无不都是本地物产，自己烹制，自己享用。另外，从广西多地都出土的商代铜卣[②]可推测，这个地区很早以前就学会了酿酒，有了饮酒的习惯。笔者小时候家里还有一套完整的酿酒工具，祖父每隔几个月就要酿一次酒。这样的酒，真正是纯自然的、生态的。可惜祖父过世后就再没有用过，坏掉了。这也是很多民间的工艺和器物共有的命运。

再次，广西西江流域生态文化包含维护人与自然和谐、促进地区社会团结的明确目的。

侗族地区是中国八大林区之一。"在长期的历史进程中，侗民创造了

---

① 张声震主编：《壮族通史》上，民族出版社 1997 年版，第 184—185 页。

② 同上书，第 187 页。

与环境相适应的文化，有学者把这种文化比喻为一种不具扩张色彩的
'绿色文化'，即一种追求人与自然和谐，追求社会的团圆、宁静的文
化。"[1] 在侗族地区，有一种社会组织叫"款"或"合款"，侗语称"月
款""合宽"。[2] 合款就是几个、十几个甚至侗区所有村寨组成的联合体
（小款、中款、大款和特大款）。村寨联盟，制定合约，即"款约"或
"约法款"。"款约"中往往涉及封山育林、保护林木、保护水源和水利设
施，以及禁渔禁猎等自然生态环境保护方面的内容，对违犯者有非常具
体、非常严厉的处罚条款。比如，"谁砍伐山林，风水林木，不听劝告，
罚款三千文"。"凡进入封禁的山林砍柴一排，伐杉、松木一株，罚黄牛
一头，白银五十两，大米一百斤，泥鳅 120 斤。"[3] 因为侗族人视树木为
生命的根源，认为人与动物同源，所以严厉禁止破坏林木、水源的行为以
及杀生行为。对村寨的"神树""风水树"和"风水林"，不能有责骂之
类的不敬举动，更不能肆意砍伐；侗族也有保护野生动物，不杀生的习
俗，比如视抓泥鳅买卖为不良行为。款约和禁忌因此起到了防止水土流
失、维护自然环境的生态作用，使侗族人民的生活世界保持着人与自然的
和谐统一。

　　"款约"当然不止于保护环境的条文，还有其他方面的内容。比如三
江侗族地区的《款规》共有"六面阴规""六面阳规"和"六面威规"
三大块，每一块又有六个部分（"六面"）的条款，涉及对诸多行为的规
范以及对犯者的处罚规定。同时，款约甚至包括类似于"军事同盟"的
盟约（"出征款"）。参加合款、联款的村寨，在遇到敌人进犯时，就用一
块木牌系上鸡毛、火炭、辣椒（侗人称之为"鸡翅信"），发送到邻近村
寨报警，请求驰援。得到鸡翅信的村寨，必须即刻召集壮丁，携带武器，
赶往指定地点，把守要隘，拦截路口；同时将信息迅速滚送后面的其他村
寨，并鸣放"堂炮"报警。邻近村寨听到炮声，也鸣炮响应，表示知道
有重大情况，立即完成准备，投入行动。不参加支援、协同行动者，要依

---

　　① 王萍丽、杨盛男：《侗族的生态环境意识》，《黑龙江民族丛刊》，2001 年第 1 期。

　　② 广西百科全书编纂委员会：《广西百科全书》，中国大百科全书出版社 1994 年版，第 373
页。

　　③ 杨和能、周世中：《略论侗族款约的当代价值——黔桂瑶族、侗族习惯法系列调研之
五》，《广西社会科学》，2006 年第 10 期。

图 13　三江侗寨风水林

款惩处。侗族地区这种军事防御和武装保卫以共同利益为目的的部落联盟，一直沿袭至民国初年。①

款约不仅约束款众，而且也有针对款首（款组织的领导人）的，三江的《制约头人款规》也有六面（六条），其中《款规》第五条说：

> 其五，若有哪位头人，胆同天大，骨如铁硬，杀牛勒款不敌外侮，劁猪勒兵不护族人，冷铁倒钩放进口袋，墙头架梯勾引官兵，明做款首，暗通强横，吃亲助仇，勾远灭近！我们要合油千桶，我们要合勇千军，三江五溪汇一处，九股青麻绞成绳！铲他地皮，刨他祖坟，拉他到款，扳他仰身，白马五匹，铁炮五樽，鼓楼柱上钉耙齿，五马分尸祭鬼神！②

这是对当内奸做叛徒的款首的处罚，极其残酷和恐怖！据采录者听款规保存者所言，20 世纪三四十年代程阳林溪一带曾以本款规罢免和惩处过一位款首。"头人管村寨，众人管头人"，侗族地区，就是通过这种组

---

①　侗族简史编写组、修订本编写组：《侗族简史》，民族出版社 2008 年版，第 25 页。

②　中国歌谣集成广西卷编辑委员会：《中国歌谣集成广西卷》下卷，中国社会科学出版社 1992 年版，第 1074 页。

织规约，来凝聚民心众意，保障社会秩序稳定、增进民众团结和谐。

　　壮族地区也有类似于侗族"合款"组织的"都老制"。所谓"都老"，在壮语里是"那个大人物"的意思，也就是头人、酋长（都老掌握铜鼓，是权力的象征）①，类似于侗族的款首。都老是村寨民众民主推举产生的，通常是那些年纪高、办事公道、有威望的男性。都老的主要职责是根据村规民约监督民众，维护社会秩序。若有偷鸡摸狗、争吵打架、财产纠纷、盗伐林木等情况，即由都老进行解决。

三　可持续性

　　可持续性指一种过程或状态能够长久维持下去。人类生存和发展，其内涵就是一代又一代的人能够持续地活在这个地球上。人类要活下去，需要有物质生活资料，还需要有一个和谐稳定的社会。这两方面的可持续性，都奠基于生态的可持续性之上，没有生态环境的可持续性，人类迟早都要毁灭。保持生态的可持续性，就是要做好环境保护。但是，以往很多人习惯于把"可持续发展"与"传统发展"对立起来，认为传统发展方式是不注重环境保护的发展模式。我们则认为，西江流域的民族生态文化，虽也归属于传统发展模式，但却是真正的重视环境保护，能够实现可持续发展的文化。

　　（一）注重风水林、山林、水源和耕地等关键性环境资源的保护

　　植被与其他自然环境要素密切相关，尤其是原生植被的状况，是决定环境是否适于人居的重要因素。没有植被的沙漠地带，人类是极其难以生存的。树木多的地方，空气清新，气候凉爽。西江流域长期以来都是自然植被茂密的地区，这里的人民在与自然环境的长相厮守中，充分认识到植被与他们的生活的密切关系，所以在保护植被方面有高度的自觉性。而水是生命之源，"无水不活"，西江流域的各族民众对水的重要性（以及危害性）深有体会，在长期的生活实践中形成了很多保护和利用水资源的习俗。

　　在《款规》中即有对破坏地脉、毁坏田塘、破坏森林、偷柴偷笋、

---

　　①　张声震主编：《壮族通史》上，民族出版社1997年版，第400页。

偷水截流等行为的规范和对犯规者的处罚规定。① 建房烧柴等免不了要砍伐树木，但西江流域各民族对砍伐都很慎重，把砍树看成一件大事。有些民族会进行一些仪式，或信守某些规矩。比如瑶族，砍树前要先焚香化纸，祭山神。如果煮饭不熟或出门后忘带工具，则要停工。进山后，不许讲不吉利的话，不准大喊大叫；忌吹口哨，忌用口数数。和侗族一样，瑶族也禁砍"风水树"，还包括生漆树和水桐木等。桂平一带的汉族，每年出门砍伐的第一天，要杀鸡祭拜社公、祖先，祈求保佑砍伐时平安无事。在砍倒第一棵树以前忌讲话，连所用的斧也不能称"斧子"或"斧头"，而只能称"开山"，以求逢凶化吉。砍伐结束之日，要摆席设宴，庆贺一切平安顺利。还有很多地区，砍伐树木虽没有什么仪式讲究，但通常只在家里要建房，或者为冬天烤火取暖才砍树。取暖而砍树，往往是每一棵树砍一些下方的树枝，并非整棵树砍倒。砍整棵树的情况，也主要选比较老的，或者选长得比较密的地方砍伐。

在田野调查中我们发现，居住在平地的村寨，通常都选择前有水、后有山的地方。村后的山习惯上叫"后山"，一般林木茂盛，被视为该村"龙脉"所在。不但禁止砍伐，甚至到后山上拾柴，以及掏山上的腐殖层到自家菜园肥地种菜，也被视为不好的行为，免不了受人诟病。听老人说，以前都有村规民约，大家都知道自觉遵守。如果哪家的媳妇犯了禁，在村里开会的时候就会受到批评，视情况可能还要赔偿损失。

除了有"风水树"之外，很多村寨还有神圣性质的树，可能在村子中央，也可能在村前村后，或者走村串寨必经的道路旁边。有一些又高又大，因为太古老，据说已经"成了精"。这些树不但禁砍伐，攀爬或拾柴都被认为不吉利。如果是在路旁的树，过往行人往往老远就摘一朵花或采一束杂草，到了树下，恭恭敬敬放下，鞠躬，不能大声喧哗，然后快步离开。偶尔也有人家，因为老人小孩有个头疼脑热，去烧香烧纸的。

禁砍慎伐之外，西江流域各民族更是有着植树的良好风俗。壮族有"添丁种树"的习俗。谁家生了小孩，家里便到村外山岭种植杉、松、桐、油茶等树。树要种好管活，以象征小孩能像树木一样发芽生根，茁壮

---

① 杨和能、周世中：《略论侗族款约的当代价值——黔桂瑶族、侗族习惯法系列调研之五》，《广西社会科学》，2006 年第 10 期。

成长。横县壮族种竹种树时不许小孩在场，认为不吉利。因为竹木长大后要被人砍伐，孩子种竹种树，就意味着孩子的命运与竹木相同。来宾县的客家人，每年春季都由有威望的老人发动，到村边的空地上植树。谁不响应和参加，就会受众人的谴责。

除了严禁私砍的"后山"之外，村寨的公产还包括荒山、荒地、公共池塘、公共林木、水井、河流等。长茅草的荒山，可以割草，但不能私人垦殖；荒地或沼泽地，也不给私人占用于种植或挖塘养鱼。村外的公塘也只能集体养鱼，或者轮流，一户一年，也可以包给个人。属于集体的树林，要是谁家的刀把、耙齿坏了，可以到林子里找一节合适的树段，但不允许砍伐整棵树，这与"后山"的规定是一样的。水井是全村人的饮用水来源，所以严格禁止污染。偶尔有浪荡子在井里垂钓，村里人看见了都会责骂驱赶。

在种稻的地方，河流和池塘非常重要。每一块稻田，都是靠大大小小的河流和池塘灌溉的（河流不经过的地方，往往有池塘，可以用戽斗戽水。这种水塘也不允许养鱼）。根据很多地方的村规民约，河流是浇田浇地、洗衣、洗菜以及洗澡的地方，不许任何人任意堵截，养鱼种菜。在有些村寨，洗衣、洗菜、洗澡都有规定的河段，清洗用脏了的东西比如粪桶，必须在下游。每年冬季农闲时节，很多村寨都会组织青壮年对池塘进行清淤，对河道进行疏浚，也包括修整村里寨外的路面。这种劳动每家都必须派人参加，否则就受谴责。

各地的乡约、民约中都有保护林木、水源、耕地的规定和处罚方式，比如罗城仫佬族民国廿三年（1934 年）乡村禁约规定：不拘公有私有的山林，概行禁止用火；各村山场多是田水发源地点，不论何人，不准入山乱行砍伐，偷取林木，如有违犯，罚金三十元以下。武阳区乡村禁约规定：凡水源山内所有树木森林，只许取伐干柴，生柴则不准，更不准遍山砍倒留干；只准肩挑，不准放大帮柴火由河放下发卖。如有违背公议，私自砍伐者，处以十元以下之罚金，并谢证人花红三元六角。[1]

罗城县的仫佬族乡村大梧村有块石碑名为《孙主堂断祠记》，说的是道光八年十二月（1829 年 1 月），县主断南村莫如爵侵占吴姓祖立大石坝

① 张有隽主编：《广西通志·民俗志》，广西人民出版社 1992 年版，第 187 页。

水缺一案，但在叙述案情审理之前，先列了三条类似乡规民约的文字，其中第二条、第三条（表示逐一罗列，所以每一条的序号都是"一"）的内容是：

一、村内各家收养六畜，自行照看检管，不得任其践踏毁坏（庄稼），如被六畜伤残，原主即禀甲长点验，去一赔二，而村内亦不得借事生枝，如有行赶人六畜入田地，借甲款勒罚，查知论反坐罪，送官究治。

一、各坝水沟，春夏秋冬四季，俱要取水灌养禾苗生理。如有不法贪心，私行撬挖屝鱼，截沟装筌，查知，甲长理处责罚，如抗不遵，甲长送官究治。[①]

这些条款刻在石碑上，目的是要让更多的人尤其是后代都知道这些规约，记得这个事情，一定不能破坏林田水利资源。

在传统农业时代，西江流域各地区各民族的民俗文化中，都是非常重视维持环境的原生性，而且自觉主动地用各种方式使生态环境进一步优化。当然，人们维护生态环境的方式和手段，也是与传统时代的农业生产方式相契合的，也为人们的继续生产，维系人们的生存所必需。

（二）注重资源的充分有效利用

可持续发展要求人们在生产时要尽可能地少投入，多产出。同时，需要注意充分有效地利用资源，减少浪费。要有计划地使用有限的资源，努力保持自然资源的可再生性。

居住在大瑶山的瑶族砍伐柴薪很讲规矩。他们将山林划片，实行有计划的砍伐。今年砍这儿一片，明年砍那儿一片，按户均分所砍柴薪。砍伐时间从正月至清明止。清明以后是树木生长期，不准再砍。砍后不准挖蔸，不准放火烧，不准锄地种植作物，以利树木再生长。这样循环往复，十至十五年以后又可再砍。瑶族民众这样有计划地砍伐，是充分考虑了森林的可再生性的。

城里人通常认为农村很脏。其实，以前村前村后倒也不多见猪牛羊之类的粪便，因为农闲时常有人挑着撮箕四处拾粪，或曰积肥。拾回来的牲畜粪便都堆放着，种田种庄稼时派得上大用场。当然大多数村寨里确实弥

---

① 罗城仫佬族自治县志编纂委员会：《罗城仫佬族自治县县志》，广西人民出版社 1993 年版，第 582 页。

漫着很糟糕的气味，原因是每家每户都在房前屋后建有茅房。庄稼人成天和泥巴、粪便打交道，不觉得脏臭，因为这是他们赖以生存的资源。

仫佬族有一首"苦歌"，唱的是用水之难：

> 峒里用水贵如油，
> 一家洗脸共盆头，
> 一盆清水三样用，
> 洗脸洗脚又喂牛。①

一盆水，"洗脸洗脚又喂牛"，根本原因是山里无水，条件艰苦，却也表明仫佬人注意节约，尽量不浪费的好风俗。实际上，即使在平地生活的包括壮、汉族人家也有这种习惯，把洗脸后的水倒到木盆里洗脚，洗完脚后的水或倒到牛栏，或顺便冲洗院子。

也是因为贫困，传统时代，很多民族连床和被都没有。大瑶山里的民众，晚上只能在火塘边摆上长凳或木板，或躺或坐。有时候把木板架在火塘上，人睡在木板上取暖。木板用一段时间就可能被塘火烤焦，于是另外换一块。"瑶僚睡不以床，冬不覆被，用三杈木支阔板，燃火炙背，板焦则易，盖以板之易得也。以展转之意名骨浪。"（朱辅：《溪蛮丛笑》）也有把稻草、玉米秆之类的搬到火塘边，覆盖在身上取暖。苗、彝也有类似的习俗，但可能不是睡板凳、木板，而是把竹席铺于火塘边或堂屋中，一家人睡在一起，早上起床，就把竹席卷好。竹席冰凉消暑，三江、融水一带竹林茂密，壮、苗多自制竹卷席。

在饮食方面，西江流域各族人民都是节约资源珍惜粮食的模范。传统时代，靠天吃饭，农村地区要多富裕是不可能的。忙吃干、闲喝粥，一锅红薯、芋头、苞谷就是一家人的午饭，或者白米与红薯芋头对半煮，都是农村的常态。吃饭时，大人总要告诫小孩子不要掉米饭。小孩掉落桌上甚至地上的米粒，老人看见了，都会捡起来吃掉。记得小时候，有淘气的孩子浪费粮食，老奶奶就一个劲地"造孽哦！""雷王劈哦！"唠叨不停。还

---

① 中国歌谣集成广西卷编辑委员会：《中国歌谣集成广西卷》下卷，中国社会科学出版社1992年版，第1187页。

有一件事情可看出农村人的节俭：母鸡孵蛋，总有几个最后没有变成小鸡。这些蛋按理就该丢弃。但是农村的习俗，总是男性老人煎炒了吃掉。通常是不给小孩吃的，有禁忌说小孩吃了不好，但到底为什么不好，大人又语焉不详。然而类似的事情，访谈一下乡村，其实还多得很。例如，在很多地方，人们认为猪、牛、羊、鸡、鸭的内脏很脏很臭，丢弃不吃。在西江流域大多数地区，则都有吃动物内脏的习俗。有些地方，牛太老了，宰杀后，几天几夜炖牛皮的都有。以前，山林茂密，野外禽兽出没，河流里各种鱼类也多，要说乡村缺乏肉食，也是不切实际的。所以西江流域的种种习俗，归根到底在于各民族民众有爱护环境、节约资源的观念，并且能够真正践行。

第二节　生态文化的"多元一体"民族性

广西西江流域生态文化的民族性，是在"多元一体"多民族社会生态文化哺育下，经过漫长的历史时间成长起来的。西江流域生态文化既是该流域各民族的共同创造，同时又受到地区之外的文化——汉文化的深刻影响，并且作为中华民族传统生态文化的一部分而存在。

一　民族之间的相互交流与共同创造

广西西江流域是百越民族集中的聚居地之一。这些民族之所以统称为"越"，是因为他们都使用"戉"这种生产工具或武器。仅此看来，百越各民族间本就有浓厚的历史亲缘关系。[①] 三江侗族有一首名为《本是同源同根生》的歌唱道：

> 侗汉苗瑶本是同源同根长，
> 好比秧苗共田分几行；
> 通情达理看得宽，
> 元梅愿嫁益阳李家郎。

---

① 王文光、李晓斌：《百越民族发展演变史——从越、僚到壮侗语族各民族》，民族出版社2007年版，第2页。

　　　　李哥虽是异乡人，

　　　　忠厚老实人善良；

　　　　愿和侗家结兄弟，

　　　　他与元梅情更长。

　　　　人住哪里惯哪方，

　　　　美满婚姻愿为上；

　　　　话未全通心相通，

　　　　虽远却近乐洋洋。

　　　　母爱女儿一片心，

　　　　女念母情常来往；

　　　　侗汉苗瑶一家亲，

　　　　共个苍天星星亮。①

　　这首歌是因为一位侗族母亲不同意女儿和益阳的一个汉族小伙子的婚事，寨上老歌师为劝解这位母亲所唱。歌中的"侗汉苗瑶本是同源同根长"或许是"文学化"的说法，但这句话里面透露出的信息，说明西江流域各民族，一直都存在密切交流和相互影响，包括他们的生产生活经验、宗教信仰、礼仪风俗、语言艺术等方面。

　　需要说明的是，某一种习俗最初由哪个民族在哪个地方最先发明，然后如何传播给其他地方的人们，这样的情形已难确考。某种做法、某些方式在不同民族中都存在，不同地区不同民族之间有大量相同或类似的风俗习惯，则肯定不是巧合。合理的情况是，首先某地某人这样做，然后推广开来，大家都采用了。这里面有传授，有模仿、借鉴，乃是必然的。西江流域各民族的生态文化方面的交流融合就是这样。不妨试举几例。

　　（一）铜鼓的广布。铜鼓文化是广西西江流域生态文化的重要组成部分。如果把文化的结构析分为"物质文化""精神文化"和"象征文化"三大块，那么从今天的角度看铜鼓应该属于生态文化中的"象征文化"。但事实上，在曾经的历史时段，铜鼓在百越民族中既是物质的、也是精神

　　① 中国歌谣集成广西卷编辑委员会：《中国歌谣集成广西卷》下卷，中国社会科学出版社1992年版，第1187页。

的——是一种图腾，一种象征符号。

各地区各民族存在大量相同或类似的习俗，通常是民族之间往来交流、借鉴模仿的结果。"在广西西江各支流沿岸的武鸣、恭城、平乐、宾阳、贺县、柳州等地，都出土有与云贵高原和广东相同或相似的青铜器物，说明西江作为一个水系早就有文化往来。"① 铜鼓是古越人青铜文化的代表，它的故乡是珠江流域（含西江流域）。有学者根据鼓型将铜鼓分为滇桂类型和粤桂类型两种，并认为云南是南方铜鼓的发源地，最早出现于云南楚雄，然后北向四川，南向缅甸、泰国，东向贵州，东南向广西、越南以及东南亚传播。② 铜鼓的流传，以及使用铜鼓的习俗，表明各民族之间、区域之间的交流、联系及融合不断加深。

专就装饰来看，各地的铜鼓有一些突出的共同之处，说明各区域各民族的铜鼓存在学习与模仿：其一，是几乎每面铜鼓上都有太阳芒纹饰；其二，除每面铜鼓上都有太阳芒纹饰外，牛纹也很普遍。有学者根据不同区域出土铜鼓的装饰艺术相同，纹饰母型、主题相同，所表达的思想意识相同等，认为应该把使用铜鼓的群体识别为一个民族。③ 这种观点虽也有一定的合理性，但是就今天的民族划分格局而言，把铜鼓视为各区域民族历史上密切交流的载体，把铜鼓文化视为多民族的共同创造，或许更可接受。

（二）瑶族的变迁。广西是瑶族的最大分布地，桂江、柳江、浔江三江分界的大藤峡瑶山（横跨桂平、武宣、象州、荔浦、蒙山、藤县、平南诸县）是该族最大聚居区之一。瑶族这个山地民族，总体上看长期以来都沿袭刀耕火种的生产方式，过着"逐地垦殖，居无定冲，亦无租徭"的生活。瑶族有"过山性"，喜欢移民、迁徙。刀耕火种一段时间，土地贫瘠了，就转移到未开垦的另一块山地继续这样的生产与生活。但大藤峡的瑶族因迁入的先后，出现了占有土地的不同，其中一部分（长毛瑶）就开始从事水田经营。这是受平地民族的影响所致。现在，已经基本没有了完全靠刀耕火种方式生产和生活的瑶民。因为随着人口的增加，加上找

---

① 许桂灵：《中国泛珠三角区域的历史地理回归》，科学出版社 2006 年版，第 127 页。

② 同上书，第 128 页。

③ ［日］竹村卓二：《瑶族的历史与文化》，广西民族学院民族研究所（内部资料），1986年，第 58—61 页。

不到未经开垦的新山地，这种生产方式，就面对着收益越来越下降的困难。于是瑶族只能模仿其他民族，开始了新的生活方式。瑶族的开耕试犁习俗即表明了这一点。"开耕节"本是壮、汉、苗、侗等水田农耕民族的传统，但瑶族在民国以前，也举行开春试犁的仪式。富川一带的平地瑶，在农历二月社日，要祭祀灶王，也叫"开春节"。这一天，家家户户开始犁田训牛。①

（三）花炮节风俗。西江流域各民族共同拥有的节日也很多，例如侗族和壮、汉、瑶、苗、仫佬等民族都有"花炮节"的传统习俗。花炮节多在春季举行，清末民初，灵山、桂林、贵县、邕宁、马山、大新、田阳、百色、来宾、象州、柳江、柳州、罗城、三江、融水等数十县地，都盛行花炮节。近几年，由于发展旅游业，广西各地又开始每年举办花炮节。南宁市邕宁区（原为邕宁县）中和乡，已经连续举办花炮节近十年。每年的花炮节来参与和观看抢花炮的壮侗瑶苗等各民族群众都达几万人。2009 年，"壮族抢花炮"被列为自治区级非物质文化遗产，并把非物质文化遗产保护传承基地设在了邕宁区中和乡孙头村。

（四）"刘三姐"歌谣（或故事）多民族共享。"刘三姐"的故事也是广西西江流域各民族相互学习，不断融合的一个典型案例。第三章中已有详细的相关论述，在此不再展开。

多民族杂居，各民族历史上互相学习、取长补短、相安乐业，这是广西民族分布的特点。② 这个特点在西江流域得到充分体现。这样一种多民族社会生态格局，自然而然也促进了各民族方方面面的实践经验以及风俗习惯的交流融合，因而在生态观念和行为方式上呈现出某些共性，最终构成了作为整体的西江流域民族生态文化。

二 对中原民族文化的接受和融汇

如果说"舜葬于苍梧之野"（《礼记》）未足征信，周统治者仍把岭南视为"徼外之地"，那么从秦始皇派兵征服和戍守岭南开始，广西西江流域各民族则真正开始了和中原民族的交流往来，成为华夏民族版图的一

① 张有隽主编：《广西通志·民俗志》，广西人民出版社 1992 年版，第 10 页。

② 黄成授：《广西民族关系的历史与现状》，民族出版社 2002 年版，第 15 页。

部分。自秦以后，历代统治者通过实行"和揖百越""羁縻州制""改土归流"等多民族地区管理制度，同时对百越民族倡行文教，推广儒家学说，极大促进了岭南区域的发展变化。由此，中原汉民族的生态文化也传播到西江流域，西江流域的民族生态文化，逐渐走出了它当初的"原生"状态。

"数千年来，我国农业民族与畜牧业和森林采集狩猎业民族之间始终存在着频繁、密切的经济交往关系，这种交往关系是以相互间的须臾不可缺少而存在的，是任何艰险的地理条件所无法阻隔的。"[①] 从某种层面看，文化是人们生活方式的体现。这里所说的"生活"指的是全方位的，包括经济生活——生产劳动在内。但整体的生活又奠基于经济生活—生产劳动，"人们为了能够'创造历史'，必须能够生活。但是为了生活，首先就需要衣、食、住以及其他东西。因此第一个历史活动就是生产满足这些需要的资料，即生产物质生活本身"[②]。中原民族与西江流域民族的生态文化交流（中原民族的生态文化对西江流域传播），特别值得注意的是有关生产劳动方面的生态文化，即"农业技术"，包括农业工具、耕作法、农作制、农田水利等方面。而其中最根本的还是工具。

对西江流域民族劳作生态文化产生重大影响的是中原民族农业生产工具中的铁制工具，以及耕牛。以铁制工具和耕牛的使用为标志，并以这些工具的使用为核心，西江流域生态文化实现了对中原民族生态文化的接纳和融汇。

先说铁制工具。新石器时代，西江流域的先民们开始从采集渔猎过渡到原始农业。这时候的农业生产工具主要是石器和木制工具。这种情况延续到新石器时代晚期，尽管农业工具种类已经很多而且还有配套，制作水平也明显提高。从各地新石器晚期遗址的出土情况看，例如钦州独料遗址，出土石器上千件，包括有斧、锛、凿、铲、锄、犁、镰、镞、刀、矛、磨、盘、杵、磨棒，以及石铲。这些石器大多经过打磨，部分还比较精细。到青铜时代（夏商周），西江流域的农业工具也没有发生太大变

---

① 宋蜀华、陈克进主编：《中国民族概论》，中央民族大学出版社 2001 年版，第 55—56 页。

② 《马克思恩格斯选集》第一卷，人民出版社 1972 年版，第 32 页。

化。目前为止广西境内发现的商周文化遗址不多，只有武鸣、灌阳、横县、忻城几个点，而出土的青铜器主要限于食器、兵器和礼器，没有农业工具。春秋时代，中原地区的先进生产工具虽有少部分传入岭南，但是只局限于北部的极少区域。西江流域东北部的恭城出土过战国时期的很多金属器具，计有尊、戈、剑、鼎、斧等青铜器；与恭城邻近的平乐县，其银山岭战国文化遗址，也出土有戈、剑、矛、钺等青铜武器，还有锄、斧、刀、凿等铁制生产工具。① 西江流域其他同时代的文化遗址，则不见类似的文物。由此可见，直到春秋时期，广西原始农业主要还是使用石器，辅以骨、蚌、竹、木制的工具。②

广西西江流域有规模地使用铁制农业工具，应当自秦始皇征服岭南始。为了维持统治，秦始皇设置郡县，让秦军长期戍守岭南。"以谪徙民五十万戍五岭，与越杂处。"③ 规模很庞大。这些来自中原的官兵和百姓，把中原的铁制农业工具带过来，铁制农具就取代了石器和纯木质农具，在西江流域成为主要工具。

秦帝国转瞬即逝。南越也被汉王朝从秦手中接过来，并进一步加强治理，包括农业生产方面。这时候西江流域的铁制农具，估计基本还是从中原传过来的，在当地冶炼打制的很少。汉初，因为日后"禁南越关市铁器""勿予蛮夷外粤金铁田器、马牛羊"④ 的命令，使得南越王赵佗非常无奈，多次向汉朝廷请罪，说明越地铁器包括农业工具仍需与中原交易才能获得。不过汉武帝时，中原和越地的铁器交易又得以恢复。实际上这时南越也开始逐渐有了冶铁业。20世纪，广西的文物工作队在岑溪、北流、容县等地就发现了多处冶铁遗址。由平乐银山岭汉墓出土14件铁锄，贺县莲塘东汉墓出土2件铁犁铧，梧州、合浦东汉墓出土陶牛、陶车等情况来判断，到汉代时，铁制农具已经推广到西江流域的中部。

从汉代到魏晋南北朝时期，岭南西瓯骆越地区除犁耙以外，其他铁制农具也得到广泛使用。1982年，考古人员在贺县芒陈岭发掘了两座东吴墓，出土文物中有锄、锸、耙、手铲、镰、刀、削、凿、锯等铁制工具

① 黄体荣编著：《广西历史地理》，广西民族出版社1985年版，第25页。
② 李炳东、戈德华：《广西农业经济史稿》，广西民族出版社1985年版，第95页。
③ 司马光：《资治通鉴》卷七。
④ 班固：《汉书·西南夷两粤朝鲜传》。

19件，占所有文物的24%。该墓属平民墓葬，随葬铁器比例之高，说明
当时使用铁器比汉代更为广泛。[①]不过也有意见认为，直至宋代，居住广
西的汉、壮、瑶各族，虽然已经掌握冶铁技术，由桂东到桂西，都有冶铁
地分布，但由于广西铁矿石品位差，产铁量低，所以还是没有引起铁制农
具的重大变革，[②]西江流域的农业生产工具主要还靠中原供应。

耕作法方面。牛耕技术也自秦汉时从北方传入西江流域，包括耕牛的
饲养。汉代任延任九真（今天的越南南部）太守，曾教民牛耕，可推测
西江流域的牛耕应该早于九真。三国时代，孙吴政权进一步在南方推广牛
耕，吴主孙权不仅过问农事，而且率先垂范。在陆逊提出"表令诸将，
增广农田"时，孙权表示同意，并说"甚善，令狐父子，亲自授田，车
中八牛，以为四耦，虽未及古人，亦欲与众等其劳也"[③]。

或许南方缺牛，两晋时期朝廷开始在南方倡导养牛。晋武帝曾将三万
五千头种牛调到南方，"其所留好种万头，令右典牧都尉官属养之，人多
畜少，可并佃牧地"[④]。但越人似很长一段时间里都不善养牛，不时有耕
牛死亡，不得不使用人力踏犁耕作。时任桂林通判的周去非在《岭外代
答》中说：

> 牛自深广来，不耐苦作。桂人养之不得其道，任其放牧，未尝喂
> 饲，夏则放之水中，冬则藏之岩穴，初无栏屋以御风雨。今浙人养
> 牛，冬月密闭其栏，重藁以藉之，暖日可爱，则牵出就日，去秽而加
> 新，又日取新草于山，唯恐其一不饭也。浙牛所以勤苦而永年者，非
> 特天产之良，人为之助亦多矣。南中养牛若此，安得而长用之哉？[⑤]

周去非说"桂人养之不得其道"，其实南方人对耕牛是"用"而"不
养"。后半的文字是周去非教南方人像江浙那样养牛。但南方人毕竟"惜
牛"，还是经常出现人力耕种或人力牛力并耕的情况，由此衍生出"耕牛

① 覃乃昌：《壮族稻作农业史》，广西民族出版社1997年版，第207页。
② 李炳东、戈德华：《广西农业经济史稿》，广西民族出版社1985年版，第99页。
③ 陈寿：《三国志·吴志·孙权传》。
④ 房玄龄等：《晋书·食货志》。
⑤ 周去非：《岭外代答》卷四，商务印书馆1936年版，第42页。

节"这种习俗。这也算是中原文化传入西江流域之后的一种发展变化。

农作制方面。直至汉初，黄河中下游的农作制已由撂荒制过渡到土地连种制，但南越一带则还停留在"火耕而水耨"的状态。铁犁牛耕推广后，西江流域才开始从撂荒制跨入土地连种制和复种制。到唐代，西江流域出现了"稻麦两熟制"。唐宪宗朝容州刺史韦丹曾在辖区"教种茶麦"，获得成功。之后历经各朝各代，西江流域的农作制已经根据地理环境、气温气候而变得多种多样，水稻二熟制、三熟制，还出现了轮作复种制和间作套种制。

农田的施肥，很可能也是受中原民族的影响而开始在西江流域流行的。1914年的《灵山县志》的一条记载很能说明这一点：

　　　　前时地广人稀，播种专持乎天，今则各加以粪，有用柴草灰、草皮灰者，即《周礼》土化之法也。有旁山之田，收获毕，纵火烧其旁草，草灰因风飏洒入田，亦如粪。然有以牛骨化灰者，力最厚，骨多出自粤西。吾灵每岁约可售二、三十万斤。此外，有用猪、羊、牛、马矢者，即《周礼》所谓"骍刚用牛，赤缇用羊"是也。然牛粪不如猪（粪）猪粪不如牛骨（灰）。又视其地之肥瘠，力之勤惰为优劣焉。有播种以骨粉糁之者，有分秧以骨粉涂之者，有耘毕而以骨灰泼之者，厥收皆倍。[①]

文中的"即《周礼》土化之法""即《周礼》所谓'骍刚用牛，赤缇用羊'是也"表明，西江流域农田用肥是从中原汉民族那里借鉴过来的，并且直到近代才比较普遍地实行。这对于山地民族而言也是很正常的。西江流域远古时代施行刀耕火种的撂荒制，先民们虽也知道用烧过的草木灰作为作物的肥料，一块地肥力消失了，就换一块地。由于地广人稀，这样的农作制也能保障生存，而且可以持续生产，但很难形成主动积蓄肥料的意识。东汉墓出土有陶屋、陶猪圈、陶狗、陶鸡、陶鸭等，只能说明当时的汉、壮族已经懂得将人的粪便和禽畜的粪便用作肥料，其他民族或尚未学会。懂得制肥积肥施肥的主要是桂东地区，桂西地区直到宋代

　　① 李炳东、戈德华：《广西农业经济史稿》，广西民族出版社1985年版，第121页。

"仍无粪壤，又不耔耘"，钦州地区更到明代仍"不粪不耘，撒种于地，仰成于天"。只是到了清代，广西境内包括整个西江流域才开始广泛对农田进行施肥，使用的肥料种类也比较多样化，包括人畜粪尿、豆饼、石灰、骨粉、草木灰、草皮泥、塘泥、绿肥等。①

最后说说水利方面。秦始皇为了运送辎重，命监禄开凿了灵渠，这就把水利设施传到了岭南。它作为岭南岭北水上交通的枢纽，使南方和北方的人民能顺利进行交往，促进彼此间特别是南方在政治、经济、文化等方面的发展。② 从水利工程的角度看，灵渠的重要性不仅在于它灌溉了沿岸的万余亩农田，更为重要的是它给予粤西民族一个学习的榜样。

图 14 兴安灵渠

秦以后，历代朝廷出于治理的需要，也不断把中原的农田水利灌溉技术带到岭南来。例如东汉年间，伏波将军马援征讨交趾，一路行进，过郡县则帮助修筑城郭、开凿渠道，灌溉田地，使所经之地的百姓大为受益。唐代大文学家柳宗元治柳州时，打破当地迷信鬼神不敢破土取水的旧俗，命人在柳州城内掘井三口，既解决城内饮水问题，也便于浇灌田地。此外，柳宗元还带头垦田、开地、种竹木。治理柳州几年，就使这里大为改观，深得当地人民的爱戴。诸如此类，经各种方式或途径，中原地区的水

---

① 李炳东、戈德华：《广西农业经济史稿》，广西民族出版社 1985 年版，第 120 页。
② 黄体荣编著：《广西历史地理》，广西民族出版社 1985 年版，第 34 页。

利灌溉技术不断传来，对西瓯骆越地区产生了重要影响，包括土著民族，除了筑堤修渠，引河水湖水灌溉外，一些地方可能还学会了凿井灌溉。贵港、合浦、梧州等地的汉墓出土文物，就有很多陶制水井模型。水井主要供人饮用，也可汲水灌溉农田。

广西西江流域的土著民族，在水利技术传入之前，基本都是简单重复着原始的"火耕""水耨"生产方式。山地民族刀耕火种旱地、"畲田"，平地民族"仰潮水上下"而耕作"骆田"，没有外界的干预，他们是比较难摆脱这种原始生产和生存状态的。[①] 原始的"火耕水耨"生产方式，不可能满足人口增长的需要，因此也不能推动社会的发展和文明的进步。必须掌握水利灌溉技术，稻作农业生产方式才能普遍推广和运用。农业水利技术从中原民族传到西江流域各民族，发挥的作用及产生的影响，是极其巨大和深远的。

在传统时代，"（农业）经济生活"奠基于"农业生产"，"农业生产"的中心是"农耕生产"，以农田水稻种植为根本内容的"农耕生产"则受生产工具、耕作法、农作制、农田水利等方面的制约。在生产工具、耕作法、农作制发生了重大变化的情况下，在农田水利建设发展起来后，经济生活的方方面面迟早要受驱动而跟进，发生变迁，这是不难想见的。

更进一步看，传入西江流域的不仅是生产技术（生产方式—经济生活），还包括政治治理。历代统治者从经济的、政治的层面对南越地区进行改变，都是有意识有目的有计划的，而且事实上的确具有正面的价值和意义。对一个社会而言，经济的影响是基础性的，政治的影响则是导向性决定性的。政治、经济形成的合力，经过两千余年的不断作用，西江流域走出了原始荒蛮时代，进入了文明社会的发展阶段。在文化上也取得了进步，并融汇了其他民族的文化因子，化成了一个新的自我。这个自我不再置身于世界之外，而是成为民族大家庭中的一员——相互间既有各自的特性，同时又具有许多共通的东西。比如过春节，原本是汉民族的传统节日，但现在已经是广西西江流域各民族甚至是全广西、全中国所有民族都有的习俗。当然，各民族同时也还有他们自己的"新年"，如侗族在农历十一月初还有自己的"侗年"。再如很多民族都过端午节，过端午很多地

---

① 覃乃昌：《壮族稻作农业史》，广西民族出版社1997年版，第215页。

区和民族都有"赛龙舟"的风俗，或认为过端午有纪念屈原的内涵。在广西西江流域，端午节除了称为"龙舟节"之外，又有"粽粑节""苦瓜节""蒲节""药王节""除毒节"等俗称①，说明各地各民族对端午有不同的认知理解，还有各自的风俗习惯，有不同的过法。

类似于春节、端午节这样的民俗，乃由生产方式变化后，带来生活方式变化所衍生，同时也是受其他民族影响、带动的结果。西江流域的生态文化，以此进路在接受外来文化影响的过程中完成了自我更新。

还需特别提到的是，自秦开始规模化地向岭南移民，一直没有间断过。"凡是宜耕的平原几乎全是汉族的聚居区。同时在少数民族地区的交通要道和商业据点一般有汉人长期定居。这样汉人就大量深入到少数民族聚居地区。"② 到20世纪中期，人口调查的数据显示汉民族已经在广西总人口中占比2/3，超过其余11个少数民族人口的总和。这种人口比例也大体符合于西江流域。这样的民族人口分布格局，导致西江流域民族生态文化已不单为少数民族所创造和拥有；同时也不能想当然地以为，西江流域生态文化的民族性就是指这个区域少数民族文化的特性。西江流域民族生态文化是个动态的东西，在它的历史生成过程中，不断有其他民族的内容进入它，充实它；西江流域生态文化的民族性是西江流域各民族与整个中华民族的共同创造。

三　中国传统文化精神的展现

广西西江流域民族生态文化是壮、侗、瑶、苗、汉、仫佬等多民族共同创造的结晶，其民族特色从内部而言指生态文化具体到各民族身上有所不同，从外部来看则每个民族的行为方式又都体现出一些共性的东西，因而构成了西江流域生态文化的民族性。然而从西江流域民族生态文化的生长史来看，这种生态文化其实并非纯粹自发的、原生的，不是成长于与外界完全隔绝的空间；西江流域民族生态文化接受并融汇了中原民族—汉民族传统文化中的生态文化内容。由此，西江流域民族生态文化既坚守着它的本土民族性，是属于这个区域的特定民族所独有的；同时，它又体现出

---

① 张有隽主编：《广西通志·民俗志》，广西人民出版社1992年版，第315页。
② 宋蜀华、陈克进主编：《中国民族概论》，中央民族大学出版社2001年版，第33页。

中华民族的一体性，其文化是整个中华民族传统文化的一部分，它为这个大文化所涵养和引导，体现着大文化的核心精神。

中国传统文化的核心精神是"天人合一"，追求与自然的和谐一致。它要求克制人欲，不要贪婪地向自然索取，而是"乐天知命"，崇尚简朴，把回归自然当作最高的人生理想及生命本真状态。"天人合一"也可以用《孟子》和《孙膑兵法》中的"天时、地利、人和"来表述。这其中的"天"和"地"既分别指季节、气候、时令和地质、地貌及其他土地资源，也可以合在一起，"天地"，即指自然宇宙。因此与"时"、"利"相结合时，就生成两个方面的意思：一要顺应自然宇宙的运行变化，充分利用地理条件，使自然环境为我所用；二是避免宇宙自然规律化运动给人造成危害，人与自然共生共存，持续发展。至于"人和"，就是要求以人顺应天地自然、与天合一为基础、为参照、为大背景，构建人与人之间的和谐。三个方面互为前提和条件，互相指涉，缺一不可。因此，以"天时、地利、人和"所表述的"天人合一"就包含三个层次的内涵：一要顺应自然，不破坏自然；二是充分利用自然，不为自然所伤害；三是和谐的人伦秩序。因而"天人合一"实际上是一种生态文化思想，中国传统文化，本质上就是一种生态文化。[1]

广西西江流域民族生态文化所彰显的，归根结底，正是"天人合一"这个中国传统文化核心精神。昭平县黄姚古镇就是一个具体而微的典型。

昭平位居西江流域腹地。西江的支流桂江在其境内蜿蜒百余公里，南流至梧州汇入西江。昭平东邻贺县，西接蒙山，东南与苍梧毗邻，西南与藤县相交，北靠荔浦、平乐、钟山，素有"广右咽喉"之谓。昭平在南北朝时设郡，称静州。隋开皇十六年，静州壮瑶民众随桂州俚族首领李光仕起兵，后失败。朝廷于大业二年将静州改为龙平县。宋仁宗皇祐五年，随狄青征讨侬智高的宋军杨文广部，在龙平县与壮瑶民众发生激战。息兵后，宋朝廷将龙平改为"招平"，后又改"招"为"昭"，于是"昭平"县名沿用至今。

百越民族从远古时代即已在昭平生息繁衍。离县城40公里的黄姚，主要的原住民是壮、瑶民族。其得名据说是因为最初居住在这里的两户壮、

① 滕志朋：《广西黄姚古镇生态景观的文化构成》，《文艺争鸣》，2010年第22期。

瑶土著分别姓黄、姚，也有说是两户姓黄的瑶族人家，还有说是因为住在这里的人家以黄姓和姚姓居多。[①] 目前黄姚的居民大多数是迁徙来的。有规模的迁入有两次，一是明代蒙、裘、邹、伍、孟、邓、陈、刘等姓汉族移居黄姚，二是清中期到末期，广东古劳、三角洲、鹤山、南雄等地的莫、古、劳、林、梁、黄、叶等姓的到来，另有吴姓客家人从福建迁来。明代来的这一批，很可能已经和黄姚土著完全融合了（或同化了土著民族），所以他们现在也自称"本地人"，而把广东来的汉族人称为"客家人"。大体上说，黄姚是西江流域原住民与外来民族（汉民族）杂居的典型村落。

黄姚古镇被称为"中国最美的十大古镇"之一，2010 年又被评为"全国特色景观旅游名镇（村）"。黄姚的建筑具有典型的岭南风格，因此它是西江流域民族生态文化的代表。

同时黄姚古镇又承载着"天人合一"的中国传统生态文化核心精神，因为正是这些保存完好的明清时期的建筑达成了"天人合一"三个层次的目标。

一是顺应自然，不破坏自然。黄姚坐落于三面环山、山南水北的一块洼地上，几条小河相连且贯通整个古镇。连绵的山峰，既构成抵御外来侵犯的天然屏障，又在炎夏阻挡夕阳的余热、在寒冬隔断寒风的劲吹。而穿越的河流，则使黄姚成为重要的区域性交通枢纽，使商业繁荣，使住民生活富足。黄姚的地理布局，充分实现了对自然环境的顺应及合理运用。

黄姚的民居及其他建筑，所采用的材料，木、石、土，都是就地取材，和传统时代任何地方的民居建筑都是一样的。但黄姚建筑的整体感非常强：六百多户人家，各户的住房，全部按照九宫八卦阵布局。而且四面的寨门以及石围墙，把整个镇子包成一体。镇内八条街道，全部用石板铺就，连通到全镇每一个角落。

黄姚镇上的房子，基本上是绕水而居。水是生产和生活必不可少的条件，所以南方的村落往往选址于河流或湖泊之畔。南方水多，但夏季潮汛期和冬季枯水期水流量差异是巨大的，特别在山地地区是这样。因而，黄姚的房屋建筑，通常选在离河流稍远一点的岸边坡上而不是临水而建，堵截水路。这些建筑大都根据地势高低以及地貌特点来安排，造在地势略高

① 莫艺刚主编：《昭平文史》，内部资料，2000 年，第 9 页。

的地方。要是有斜坡或池塘,则不会因为修建房屋而填埋,而是另外选址。黄姚镇当中有一个很大的荷塘,平常水不深,但潮汛期则能蓄很多水。黄姚人一直保留这个池塘,是有深意的。

最能体现黄姚建筑顺天应时不破坏自然环境的是这里的桥梁。黄姚的桥都是石拱桥,就地取材,结构简洁坚固,形体美观大方,半月形的倒影在清澈水面上随波荡漾,"小桥流水人家"的确是对黄姚最为精当的描绘。小小黄姚,有桥梁 15 座。为什么需要建这么多桥?因为兴宁河、姚江及小珠江在镇内蜿蜒屈曲,而镇上人们来来往往,道路必须要连通。但为了不阻挡河水的自然流动,特别是要防止汛期的洪涝,就不能填堵河流,于是黄姚人在方圆 3.6 平方公里的地盘上就修造了这么多桥。尤能表明黄姚人环保意识的是镇内新兴街东面小珠江上的带龙桥。带龙桥始建于明万历年间,曾被洪水冲坏,在清乾隆廿三年重修过。该桥全长 22 米,宽 3 米,是全镇桥梁中最大的一座。桥有大小两个拱,大拱离水面 3 米左右,跨于主河道石槽上;小拱是旱拱,离地面 2.5 米有余。带龙桥为何修大小高低两个拱,原因很简单:黄姚人考虑到潮汛期洪水上涨,桥只有一个拱,则泄洪能力就不足,所以预先设计了旱拱,以备洪涝期分洪;同时,大拱的高度也是考虑到了洪涝期的水流量。黄姚人对自然规律的认知和把握以及合理运用,在桥梁建筑上非常明显。

二是充分利用自然,不为自然所伤害。上面说到的古镇选址,建筑时的就地取材,根据地势的高低以及地貌特点来安排房屋建造,因地制宜、因时制宜修筑桥梁,都是对自然资源、条件的合理运用。而房屋和桥梁也考虑了雨季汛期河水上涨,被浸泡腐蚀和冲垮的可能。

"顺应自然,不破坏自然"与"充分利用自然,不为自然所伤害"往往是合在一起考虑的,在实践层面上也总是两方面一并完成,所以第二点不需赘言。

三是和谐的人伦秩序。在居住环境方面顺应自然、利用自然的同时,黄姚人也在人际交往、社会组织方面构建起安定有序、和谐团结的格局。这种顺应自然、符合生态性的生活世界图景,也可从黄姚某些建筑管窥一斑。这些特定的建筑,包括宗祠和其他公共建筑。

在黄姚,各姓都建有宗祠,共 11 座,每座宗祠都建在镇内该姓人家比较集中的地段。所谓"宗"或"族",就是一个因血缘关系联结而成的

图 15　黄姚古镇吴氏宗祠

群体。血缘关系具有巨大的凝聚力，一个人与另一个人的血缘关系是自然的、原生的，而非后来改变而成。以血缘关系作为人与人之间的纽带，在原始时代，各个民族都如此。但在中国，则任何历史时代都把这种自然性关系作为人与人之间所有关系的起点和社会的基础。"'家族'是中国文化一个最主要的柱石，我们几乎可以说，中国文化，全部都从价值观念上筑起，先有价值观念乃有人道观念，先有人道观念乃有其他的一切。"①家族或宗族有外在的表征物，就是宗祠（家祠、祠堂）。宗祠"是族人祭祀祖先，商议众事，加强族亲联系，执行家族规训，兴办教育等事的场所"②。黄姚民众也以宗祠为中心，族内的人形成亲密的关系网络，进而展开各种交际往来。以宗祠为象征的宗族内部一干人众，由于血脉相通，往往同心同德、团结互助；其所构成的社会，呈现出宁静温馨、和谐安康的良好状态。宗族这种人伦秩序单位，正如人与外部客观自然环境的关系处于良性状态时构建的美好生活场景那样，都是以"自然"为基石的，只不过前者是血缘，后者是自然界的运行规律。

　　宗族内因血缘而亲密和谐，那么宗族外怎么办？各宗族之间是否有如

---

① 钱穆：《中国文化史导论》，商务印书馆 1994 年版，第 51 页。
② 钟文典：《广西客家》，广西师范大学出版社 2005 年版，第 118 页。

绝缘体，不能连通、凝聚呢？在黄姚，除了各姓宗祠之外，还有一些建筑是属于公共的，比如镇东南天马山上的文明阁，姚江和小珠江汇合处的宝珠观，以及兴宁庙和古戏台等。宗祠里祭祀的是宗族的祖先，商议的是族群内的事务，协调构建的是族众的关系，而宗教庙宇供奉的则是所有宗族共同的神灵，涉及的是所有人生活的方方面面，是为一个更大的社会提供的联络点。宝珠观和古戏台都设在古镇围墙之外，意即属于公众，而非单个宗族。乡间戏台，演绎的是传统时代纲常伦理方面的故事，所起的作用，无非就是教化和归服，即规范民心，引导秩序。

宗族内因血缘而形成自然性的团结和谐，各宗族之间的关系能否实现团结和谐呢？其实在中国文化里这不是问题，"老吾老以及人之老，幼吾幼以及人之幼"。① 古人早就揭示了解决的途径。仍然是建立在血缘和宗族的基础上，把血缘、宗族的待人之道延伸扩大到整个社会，每个人都有一个小家，而所有人又构成一个"大家（庭）"，这个大家庭就变成了一个和谐康乐的优美生活世界。黄姚亦是如此。即便现在，到黄姚旅游的人，仍然会感受到一种平和宁静的氛围，观察到镇上人家邻里和睦，老人慈祥安宁，孩子们乖巧听话。

黄姚社会整体生态化格局还体现在其他建筑或设施。镇东北面的石围墙，把全镇各宗族人家，包裹成一个整体。而寨门（门楼）以及镇内的一道道闸门，也表明这里的人们有整体利益的观念。寨门和闸门平常是防盗，特别时期是防大规模武力侵犯。寨门是在镇子各个方位的外围，而闸门则以镇中部为核心，构成防护系统，而不是以家族为单位。在外敌攻势强大，寨门和一道道闸门被攻破时，不管是大户还是小户，全镇人都将退守于镇中心地带，依靠最后的闸门保障生命安全。可以肯定，如果不是全体成员同心同德、紧密团结，就不会有这样的防护体系留存至今。

黄姚古镇是"天人合一"的中国传统理念和传统文化的完美结合，它构建了中国人理想的、文明的、富足的、诗意的、和谐的人居环境，在中国古镇和建筑艺术史上具有一定的地位和价值。② 这种看法，的确符合

---

① 《孟子·梁惠王上》。

② 石承斌、陈才佳：《黄姚古镇建筑艺术的影视人类学保护》，《艺术百家》，2008 年第 6 期。

黄姚古镇的实际。

第三节　生态文化的时代性

广西西江流域生态文化的时代性问题,指的是:西江流域生态文化是在一定的历史时代产生的,并且随着时代的变迁而不断丰富和完善;它在当今时代也需要进一步发展。随着现代社会的到来,西江流域生态文化面临被人遗忘的境地,似乎它已经不合时宜。然而在这个普遍追求生态文明的时代,西江流域生态文化显然是我们的宝贵遗产和不可或缺的历史资源,必须珍视。关键在于,要弄清楚当代世界的根本问题是什么,困境是什么,西江流域生态文化对于解决这些问题、摆脱这种困境能够起什么样的作用。这其中包括它为了解决当代问题而必须进行什么样的自我更新,以及应当通过什么渠道,让它为当代社会理解和接受。这是它的价值所在,生命所在。

一　农业文明时代的持续发展

思考广西西江流域生态文化的时代性问题,首先需要从生态文化的视角,划分人类社会历史发展阶段,即人类社会生态文化经历了几个时代。借此,我们才能准确辨识西江流域生态文化所处的阶段,认识它的性质,发掘它的意义。

文明是人类的一切创造物,而文化是人类创造物的特征、风格和样式,[1] 什么文明阶段就相应地有什么文化,因此,生态文化与生态文明阶段是相对应的。人们基本上按照物质生产方式的发展线索划分,认为人类迄今为止已经历了三个阶段或时代,只是在用语上略有差别,或者要在三个阶段的基础上进一步细化,分出更多的环节。有人把三个阶段称为"原始文明""农业文明"和"工业文明";[2] 有人加入"时代"一词:"原始文明时代""农业文明时代""工业文明时代"。[3] 有人将三阶段称

---

① 杨善民、韩锋:《文化哲学》,山东大学出版社 2002 年版,第 9 页。

② 周毅:《可持续发展与人类文明转型》,《当代思潮》,2003 年第 1 期。

③ 王震国:《生态化:人类文明的第四时代》,《上海城市管理职业技术学院学报》,2008年第 1 期。

作"采猎文明""农业文明""工业文明";① 也有人提出"采猎时代""农业时代""工业时代"(也称之为"采猎文明""农业文明""工业文明")的称谓,同时又提出"生物文明""化学文明"和"物理文明"新三分法,并尝试在新三分法基础上细分为六个小阶段。② 也有个别人划分为四个阶段:"采集和狩猎文明""农业文明""工业文明""后工业文明"。③ 由于"后工业文明"仅出现在西方,是西方实现了工业文明之后,立足于工业文明而对工业文明本身进行反思,然而生产方式并没有改变,所以没有必要分割成两个不同的时代。

综上所述,三阶段是主流分法,每阶段的意涵其实也基本一致,因此不必纠缠于用什么名称。我们在此采用"原始文明时代""农业文明时代"和"工业文明时代"的说法,无非简便起见。那么按这个三阶段说,西江流域生态文化属于哪一阶段呢?我们不妨参照下表④:

内容 时代	生物文明		化学文明	
	采猎时代	农业时代	工业时代	新工业时代
主要特点	采集果实、捕鱼、狩猎	种植庄稼、养殖牲畜	采掘矿藏、制造机械	微制造、循环生产、太空开发
生产方式	劳动对象:野果、野兽、水生物 劳动方式:采集、渔猎 劳动产品:果实、猎物	劳动对象:土地 劳动方式:种植、养殖、手工制作劳动产品:粮食、牲畜、手工器具	劳动对象:自然矿藏 劳动方式:采掘、冶炼、制造 劳动产品:天然化学材料和能源及加工制造产品	劳动对象:循环利用的原素材料 劳动方式:微制造、深层循环生产、航天 劳动产品:人工化学材料及加工制造产品、物理能源、太空基地

---

① 郑国璋:《人类文明未来发展趋势研究》,《环境与可持续发展》,2011 年第 1 期。
② 韩民青:《人类文明演进的规律及历程新探》,《东岳论丛》,2011 年 5 月。
③ 王立:《人类五大文明阶段与生态》,《社会科学论坛》,2009 年 10 月(下)。
④ 韩民青:《人类文明演进的规律及历程新探》,《东岳论丛》,2011 年 5 月。

续表

内容 时代	生物文明		化学文明	
	采猎时代	农业时代	工业时代	新工业时代
生产技术	石器、骨器；人力	手工工具；薪柴、畜力	机械；矿物能源	智能化机械；物理能源

很显然，广西西江流域生态文化属于农业文明时代的生态文化。当然，它也经历过原始文明时代，是对原始生态文化的超越。这里要再回到学界对文明阶段的划分：绝大多数学者在界定人类社会已经历的三个阶段后，都认为目前人类社会已经开始或即将步入下一个阶段，即"生态文明"阶段。也普遍称之为"可持续发展"阶段。意即此前的各个生态文化发展阶段，事实上是不可持续、不够"生态（化）"的。不够"生态（化）"，指的是对环境有破坏性，以至于使环境恶化到无法让人类继续在地球上生存下去，因为"可持续发展，本质上是指人类社会的可持续发展"[①]。西江流域文化是不是也达到了可持续发展的水平呢？我们认为答案是肯定的。

我们首先来看处于原始文明阶段的西江流域生态文化。原始时代，自然界的力量远远大于人类力量，上百万年漫长时间里的人类先民们，还不具备对自然以及自我的清晰意识，只是在混沌蒙昧中顺应着自然的运动，竭力保存自己的生命存在。所谓原始文明，无非就是先民们用石制、木制的简陋工具，在大地上采撷、追逐和翻掘，以谋得充饥的食物。顺应，在这种情况下实际是无奈的屈从、迁就。

"刀耕火种"或"火耕水耨"，似乎是破坏环境的。其实，我们必须还原到特定的时代、特定的环境去看。首先，"火耕水耨"应该是两种生产技术或种植方式。"火耕"是在山地上，"水耨"则是在河边浅水处或泽地上，实际上根本无损于自然半根毫毛，相反，人类完全仰赖自然的恩赐。其次，我们必须考虑到，原始时代，地广人稀，"深广旷土弥望，田

----

① 毛锋、叶文虎：《论可持续发展要求下的人类文明》，《人口与经济》，1999 年第 5 期。

家所耕，百之一尔"①。这是宋代周去非还能见到的情形。因此，即便
"刀耕火种"，也不会损及自然环境的再生能力。刀耕火种的坡地或山地，
通常也称为"畬田"。一般是连续使用三年之后，十年间都处于休闲状
态。在西江流域的大瑶山，畬田习惯上分为老山、青山、芒山、黄茅山四
种。所谓老山，是指未经砍伐过的原始森林；或是虽砍伐过，但已年久日
深，重新长出高大茂密林木的山地。所谓青山，也是经过砍伐垦种之后重
新长出林木的山地，一般新长出的林木在二三十年左右。芒山是生长着芒
草的山地，烧荒后垦作旱地，种植农作物可获较好收成。黄茅山则是多次
砍伐烧种后丢荒的山地，地上只长着一些短浅的茅草，比较贫瘠，只宜于
轮作。② 由四种畬田并存的情况，回溯到原始时代，可以判断，森林和土
地应该不会因为刀耕火种而受到破坏。人少，又缺乏工具，要想烧一大片
山地来垦种，本身就很困难。《后汉书》中说"百姓不知牛耕，致地力有
余而食常不足"。那么可以想见在更遥远的时代，原始先民们又怎么可能
凭借木棍、石块这样的工具就使得自然环境恶化掉呢？③

　　如果说原始时代的西江流域先民们是不得已顺应自然，而使得自然环
境维系了它的生态性，那么到了农业文明时代，西江流域各民族则是自觉
地顺应自然，维护自然生态系统的可持续发展，并在自然的可持续发展中
推动民族的繁荣发展。

　　广西西江流域各民族是在中原民族（汉民族）文化的引导下步入文
明时代的。中原汉民族虽然也有过它的前文明阶段，但是相比其他民族，
中原汉民族却是在文化上早熟的民族，它率先走出原始蒙昧而进入到农业
文明时代，不仅逐渐形成和完善了与农业文明相适应的文化体系，而且始
终以这种文化为指南，为整个中华民族的生存和发展指明道路。

　　中国传统生态文化是世界上唯一以"天人合一"为最高追求，以
"天道自然"为最高原则的文化，它自有其独特的生成史。最初，与世界
上任何民族一样，中华民族先民的思想还处于孩童状态，在与他们的生存
密切相关的自然事物打交道的过程中，也渐渐萌发出原始崇拜和信仰。原

---

　　① 周去非：《岭外代答》卷三，商务印书馆 1936 年版，第 36 页。
　　② 李炳东、戈德华：《广西农业经济史稿》，广西民族出版社 1985 年版，第 129 页。
　　③ ［日］竹村卓二：《瑶族的历史与文化》，广西民族学院民族研究所（内部资料），1986
年，第 27 页。

始信仰和崇拜是远古人们对自然与人类本身的最初认知。[1] 原始崇拜包括自然崇拜、灵魂崇拜、生殖崇拜、图腾崇拜和祖先崇拜等。[2] 在进入农业文明时代后，中华民族的先民们的原始自然崇拜发生了一系列的发展和演变，包括崇拜对象发生了变化，以及对土地崇拜的日益重视。在此基础上，祖先崇拜进一步发展，灵魂崇拜也不断强化，最终，自然崇拜、祖先崇拜和灵魂崇拜构成了中国原始崇拜的三大基本内容。而由于自然万物供给人们食物，祖先赐予人的生命，所以要报答酬恩，其表现形式便是敬天祭祖。以自然和祖先为主体的信仰于是沉淀下来，作为基础和原则，在后世中国文化精神的形成以及文化的发展中起着重要作用和深远影响。[3]

　　"天人合一"最初发端于原始信仰和崇拜，并且始终包含着这些信仰和崇拜的内容；同时"天人合一"作为抽象的原则，又必须通过具体的行为活动而得以呈现和完成。原始自然崇拜中的土地崇拜，到农业文明时代还一直存在。土地崇拜通过"社祭"制度体现。"社"就是土地之神。"祭社"就是祭祀土地神。"社"的标志通常是茂盛的大树或一片丛林[4]，也可能是土石。祭社以祈丰年，社就是保护神。敬重崇拜社神，就意味着砍伐社树、社林，或者破坏社石、社地（地脉）方面的禁忌。社树、社林，在西江流域壮侗瑶民族语汇里，就是保护村寨的"风水树""风水林"，我们可以从瑶族的《石牌律》、侗族的《款规》里读到严禁破坏林木的文字。例如瑶族《石牌》中是这样说的：

　　　　六条讲完到七条，
　　　　谁若黑心肠，肚藏刀，
　　　　纵火在山，放火于沟，
　　　　毁坏山场，破坏森林，

---

　　① 马新、贾艳红、李浩：《中国古代民间信仰：远古——隋唐五代》，上海人民出版社2010年版，第8页。

　　② 牟钟鉴、张践：《中国宗教通史》上卷，社会科学文献出版社2007年版，第3页。

　　③ 马新、贾艳红、李浩：《中国古代民间信仰：远古——隋唐五代》，上海人民出版社2010年版，第8页，第15—29页。

　　④ 同上书，第72页。

他犯天法，他犯大罪。①

把毁坏田地、森林，视为"犯天法"的大罪，足见瑶族民众对维护山林田地的殷殷之情。这也充分证明，成为中国传统生态文化重要组成部分的西江流域生态文化，在保护森林树木、水资源和土地资源等方面，非但没有降低力度，反倒是把维护自然环境生态平衡变成了更高度的自觉，而且渗透于生产活动和社会生活的方方面面。

生态性不单体现于自然环境，生态平衡也不限于指自然万物之间的良性关系。生态性主要通过把自然环境作为对象的人类生产活动来实现，生态平衡同时也是人与自然万物之间的平衡。如果人口太多，超过了自然环境的承受能力，那么就会导致自然环境恶化，并引发人类生存危机。因而，人本身的生产，也属于生态文化的重要内容。广西西江流域很早就有从维护人与自然之间的平衡角度着眼的生育习俗（制度）。金秀大瑶山里的花篮瑶旧俗规定：每家每代只准留一对夫妇，每对夫妇只准留两个孩子，一个留在家里，一个嫁出去。因此，他们的家庭结构一般是"二、二、二"，即一对夫妇生育一对子女，赡养一对老人，很少有七口以上的家庭。每家生孩，以一子一女为率，子妻女嫁，每家仍保持二人之平均数。瑶族夫妇传统时代都会由长辈暗授用中草药节育避孕。女孩情窦初开之时，母亲就传与女儿避孕节育的方式。子女成家立业后，父母告诫子女最多生两个。如果怀了第三胎，则劝其堕胎。②

"每个家庭每代只许有一对夫妇"这样的习俗，在花篮瑶的传说中是经过了"石碑"会议规定下来的③，并且在广大瑶族民众中（不限于花篮瑶）有广泛的认同。有研究者询问瑶族同胞为什么不多生养孩子时，他们总是回答说"瑶山田地狭窄，难以抚养多人……"④ 一子一女的生育习

---

① 中国歌谣集成广西卷编辑委员会：《中国歌谣集成广西卷》下卷，中国社会科学出版社1992年版，第898页。

② 广西壮族自治区地方志编纂委员会：《广西通志·民俗志》，广西人民出版社1992年版，第279页。

③ ［日］竹村卓二：《瑶族的历史与文化》，广西民族学院民族研究所（内部资料），1986年，第41页。

④ 同上书，第41—42页。

俗，在一部分瑶族地区，一直延续至今。在传统时代，即便中原的汉民族，都秉持"多子多福"的观念。而西江流域的瑶族人民，就已产生维持人与自然平衡关系的生育习俗和生态文化，殊为可贵！甚至在当代社会，也远远高出很多所谓现代人的思想境界，显示出一种超越性和进步性，具有深刻的理论价值和深远而重大的现实意义。

概而言之，灌注了"天人合一"精神，以顺应性、实用性和可持续性为基本原则的西江流域民族生态文化，是对农业文明成就的文化总结，是一种能够协调人与自然环境关系，保障人类社会与自然环境平衡发展的生态文化。黑格尔在《历史哲学》中说中国从本质上看是没有历史的，不发生任何变化，"终古如此"，① 固然充满欧洲中心主义色彩，但从生态文化发展的角度看，则说明中国的确已经找到了与自然和谐共存的道路，能够永久地延续下去。世界的其他地区和民族，所谓的历史阶段进步，则不过是始终在摸索，一直找不到与自然的平衡点。但遗憾的是，随着中国也进入现代文明阶段，中国传统文化越来越受到人们的质疑。在工业技术飞速发展的今天，只还有中国西部的广西所谓欠发达地区，还停留在过去的农业文明时代。很多人视之为贫穷落后，但这样的看法并不正确；我们毋宁认为，正是在这种当代语境下，西江流域生态文化已经成了我们传统生态文化仅存的硕果，越发显得珍贵！

二　工业文明时代的边缘化

古老的中国，是在西方坚船利炮的胁迫下进入现代社会的。步入现代社会之后，不仅西江流域文化，即便整个中国传统文化，都已经处在一种边缘化位置。边缘化的原因不难理解。自 1840 年以来中国的百年屈辱，不仅在外人，即使是我们自己，也很容易形成这样的观念：西方之所以战胜我们，即在于西方文化是优越先进的；相反，我们之所以落败，就因为我们的文化愚昧落后。因此，"五四"时期西化派的代表陈序经认为，"中国文化的出路"，就是它接受被淘汰的命运，今后只作为古董供历史

---

① ［德］黑格尔：《历史哲学》，王造时译，上海世纪出版集团、上海书店出版社 2001 年版，第 117 页。

学者研究，"我们的唯一办法，是全盘接受西化"①。

　　陈序经给中国文化指出的其实是一条"死路"。但我们必须承认，中国传统中的很多东西，的确是应当"死"去，必须被边缘化的。广西西江流域生态文化并非尽善尽美，如果说它在保护自然环境，维护人与自然关系平衡并保持可持续性发展方面，能发挥有效作用，那么这种作用的发挥，往往与几方面情况不可分割。

　　首先，是生产力处于较低水平。生产力水平的高低主要由生产工具以及劳动技术来衡量。中国传统时代都属于农业文明阶段，与采集狩猎为主的原始文明阶段相比，生产力水平当然是高的。但与现代大型机械化生产相比，仅依靠畜力和人力，以简陋的犁、耙、锄、扁担、箩筐等为主要工具的农耕生产，显然不可同日而语，水平之低下毋庸置辩。运用这些简单工具组合而成的农耕技术，粗看起来对自然环境的伤害确实不大。但效率不高，也就是投入多，产出少，这里面就存在资源的浪费，所以从最终来看，并不完全符合生态性。

　　其次，小农经济的制度框架。小农经济，最大的特点是分散性，各做各的，各人爱怎么做就怎么做，不利于农作物的种植和收获。同时，类似水利设施这样的大型建设很难出现，发生旱灾或洪灾，就只能干瞪眼。"靠天吃饭"之说，由以产生，并且饱含无奈。小农生产不仅不利于节约资源，而且会因为资源引发矛盾冲突。西江流域大瑶山地区有一首《争山界料话》，说的是中间人"石牌头人"（瑶族村寨里的首领）处理张三和李四为金鸡岭上两家相邻山地的地界发生争执的事情。因为石牌头人处事公正而且有威望，所以处理的结果（山林归张三）各方都接受了，以后也不再有纠纷。② 这件事情是发生在村寨内或者族群内，尚有头人、寨老或族长来协调解决，如果是村寨之间或族群之间，那么往往就诉诸械斗了。有必要说明，西江流域各民族既有和谐融洽的一面，也有矛盾摩擦的一面，这两方面是同时存在的。传统时代的官府管不过来了，管也是站在强势的一方。汉族人越来越多，所以少数民族都被赶到山里了。这种说法

---

① 陈序经：《中国文化的出路》，中国人民大学出版社 2004 年版，第 85—108 页。

② 中国歌谣集成广西卷编辑委员会：《中国歌谣集成广西卷》下卷，中国社会科学出版社1992 年版，第 903 页。

一直流传到现在，各族民众也都承认这是史实。显然，这些状况不但不利于生产方面的生态保护，而且在民族间、村寨间甚至人与人之间造成了隔阂、怨恨，使社会生态文化遭到了破坏。

最后，简朴贫困的生活。顺应，也就是克制、忍耐，不去奢望。年成好，庄稼丰收了，就过一个丰年；天灾人祸了，那就啃树皮吃草根，能活下去就行。在传统农耕时代，西江流域各民族顺天应命，过着水平极低的生活。各民族的山歌里都有的"苦歌"，就是这种贫困、痛苦生活的写照。罗城仫佬族的山歌《三餐煮粥都是稀》唱道：

　　剪刀不利为铰松，梧桐落叶为秋风；六月米贵因天旱，无钱买米因家穷。

　　不讲苦来人不知，三餐煮粥都是稀；筒米下锅半桶水，洗碗未干肚又饥。

　　世间讲苦算我苦，世间讲穷算我穷；盆里无盐用水浪，罐里无油用火烘。①

基本的衣食住行都难以保障，这样的生活也实在太不堪！追求富足幸福的生活，是任何人的正当权利，无可厚非。维护了生态环境，但同时贬抑了人的正当要求，这说明西江流域生态文化以及中国传统文化存在需要改进的地方。

类似于西江流域生态文化的东西在现代社会必定遭遇被边缘化的命运。"现代"是由西方开启并率先完成的，之后则极力推向全世界。现代性是西方文化的必然产物，而西方文化的特征就是在处理人与自然的关系时不是讲"和"，而是"争"，也就是"二元对立"。所谓对立统一或矛盾统一，不仅是指人与自然这"二"者共同组成了"一"个世界，而且还指人与自然作斗争，人征服自然，最终让自然为人的生存发展服务，统一到人的目的上来。这样的"一"，也就是通常所说的西方"人类中心主义"。当然，即使是东方的与自然和谐，其实最终目的也还是为了人，为

---

① 中国歌谣集成广西卷编辑委员会：《中国歌谣集成广西卷》下卷，中国社会科学出版社1992年版，第1186页。

了人的长久存在。问题是西方的做法是只顾及了人，只顾及了人的眼前利益，而把自然当作予取予夺的对象，完全不顾自然的承受能力，所以才使"人类中心主义"变成贬义称谓。

如果说原始时代的西方祖先和西江流域先民们一样，他们的行为活动无损于自然环境，那么当他们的后代为了征服自然而发明出科学技术之后，这种情况就改变了。可以说，直至目前为止的整个西方文化，是西方人向自然进军的一路凯歌所汇成，充满着自豪和喜悦，结构复杂、体系庞大。原本，征服自然的目的是为了生存，然而现在的技术能力早已不止于为人类从自然界取得生命资源，还能攫取更多。因此，尽管科学技术与西方文化不能等同，但是它由西方文化孕育生成，并首先在西方取得巨大成功，所以很多国家和地区为了国强民富，把发展科学技术与引进西方文化挂钩，当成了一回事。这就是为什么西方文化能大行其道，推广到地球每一个角落，并被各个国家、各个地区的人们欣然接受的原因，也是西江流域生态文化之类的传统文化被冷落的根源所在。

然而，当科学技术帮助现代社会创造了巨量的财富，当各种眼花缭乱的商品被生产出来并被无数的现代文明人快乐地享用的时候，也就意味着自然资源的大量消耗，生态环境的不断恶化，最终导致人类无法生存：

> 来自地狱般的噪音；人们呼吸的空气被爆炸性和有毒气体以及受到细菌高度污染的致癌物质颗粒所污染。这种难闻的气味是无法想象的。在劳动过程中，人们接触各种有毒物质。饮食状况极其恶劣。食物被掺了假。安全措施根本就不存在，或者早就被人们忽视了。①

这是 19 世纪英国的工厂和矿区环境状况。今天，这种恶劣环境已经扩散到全球。是的，英国等少数西方发达国家倒是"消除"了这样的环境问题，但他们把这些问题转嫁到了其他国家和地区，而且事实上资源的消耗比以前更大，更难以遏制，以至于面对这种全球性困境，汤因比不得不惊呼："如果人类仍不一致采取有力行动，紧急制止贪婪短视的行为对

---

① ［英］乔纳森·休斯：《生态与历史唯物主义》，张晓琼等译，江苏人民出版社 2011 年版，第 12 页。

生物圈造成的污染和掠夺，就会在不远的将来造成这种自杀性的后果。"①

科学技术其实是中性的，但当它和人的无限欲望勾搭起来后，一方面欲望变成了技术发明的推动器；另一方面则是技术异化为欲望的膨胀剂。装上了科学技术双翼的西方文化，本质上不是生态文化，毋宁是一种"反生态"的文化！它在为追求幸福生活的人们拒绝西江流域生态文化之类的传统文化提供口实的同时，又悄悄然把人类社会推到了崩溃毁灭的边缘。西方文化主导的世界是不可持续发展的。于是，环境保护主义、绿色和平运动，以及生态学、生态美学、大地艺术之类的东西，也从西方社会滋生和兴盛起来。

三　生态文明时代的来临

恩格斯在《自然辩证法》中指出："我们不要过分陶醉于我们人类对自然界的胜利。对于每一次这样的胜利，自然界都对我们进行了报复。"②现代工业文明所造成的后果，为恩格斯的话提供了活生生的证明。面对生态环境遭受极度破坏，人类生存危机日益严重的现实，以牺牲资源、环境为代价的掠夺式发展方式，已遭到普遍质疑，一个新的时代——生态文明时代即将到来。

生态文明时代的到来，意味着西江流域生态文化被边缘化的时代行将过去。的确，与现代工业文明造成的巨大生态危机相比，生态文化源远流长并且得到较好保存的西江流域地区，至今仍是生态环境得到最好保护的地方。③ 对比之下，我们发现，其实我们原本就做得很好。在环境保护方面——环境保护是生态文明建设的主阵地——我们有丰富的本土资源。所以，西江流域生态文化的时代性问题，实质是如何做好西江流域生态文化与当代生态文明建设相结合的问题，是如何使西江流域生态文化"当代化"的问题。必须使西江流域生态文化之类的传统文化走出边缘状态，必须做好传统生态文化的传承和保护，才能真正促成生态文明时代的

---

① ［英］阿诺德·汤因比：《人类与大地母亲》，徐波等译，上海人民出版社2001年版，第10页。

② 《马克思恩格斯选集》第4卷，人民出版社1995版，第383页。

③ 王春楠：《自治区环保厅发布全区环境状况，去年至今广西生态环境总体良好14个设区市空气质量均达二级》，《南国早报》，2013年6月5日，第8版。

到来。

　　当然，通过传承保护传统生态文化来建设当代生态文明，并不等于完全摒弃西方文化尤其是其中的科学技术文化。科学技术是人类的重大发明创造，它是中性的，是一种潜在的巨大生产力。生态文明建设要在充分利用科学技术优势的情况下展开，这一点必须明确。同时，保护传承传统生态文化，也不意味着对传统的简单接收、复制，全盘照搬到当下；而是要扬其所长，避其所短，借鉴和吸收今天仍然可为我们所用的方面，舍弃那些不适于当代社会需要的方式、方法。这里面有个螺旋上升、更新换代的问题。毕竟，我们不可能回到过去，现代人有现代人的生活，因而也必须有现代的行为活动方式。何况传统的行为方式本身也存在许多问题；而我们今天所要建设的生态文明，应当是对传统的升华和超越，是一种更高层次的文明形态。

　　广西西江流域生态文化肯定是能够对当代生态文明建设有所助益的。综而论之，我们认为它还能启发当代生态文明建设，以及必须加以改进的方面，可以归结为"一个理念"、"三条原则"和"三方面的工作"。

　　（一）一个理念

　　所谓"一个理念"，指的就是中国传统文化的核心精神，以及西江流域生态文化的基本观念"天人合一"观。

　　必须正确理解"天人合一"，并把这个观念作为人类行为活动的思想前提。"天人合一"是人与自然达到协调的境界，但不是"人"与"自然"这两个相互外在的东西拼合在一起。"天人合一"是肯定人与自然的统一关系，认为人就是自然界的一部分，甚至人类的生活理想也应该符合自然界的普遍规律。① 费尔巴哈说："我憎恶那种把人同自然界分割开来的唯心主义；我并不以我依赖于自然界为耻。我公开承认自然力不仅作用于我的表面、我的皮肤、我的身体，而且作用于我的核心、我的灵魂。"② 费尔巴哈指出人与自然的关系是一种自然与自身的关系，人与自然具有自然同一性。马克思讲得更明白，"自然界……是人的无机的身体。人靠自然界生活。这就是说，自然界是人为了不致死亡而必须与之处于持续不断

----

① 张岱年：《文化与哲学》，中国人民大学出版社 2006 年版，第 61 页。
② 《费尔巴哈著作选读》，商务印书馆 1984 年版，第 537 页。

地交互作用过程的、人的身体"①。马克思没有使用"天人合一"这个词，但是他说自然界是人的身体，把自然统一于人，不正是这个观念的一种深刻表述吗？自然界就不再是完全外在于人的东西（这里并没有否定自然界有自己的独立存在性），可以予取予夺。自然是人本身的一部分，掠夺它、危害它，就是在摧残自己、伤害自己。

马克思的话表明，"天人合一"思想内在地包含着对"人"本身的理解。西方文化虽把"认识你自己"当作人的使命，但是我们从"人是万物的尺度""宇宙的精灵，万物的灵长"里读出几许狂妄之外，显然还看到这种话语后面的思维缺乏辩证性。也就不难理解，为什么"上帝死了"然后"人也死了"这种悲剧，会在西方文化语境中发生。

如果说西江流域生态文化对"天人合一"的理解或许还停留在"见素抱朴"的阶段，那么今天，就必须以发展的眼光，站在世界历史发展的高度，对"天人合一"作出新的理解。

"天人合一"的观念并非中国独有，中国也并非自古以来都以"天人合一"为唯一理念，"中西哲学史各自都有'天人合一'式与'主客二分'式的思想，不过西方哲学史上较长时期占主导地位的旧传统是'主体—客体'式，中国哲学史上长期占主导地位的思想是'天人合一'式"②。我们上引费尔巴哈、马克思的论述就说明西方思想中其实也是有"天人合一"观的，只是这样的观念未能成为西方文化的基本思想。而在中国，"天人合一"最初其实还是一种混沌模糊的思维，与西方的"二元对立"思维处于两个极端。中国早期的"天人合一"没有人与自然的界限，人更多地盲目（也包含无奈）依附自然、屈从自然。逆来顺受、忍辱负重，是传统时代中国人的人生常态，也表现在对自然的关系上。历史上的西江流域各民族亦是如此。然而人与自然的统一，应该对自然对人本身都有清醒的认识，看到二者既有相同之处，又有各自的特性，而不是不分彼此、含含糊糊的混合。因此，生态文明时代的"天人合一"，既要脱离原始混沌的物我不分，又要吸收西方文化中的"主体—客体"原则，又最终扬弃了"主体—客体"的对立，达到一种更高远的境界，这就是

---

① 《马克思恩格斯选集》第 1 卷，人民出版社 1995 年版，第 45 页。

② 张世英：《哲学导论》，北京大学出版社 2002 年版，第 7 页。

"后主客关系的天人合一"。①

　　(二) 三条原则

　　三条原则即顺应、实用和可持续。这是西江流域生态文化的三个主要特点；这三个特点应当转化为生态文明建设过程中，在生产实践、社会活动和一般生活层面都应当遵循的原则。这三条原则是紧密联系、相互贯通的，联通三者的核心就是一"节约"。在直接利用自然资源时是这样，在使用其他所谓"人工制品"的东西时也要有这个意识。

　　1. 顺应。顺应当然不是放弃人的主观能动性，完全不作为。在谈"天人合一"时我们说过，我们不能因陋就简匍匐于自然的脚下，也不能把自然当作奴隶任由人支配差遣。人与自然之间，是人服从自然多一点，还是自然服从人多一点，很难做硬性规定。人与自然的界限要根据具体情况来确定。但是，在我们处理环境问题时，不违背自然的规律，这个原则必须时刻牢记。

　　灵活运用自然规律也是一种顺应。比如水往低处流，于是我们在江河上筑坝建水电站，不仅能够保存雨水用来灌溉田地，而且发电供生产和生活使用，这就既顺应了自然规律，也发挥了人的主动性、创造性。当然，也还需要研究建坝对地质结构、对植被对生物种群带来的影响，同时做好防洪泄洪工作。

　　人顺应自然，自然也会向人显示其友好的一面，这就犹如自然也顺应了人。农谚说："雨水种瓜，惊蛰种豆。"② 这里面提到"雨水"和"惊蛰"两个节气，其中"雨水"是冰雪融化、降水增多、气温开始回升的时间点；"惊蛰"是气温进一步回暖，万物开始复苏、生长的时间点。从"雨水"到"惊蛰"，是春耕春播的最佳时间段。如果我们能按农时抓紧种植作物，相应地这一年的收成就会好一些。要是过了季，瓜、豆不能发芽，或者发芽后光长苗不结果实，那就是大自然对不顺应者的惩罚了。

　　2. 实用。实用是指为生产或生活所必需。实用是一个界线，不是必需的，宁可不做；做则以满足基本需要为目标。不实用就是浪费资源。

　　人类社会的发展与人类和自然疏远程度成正比。现代社会的人们，生

---

① 张世英：《哲学导论》，北京大学出版社 2002 年版，第 13 页。

② 鹿寨地方志编纂委员会：《鹿寨县志》，广西人民出版社 1996 年版，第 790 页。

活在钢筋水泥的丛林——城市，久而久之，真正的自然环境就变得很陌生，甚而遗忘了。科学技术的发达，让现代人以为人类无所不能，似乎可以凭空创造出无数新东西，而想不到这一切其实还是地球母亲无私奉献给我们的。在商业文化熏陶下，在消费主义、享乐主义引导下，很多人把享受最高端产品为乐，以抢到最新推出的某一款产品为荣。人类要生存和发展，必须学会使用自然资源。像现代社会的生活方式，不仅极大浪费资源，也严重污染环境。生态文明建设时期，则必须倡导适度消费、绿色消费，形成以节俭朴素为美德，以铺张奢靡为羞耻的社会风尚。

以实用为原则，也包括因地制宜，就地取材，考虑自然环境的特点，使自然资源的使用能给人的生产和生活带来更多的方便和舒适；实用原则还包括使资源得到广泛运用，物尽其用。这些内容在谈到西江流域生态文化的实用性特点时都已阐述过，无须赘言。这里想说的是一个遗憾：即使在西江流域地区，不从实用原则出发的情况，也越来越多了。

以象州民居的变化为例。象州民居早期也是"麻栏"（即干栏）建筑为主，后来有了舂土墙的泥瓦房。到 20 世纪 80 年代，砖瓦结构的住房渐渐增多。20 世纪 90 年代之后，则出现了钢筋混凝土的楼房。① 如果说麻栏、干栏的确太简陋，那么钢筋混凝土的所谓西式楼房，几乎所有的建筑材料都要从很远的城市购回，成本则大幅增加。最重要的是，本来农村地区山多林密，住以前的砖瓦房，夜晚很凉爽，甚至需要盖薄被；但是住进那些西式楼房，即便电扇一直吹，也热得难受。不实用，最终是无益于人的生活。

3. 可持续。可持续原则是顺应原则和实用原则的延伸，也是前两者的目的。因为可持续发展，本质上是指人类社会的可持续发展。②

人类社会的可持续发展，必须以自然界的可持续发展为前提。森林植被消失了，一到雨季，就很容易发生泥石流，吞没山下的村庄和居民。水源一旦被污染被破坏，不仅人畜饮用水成了问题，就是庄稼也长不好。西江流域各族人民，长期以来"守着金山（青山）过苦日子"，宁可生活很贫困，也不乱砍伐山林竹木。风水树、风水林之谓，说明他们深刻理解山

① 象州县志编纂委员会：《象州县志》，知识出版社 1994 年版，第 653 页。
② 毛锋、叶文虎：《论可持续发展要求下的人类文明》，《人口与经济》，1999 年第 5 期。

林水土，是他们最高的保护神，是生存的根本保障。他们把破坏山林水土的行为斥之为"崽卖爷田不心疼"，认为这些行为是"造孽"，"天打雷劈""断子绝孙"的。

但是现代社会的人们却把过好日子、追求快乐享受当作天然权利。一边大肆挥霍，一边随意抛弃，把自然环境当作自家仓库以及垃圾场。为了赶上发达国家，赶紧过上富裕文明的生活，不惜掏尽资源，不惜山川变色、江河断流。"先污染后治理"的发展模式居然大行其道，人们付出了惨重的资源和环境代价仍不思悔改。生态文明建设，可谓任重道远。

必须长期保有一种清醒认识：自然资源都是有限的。实际上许多资源都是非再生性的，比如石油、煤炭等，都要经过上百万年才能形成。像现在全世界对石油煤炭的用量，它们会很快被耗尽，时间甚至不到半个世纪。所以，没有长远的眼光，不节约利用大自然馈赠给我们的资源，过不了多久，就会消耗殆尽。

自然生态环境的可持续性，关键在于两点：一是具有再生性；二是规律性循环运动。要保障这两者，人类必须有所为而有所不为。尽管水、空气、粮食、木材，乃至石油、天然气、煤炭等等，都已经成为我们生活中须臾不可缺少的东西，但能不用则不用；必须用，也要节约。绝不能"杀鸡取卵"，贻害子孙。还要强调一点，所谓"有所不为"，就是希望能够多保存一些人迹未至的地方，纯粹原生态的地方。让自然世界多存一点神秘，不会给任何人带来损失，但一定是全人类的福祉。

（三）三方面的工作

保护传承传统生态文化，促进生态文明建设，真正维护好我们的家园，实现"美丽中国"的目标，学习借鉴西江流域地区各民族以往的做法，有必要做好三方面工作：一是要使维护自然生态环境成为一个全民性的活动，人人有责，人人参与；二是要抓好法制建设，用法律来保障自然环境可持续发展；三是要做好环境保护法规和知识的普及化，让人们不仅愿意参与，而且懂得如何更好地保护生态环境。

1. 全民参与。

广西西江流域地区各族民众，在维护自然环境上，向来都是村村寨寨、老老少少、男男女女，心往一处想，劲往一处使。例如侗族的《款规》把维护山林、河流和水利设施，保护侗族地区的自然环境作为重要内容之一。① 而合款的村寨动辄十几或几十个，甚至涵盖整个侗族地区，针对所有侗族民众，任何人都不得违犯它。也就是说，在保护环境方面，侗族民众是全民动员，个个参与的。这也就是侗族地区被称为"绿色家园"的重要原因之一。

现代社会是一个不断走向自由、民主、平等的社会。自由、民主和平等确实是正面价值，但是在不成熟的社会历史阶段，人们运用这些价值，往往表现为我行我素，各行其是，无所顾忌也不计后果。对立冲突此起彼伏，社会诸领域相互断裂脱离，公共领域成了各种利益博弈的空间；各色人等之间的裂痕越来越大，统一的基础荡然无存。马克思指出，人与自然的关系，本质上是人与人之间关系的外化。② 不处理好社会人际关系，也就无法处理好人与自然的关系。保护自然环境，只能沦为空谈。

保护生态环境，建设生态文明，需要全民参与，因为自然是一个统一的整体，不能切割分块。独善其身已经毫无意义。大西北卷起的沙尘暴，不仅能笼罩北京，也能洒落东京。西江污染了，下游的珠江就跟着遭殃。因此，仅仅靠政府或某些社会机构组织倡议宣传，而社会各界反应冷淡，普通人袖手旁观，生态文明建设将永远提不上日程。只有人人都有环保意识，而且自觉自愿积极参与，当前的环境危机生态危机才能真正有消除的一天。

2. 法制建设。

广西西江流域各民族维护生态环境时的全民参与性，并不是自古而然，天性如此。正如我们说到的侗族民众，他们各村各寨联合起来，制定了《款规》这样的"基本法"，通过习惯法的形式来促使所有人参与。《款规》属于民间的习惯法，瑶族的《石牌律》与之类似。另外瑶族的"破补组织""村老制""密诺组织"，壮族的"都老制""寨老组织"，仫佬族的"冬组织"中，都有他们的习惯法。在所有这些习惯法之中，无一例外都有保护村寨山林水土等周边环境的条文。我们来看一段金秀瑶族

---

① 刘琳：《侗族侗款的遗存、传承与时代性发展——以广西三江侗族自治县侗族侗款为例》，2007 年广西师范大学硕士论文，第 5 页。

② ［德］马克思：《1844 年经济学哲学手稿》，人民出版社 2000 年版，第 83 页。

自治县的石牌文：

禁示龙堂碑

窃为木有本则不绝，水有原则不站（旱）。三江龙挖瓮口冲山场，乃九村水源，源流田禾之山上，应国课数十余石，下养生命万有余丁。前罗国泰六肆代山地，曾经呈控于前任沐瑞二州主在案。今有不法地棍复行砍伐树木，断绝水源。九村不已，禀恳龙州主出示永禁刊碑于圩，以朽不朽。

告示——保护水源，以资灌溉也。查州属大河，上通雒容，下至来宾，有自然水利；其余环绕港，全资山水源流注。而山水须藉树木荫庇、保存须滴源灌溉。田禾是树木，即属蓄水之本，岂可任意砍伐致碍水源。且系中难容私占兹闻地棍，但图目前之利，行租批佃或自行开垦、椶伐树木、放火烧山、栽种杂粮，日久踞为己有，公然告争，以致水源顿绝，田禾没涸，大为民害。其余官荒树木，概不许私佃自垦、伐树少数，以蓄水源。如还（犯），依律重究。

义路村、古陈村、大泽村、六龙村、花罩村、凤凰村、花芦村、厄村、浦保村。

嘉庆十八年十月初一日九村刊立。①

碑文先说明刻石立碑的原因，然后陈述保护水源、保护树木的重要性，再明令禁止损害水源、树木的行为，并告之惩罚的严重性。《禁示龙堂碑》完全可说是一个环境保护的"法律（文件）"。把相关条文刻在石碑上，故而称"石牌律"。这已是成文的习惯法，或许可以称为民间的"成文法"。侗族的"款规"也有刻到石碑上的。侗瑶民族都知道环境保护是一件长期性的事情，一代一代的人都要做下去。刻条文于石碑，就是要让后人也都看到和遵守。

法律规范人们的行为，是带有强制性的。没有对触犯者相应的惩罚，法律就沦为空文。西江流域地区的"环境保护法"，对破坏环境的惩处是

---

① 金秀瑶族自治县县志编纂委员会：《金秀瑶族自治县县志》，中央民族学院出版社 1992 版，第 568 页，第 525 页。

非常严厉的,《禁示龙堂碑》中说的"依律重究"绝非虚言恐吓,如以下案例:

> 1901 年,广西象州县桂田村(今属金秀自治县)黄春得由于累次偷盗盘进安等家的猪、香草、树木,盘发觉后,告至石牌头人,经调查后,证据确实,捉拿黄到石水山下杀掉,并勒令其家属卖掉田产,赔偿失主。[①]

尽管并不是因为单纯的破坏自然环境,而主要是偷盗行为而受到处罚,但传统时代偷盗行为其实总是与各种自然资源和环境密切相关,所以这个处罚也可以理解为同时针对破坏环境的行为。"人亡""家破",再没有比这样的处罚更沉重更残酷的了!类似的处罚还有不少,即使犯事者不丢命,大多也要散尽家财。站在今天的角度看,这显然过于残暴,肯定有"苛律""恶法""酷刑"之嫌。我们这个时代确实也不提倡严刑峻法。但是,却也正因为有这样严厉的法律规制,才保证了瑶山地区路不拾遗、夜不闭户的安定社会秩序,漫山遍野的森林和土产也得以保护。[②]

广西西江流域地区的某些具体做法是应当废弃的。但是通过法律来保护环境,建设生态文明,这应当是西江流域地区给予当今社会的启示。

3. 普及知识。

当今世界各国,基于环境恶化而建立的法律法规不胜枚举。我们国家也同样在生态环境法律体系建设方面迈出了很大的步伐,先后颁布了"森林法""野生动物保护法""污染防治法""水土保持法"等。这一系列法律的推出,确实为治理与预防生态环境的恶化,提供了强有力的制度保障。[③]但为什么生态危机在当下依然日趋严重呢?这与这些法律不为大众所知,与人们不了解环境保护方面的知识(环保法也是这种知识)有很大关系。

---

① 姚舜安:《瑶族民俗》,吉林教育出版社 1991 年版,第 25 页。

② 同上书,第 26 页。

③ 魏海青、李书海:《生态文明:人类文明发展的新形态》,《哈尔滨市委党校学报》,2004 年 9 月号。

广西西江流域各民族是怎么宣传普及环保知识的呢？人们并没有刻意去宣传普及什么环境保护知识，他们的思维里甚至没有这个概念。他们只是觉得在做理所应当的事情、每天都在做的事情。那些事情就是他们的生产劳动、生活方式以及一些其他的风俗习惯，他们觉得都是自然而然的。比如，每天在饭桌上，看到孩子们掉饭粒了，他们就会批评。孩子去放牛，他们会告诫不要让牛吃田里的禾苗、园里的青菜，也不要把小树折断。秋冬时节，他们则提醒小孩子不要在山林里玩火，捉迷藏时不要穿越人家的篱笆。还有，死鸡死鸭不要丢到河里、水塘里，诸如此类，都是他们日常生活中最普通不过的情形。这些事情也包括奶奶或妈妈带孩子，总要讲些故事，唱几句儿歌；或者，村寨里总有一些爷爷或伯伯，夜晚在村头、树下乘凉，身边就围上很多孩子，于是村寨的过去，祖宗的英雄事迹，以及村后那座山、寨前那条河、那些传说故事，就从长辈的口中滔滔不绝流出来……

广西是歌海，西江流域各民族都爱唱歌。侗族的约法款、瑶族的石牌律，刻写在木板石碑上，也以歌谣的形式在民众中口耳相传。各个民族不论生活在世界的哪个地方，都有歌谣，都用歌谣来表达、记录和传递。农事歌、气候物候歌、历史故事歌、情歌、祝寿歌、婚礼歌、礼俗歌、叹苦歌、猜谜歌等，举不胜举。这些歌谣里都有环境保护的内容或知识，而这些歌在不同时间不同场合歌唱，也有各式各样的唱法。但凡重要场合，如过年过节、行歌坐夜、婚嫁、寿诞、生子、迁新居等，必定唱歌。唱的时候，可以是大家合唱某一首歌，也可以你唱一首，我唱一首，或者你问我答。对歌比赛，有时是唱规定的歌，有时则是临场发挥，斗巧斗智。也有很多时候是按仪式规定，该谁唱，该唱什么内容，走程序。年节或喜庆日子，亲朋好友齐相聚，村头寨尾的大人小孩都凑在一起，唱歌助兴，图个热热闹闹，欢欢喜喜。很多的习俗和风气，就是通过这样的形式而形成，并一代代传承下去，包括尊长爱幼、关爱亲人，包括知书达理、维护乡梓。

以下是侗族婚礼上新郎新娘敬舅爷时唱的歌：

树木开花靠树根，稻田禾苗靠水井。
我是花来您是根，我是禾来您是井。

一杯米酒敬舅爷，米酒难报舅爷恩。①

广西西江流域各民族，就是经常以这样的形式，在轻松快乐中，把爱护环境的规约和知识，潜移默化于每个人的心里，口耳相传给一代又一代。

本章结语

美国学者弗·卡特和汤姆·戴尔在他们合著的《表土与人类文明》一书中，通过深入分析和研究后指出，战争因素、气候的变化、道德败坏、政治腐败、经济失调、种族退化及领导者的无能，都不一定导致一个民族衰落，真正能造成一个民族从根本上衰落的原因，是一个民族耗尽了自己的资源，特别是表土资源。一个民族无论多么强盛，如果它在短时间内耗尽了自己的自然资源，那么，这个民族很快就要衰落下去。②

中国改革开放30多年来的发展，取得了举世瞩目的伟大成就。但是，我们消耗了大量的自然资源，也导致了自然环境的全面恶化。正是在这种危急时刻，我们社会及时调整发展方向，提出了生态文明建设、"美丽中国"建设的宏伟目标。这是关系到我们国家和民族的千秋大计，无疑是正确的，但道路也是漫长的。我们能否取得胜利，达到这个目标，很大程度上取决于我们能否弘扬包括西江流域生态文化在内的中华民族优秀文化。

---

① 中国歌谣集成广西卷编辑委员会：《中国歌谣集成·广西卷》下卷，中国社会科学出版社1992年版，第983页。
② 陈也奔、张靖硕：《文明与自然资源》，《国外环境科学技术》，1997年第3期。

结 束 语

人类一切文明和文化都是一定生态环境下的产物，在此意义上，任何文明和文化都是生态文明和生态文化。因此，保持和维护良好的生态环境不仅事关生态环境自身的可持续性，而且从根本上决定着人类文明和文化能否永续发展。人类文明的历史进程，在某种程度上就是一部人与自然之间生态关系的发展演变史。

在原始文明阶段，人类先祖尚未脱离自然的襁褓，完全依附于自然而生存。人类生活所需的一切都直接来自自然的赐予，采集渔猎以果腹，枝叶皮毛以蔽体，巢居穴处以栖身，……凡此种种，无不仰赖于自然界存在着有利于人类生存的诸多资源和条件。因而，在人类文明的初始阶段，只有自然条件优越的地域才有人类存在的踪迹，闪耀人类文明的曙光。在这个阶段，广西西江流域由于具有温暖湿润的气候、纵横交错的水系、丰沛富饶的水土资源、物产丰富的食物来源，以及天然的岩溶洞穴居所等诸多得天独厚的自然条件，而成为人类原始文明的发祥地之一。西江流域的原始先民，在当时地广人稀、食物繁多的情况下，只需直接向自然索取而无需劳作，就可以生存繁衍下去，从而在完全依存于自然的状况下，生成了一种人依附于自然的原始生态文化。在原始生态文化阶段，西江流域与其他地域的文化水平大致相当。

随着采集渔猎向农业耕作生活方式的转变，人类社会也随之从原始文明进入到农业文明阶段。在以种植为主要特征的农业社会，人与自然之间的关系较之原始社会发生了一次重大的变化。不同于原始先民纯粹从自然界获取自然存在的食物来源，人类通过农业耕作第一次实现了后天获取衣食途径的突破。这意味着人们在逐步了解自然和掌握自然规律的前提下，根据自身的需求和目的，对自然进行开发和利用，原生形态的生态环境也因此而逐渐发生变化。广西西江流域跨入农业文明时代的重要标志，就是以稻作文化为代表的农耕文化开启了文明的新纪元。人们充分利用天时地利等自然生态条件进行耕作，使西江流域成为稻作农业的发源地和重要区域之一。以"那"（壮语，水田之意）冠名的地名遍及西江流域各地，甚至辐射到整个中南半岛，从而形成一个幅员辽阔的那文化生态圈。以那文化为基础的稻作农业文明不仅极大地重塑了西江流域的自然生态景观，而且催生了百越民族的多元民族社会生态结构。在数千年的农业文明阶段，稻作文化与多元民族相契合，形成了一种动态平衡的生态格局。西江水系成为促进稻作农业发展以及民族迁徙与融合的生态网络。首先，在西江流域内部，随着稻作农业的发展，人口呈现出日益增长的趋势，当生态承载量达到一定限度，就会迫使人们沿着江河的流向四处流动迁徙，新的人员的到来，不仅通过耕作改变了所到之处的自然面貌，而且在与当地居民错杂而居的过程中，导致社会生态结构的重新分化和组合，产生和熔铸新的族群。其次，西江流域与外部世界的沟通同样借助西江水系的纽带作用。灵渠的开凿，使岭北的黄河与长江流域的思想文化、器物技术以及人口能够"顺流而下"，全方位地进入和扩散到西江流域，对西江流域的生态面貌产生了极为深远的影响。中原地区先进耕作技术和器物的引进，推动了农业向精耕细作的纵深方向发展，不仅原有的土地资源得到了更有效的利用，而且随着外来人口的陆续迁入和繁衍，更多的自然资源被开发和利用。到明清时代，西江流域已成为人口南迁的重要地区以及主要的农业耕作区域，唐宋时代尚保持着原生自然状貌的地广人稀的瘴疠之地，至此已拓殖为人烟稠密的鱼米之乡。来自中原的思想文化尤其是儒家思想文化的长期推行和浸染，使百越民族的多元文化生态更具活力与包容性，同时自身也成为构建多元一体中华文化生态系统的重要组成部分。以汉族为主体的外来民族的迁入，与西江流域的本土民族长期错杂而居，形成相互交往、相互融合的多民族和谐共生的社会生态关系，成为中华民族多元一体社会格局的一个缩影和范本。再次，纵观西江流域的农业文明时代，各族民众以稻作农业为基础的生产方式，从根本上决定了人与自然之间既合乎人的目的、又合乎自然规律的生态关系的形成。人们只有遵循天时地利等自然规律，才可能维持二者永续发展的动态平衡。因天时、循地利的生态行为不仅在人与自然之间产生了良性互动的生态关系，而且形成了一种

"人和"的社会生态关系。以农为本的农业社会催生了一种强调共同协作、以和为贵的社会生态关系，由"家庭→宗族→族群"构成的社会生态链，以及由个人之间、群体之间、族群之间形成的社会生态网络，都以"和"作为社会生态关系的连接点。"天人以和""人人以和"的"和文化"，成为西江流域源远流长的农业文明阶段生态文化的基本特征。

源自技术革新的工业文明，自工业革命以来的数百年时间，通过对自然无所不用其极的改造和利用，以及在此基础上所创造的巨大物质财富，重新定义了人与自然之间的相互关系和地位。当科学知识转化为技术力量，人类对自然资源的空前掠夺在某种意义上完成了对自然的征服。从地域范围来看，发轫于西方的工业文明首先拉开了征服自然的序幕。然而，与其所展现的社会进步与繁荣相伴随的，则是自然资源不可再生的大量消耗以及环境污染的日益严重。当工业文明影响到后发地区并成为这些地区的发展目标时，前车之鉴并未被人们引以为戒，相反，重蹈覆辙的步伐甚至变本加厉。在中国高歌猛进的现代化进程中，工业化是其最重要的推动力。江河平原与三角洲地带因其便利的交通条件和稠密的人口等自然生态与社会生态方面的优势，而率先成为工业密集和经济繁荣地区。但与此同时，水土污染和大气污染等诸多由工业造成的环境破坏，已成为这些地区无法回避的刻不容缓的严峻问题。相比之下，广西西江流域因其山多地少、复杂多样的地形地貌特征，科教文化的相对滞后，以及地缘政治等自然和社会生态因素的综合影响，而一直处于工业化水平不高、经济欠发达的状态。以工业文明的眼光来考量，在全国范围内，广西西江流域整体上属于所谓的落后地区。然而，正是这种所谓的落后，维持和保护了这一流域总体上的良好生态环境，空气、水源、土地等自然资源尚未受到大规模的破坏，人与自然之间大体上维系着一种和谐共生的生态关系，从而造就了适宜的人居环境。据统计，广西的长寿之乡占全国的三成，基本上都在西江流域。以巴马为代表的长寿之乡，即便在广西也是经济上的贫困地区，却是享誉世界的人瑞圣地。国内发达地区饱受环境或疾病困扰的人们，慕名纷至沓来，寻觅安居养生的人间桃源，形成了颇具规模的"候鸟"人群。透过这一现象，可以窥见工业文明所陷入的困境：一方面，工业文明所创造的巨大物质财富极大地满足了人们的生活需要，人类社会较之以往取得了前所未有的进步；另一方面，工业文明所带来的福祉却是建立在资源耗竭、生态破坏的基础之上，反过来又对人自身的生存造成极大的危害。因此，工业文明的警钟已经敲醒人们，不计代价的发展方式已濒临日暮途穷的境地，人类社会的转型迫在眉睫。

今天，可持续发展已成为人类社会普遍认同的基本共识。后工业文明是人类社会发展的必然趋向，人们甚至将这个即将到来的时代称之为生态文明时代。实际上，自有人类文明以来，人类历史上任何阶段的文明因其产生和发展都离不开一定的生态环境，都是某种类型的生态文明，人们今天之所以期盼生态文明的来临，是因为生态环境的变化和戕害已到了无以复加的地步，人们翘首以待一种全新类型的生态文明。取代工业文明的新型生态文明，将重新定义和塑造人与自然以及人与人之间的生态关系。在人与自然的相互关系中，人既非自然的奴仆，也非自然的主人，而是在既合乎自身目的又合乎自然规律的动态平衡中，缔造出和谐共生关系的生命共同体。在人与人之间，建立起一种每个人都是目的的平等生态人格关系，从而实现费孝通先生所说的"各美其美，美人之美，美美与共，天下大同"的社会。届时，生态文明将会展现出如同马克思所描绘的共产主义蓝图般的景象，"作为完成了的自然主义＝人道主义，而作为完成了的人道主义＝自然主义，它是人和自然之间、人和人之间的矛盾的真正解决"。① 生态文明的美好前景，值得人们为之不懈追求。

---

① ［德］马克思：《1844 年经济学哲学手稿》，人民出版社 2000 年版，第 81 页。

参考文献

1. 余谋昌：《生态文化论》，河北教育出版社 2001 年版。

2. 胡筝：《生态文化：生态实践与生态理性交汇处的文化批判》，中国社会科学出版社 2006 年版。

3. 陈敏豪：《生态文化与文明前景》，武汉出版社 1995 年版。

4. 郭家骥主编：《生态文化与可持续发展》，中国书籍出版社 2004 年版。

5. 张全明、王玉德：《中华五千年生态文化》，华中师范大学出版社 1999 年版。

6. 廖国强：《中国少数民族生态文化研究》，云南人民出版社 2006 年版。

7. 廖荣华：《区域生态文化创新论》，湖南人民出版社 2007 年版。

8. 《马克思恩格斯选集》第一卷，人民出版社 1972 年版。

9. 中国社会科学院考古研究所等编：《桂林甑皮岩》，文物出版社 2003 年版。

10. 游修龄主编：《中国农业通史·原始社会卷》，中国农业出版社 2008 年版。

11. 覃乃昌：《壮族稻作农业史》，广西民族出版社 1997 年版。

12. 游修龄、曾雄生：《中国稻作文化史》，上海人民出版社 2010 年版。

13. 《马克思恩格斯选集》第四卷，人民出版社 1972 年版。

14. 龙胜县志编纂委员会：《龙胜县志》，汉语大词典出版社 1992 年版。

15. 何景熙修、罗增麟纂：《凌云县志》，民国三十一年油印本影印。

16. 天峨县志编纂委员会编：《天峨县志》，广西人民出版社 1994 年版。

17. 云南省林业勘察设计院编：《森林树木与少数民族》，云南民族出版社 2000 年版。

18. 广西壮族自治区编写组：《融水苗族自治县概况》，广西人民出版社 1986 年版。

19. 融水苗族自治县概况编写组：《融水苗族自治县概况》（修订本），民族出版社 2009 年版。

20. 中国民间文学集成全国编辑委员会主编：《中国歌谣集成：广西卷》，中国社会科学出版社 1992 年版。

21. 姚舜安主编：《广西民族大全》，广西人民出版社 1991 年版。

22. 胡德才、苏胜兴编：《大瑶山风情》，广西民族出版社 1990 年版。

23. 金秀瑶族自治县志编委会编：《金秀瑶族自治县志》，中央民族学院出版社 1992 年版。

24. 金秀瑶族自治县民委等合编：《瑶族风情录》，广西人民出版社 1991 年版。

25. 雷翔主编：《广西民居》，中国建筑工业出版社 2009 年版。

26. 覃彩銮：《壮族干栏文化》，广西人民出版社 1998 年版。

27. 吴良镛：《人居环境科学导论》，中国建筑工业出版社 2001 年版。

28. 斯心直：《西南民族建筑研究》，云南教育出版社 1992 年版。

29. 孙娜、罗德胤：《龙脊十三寨》，清华大学出版社 2013 年版。

30. 覃彩銮：《广西居住文化》，广西人民出版社 1996 年版。

31. 张驭寰：《中国城池史》，百花文艺出版社 2003 年版。

32. 广西壮族自治区地方志编纂委员会编：《广西通志·民俗志》，广西人民出版社 1992 年版。

33. 苏德富、刘玉莲编著：《茶山瑶研究文集》，中央民族学院出版社 1992 年版。

34. 广西壮族自治区编辑组：《广西瑶族社会历史调查》（九），广西民族出版社 1987 年版。

35. 桂林市园林局编著：《桂林古树名木》，漓江出版社 1999 年版。

36. 吴承德、贾晔主编：《南方山居少数民族现代化探索——融水苗族发展研究》，广西民族出版社 1993 年版。

37. 陈衣等主编：《八桂侗乡风物》，广西民族出版社 1992 年版。

38. 冼光位主编：《侗族通览》，广西人民出版社 1995 年版。

39. 黄体荣编著：《广西历史地理》，广西民族出版社 1985 年版。

40. 费孝通主编：《中华民族多元一体格局》（修订版），中央民族大学出版社 1999 年版。

41. 林惠详：《中国民族史》，商务印书馆 1936 年版。

42. 罗香林：《中夏系统中之百越》，独立出版社 1943 年版。

43. 蒋炳钊、吴绵吉、辛土成：《百越民族文化》，学林出版社 1988 年版。

44. 李济：《中国民族的形成》，江苏教育出版社 2005 年版。

45. 邓敏文：《中国南方民族文学关系史》中卷，民族出版社 2001 年版。

46. 钟敬文：《钟敬文民间文学论集》上卷，上海文艺出版社 1982 年版。

47. 陈国强等：《百越民族史》，中国社会科学出版社 1988 年版。

48. 张声震主编：《壮族通史》上，民族出版社 1997 年版。

49. 顾颉刚、史念海：《中国疆域沿革史》，商务印书馆 1938 年版。

50. 温军：《民族与发展：新的现代化追赶战略》，清华大学出版社 2004 年版。

51. 张岱年、姜广辉：《中国传统文化简论》，浙江人民出版社 1989 年版。

52. ［法］列维－布留尔：《原始思维》，丁由译，商务印书馆 1981 年版。

53. 梁庭望：《壮族风俗志》，中央民族学院出版社 1987 年版。

54. 赵国华：《生殖崇拜文化论》，中国社会科学出版社 1990 年版。

55. 丘振声：《壮族图腾考》，广西教育出版社 1996 年版。

56. 蒋廷瑜：《铜鼓艺术研究》，广西人民出版社 1986 年版。

57. 刘恂：《岭表录异》，广东人民出版社 1983 年版。

58. 乐史：《太平寰宇记》，清文渊阁《四库全书》补配古逸丛书景宋本。

59. 李绍明等主编：《中国各民族原始宗教资料集成》（土家族、瑶族、壮族、黎族卷），中国社会科学出版社 1998 年版。

60. 《中国各民族宗教与神话大辞典》编审委员会编：《中国各民族宗教与神话大辞典》，学苑出版社 1993 年版。

61. ［法］列维－斯特劳斯：《野性的思维》，李幼蒸译，商务印书馆 1987 年版。

62. ［法］拉巴·拉马尔、让－皮埃尔·里博主编：《多元文化视野中的土壤与社会》，张璐译，商务印书馆 2005 年版。

63. 广西壮族自治区地方志编纂委员会编：《广西通志·自然地理志》，广西人民出版社 1994 年版。

64. 廖明君：《壮族自然崇拜文化》，广西人民出版社 2002 年版。

65. 张继焦：《中国少数民族礼仪》，中央民族大学出版社 2000 年版。

66. 潘其旭、覃乃昌主编：《壮族百科辞典》，广西人民出版社 1993 年版。

67. 丁山：《中国古代宗教与神话考》，龙门联合书局 1961 年版。

68. ［英］罗素：《西方哲学史》上卷，何兆武、李约瑟译，商务印书馆 1963 年版。

69. 屈大均：《广东新语》卷一，中华书局 1985 年版。

70. ［英］弗雷泽：《金枝》上，徐育新等译，大众文艺出版社 1998 年版。

71. 《侗族文学史》编写组：《侗族文学史》，贵州民族出版社 1988 年版。

72. ［美］约瑟夫·坎贝尔，比尔·莫耶斯：《神话的力量》，朱侃如译，北方联合出版传媒股份有限公司、万卷出版公司 2013 年版。

73. 朱慧珍、张泽忠：《诗意的生存》，民族出版社 2005 年版。

74. 贵州省民间文学工作组编：《苗族文学史》，贵州人民出版社 1981 年版。

75. 袁鼎生：《审美生态学》，中国大百科全书出版社 2002 年版。

76. 广西民间文学研究会收集，莎红整理：《密洛陀》，广西人民出版社 1981 年版。

77. 贵州省少数民族古籍整理出版社规划小组办公室编：《苗族古

歌》，贵州民族出版社 1993 年版。

78. 谷德明编：《中国少数民族神话》（下册），中国民间文艺出版社 1987 年版。

79. 翟鹏玉：《那文化生态审美学》，广西师范大学出版社 2013 年版。

80. 连山壮族瑶族自治县人民政府、广西民间文艺家协会编：《女神·歌仙·英雄》，广西人民出版社 1992 年版。

81. 黔南文学艺术研究室编：《水族文学史》，贵州人民出版社 1987 年版。

82. 马学良、梁庭望、张公瑾等主编：《中国少数民族文学史》上，中央民族学院出版社 1992 年版。

83. 黔西南布依族苗族自治州民族事务委员会、贵州大学中文系编：《布依族文学史》，广西民族出版社 1983 年版。

84. 黄书光、刘保元等编著：《瑶族文学史》，广西人民出版社 1988 年版。

85.《中国少数民族民间文学作品选讲》编写组：《中国少数民族民间文学作品选讲》，云南人民出版社 1984 年版。

86.〔美〕M. H. 艾布拉姆斯：《镜与灯——或论浪漫主义文论传统》，郦稚雅等译，北京大学出版社 2004 年版。

87. 张泽忠、韦芳：《侗歌艺术传承研究》，民族出版社 2010 年版。

88. 范秀娟：《黑衣壮民歌的审美人类学研究》，广西师范大学出版社 2013 年版。

89.〔意〕维柯：《新科学》上，朱光潜译，安徽教育出版社 2006 年版。

90.《马克思恩格斯全集》第 20 卷，人民出版社 1971 年版。

91. 苍梧县志编纂委员会：《苍梧县志》，广西人民出版社 1997 年版。

92. 宋蜀华、陈克进：《中国民族概论》，中央民族大学出版社 2001 年版。

93. 周去非：《岭外代答》，广陵书社 2003 年版。

94. 姚舜安：《瑶族民俗》，吉林教育出版社 1991 年版。

95. 谢雄之主编：《广西壮族自治区经济地理》，新华出版社 1989 年版。

96. 李炳东、戈德华编著：《广西农业经济史稿》，广西民族出版社 1985 年版。

97. 广西百科全书编纂委员会：《广西百科全书》，中国大百科全书出版社 1994 年版。

98. 侗族简史编写组、修订本编写组：《侗族简史》，民族出版社 2008 年版。

99. 罗城仫佬族自治县志编纂委员会：《罗城仫佬族自治县县志》，广西人民出版社 1993 年版。

100. 黄成授：《广西民族关系的历史与现状》，民族出版社 2002 年版。

101. 钱穆：《中国文化史导论》，商务印书馆 1994 年版。

102. 钟文典：《广西客家》，广西师范大学出版社 2005 年版。

103. 陈序经：《中国文化的出路》，中国人民大学出版社 2004 年版。

104. ［英］乔纳森·休斯：《生态与历史唯物主义》，张晓琼等译，江苏人民出版社 2011 年版。

105. ［英］阿诺德·汤因比：《人类与大地母亲》，徐波等译，上海人民出版社 2001 年版。

106. 梁漱溟：《中国文化的命运》，中信出版社 2010 年版。

107. 鹿寨地方志编纂委员会：《鹿寨县志》，广西人民出版社 1996 年版。

108. 象州县志编纂委员会：《象州县志》，知识出版社 1994 年版。